Funktionsverbgefüge im Fokus

Linguistik – Impulse & Tendenzen

Herausgegeben von
Susanne Günthner, Klaus-Peter Konerding,
Wolf-Andreas Liebert und Thorsten Roelcke

Band 89

Funktionsverbgefüge im Fokus

Theoretische, didaktische
und kontrastive Perspektiven

Herausgegeben von
Sabine De Knop und Manon Hermann

DE GRUYTER

ISBN 978-3-11-099581-7
e-ISBN (PDF) 978-3-11-069735-3
e-ISBN (EPUB) 978-3-11-069751-3
ISSN 1612-8702

Library of Congress Control Number: 2020939933

Bibliografische Information der Deutschen Nationalbibliothek
Die Deutsche Nationalbibliothek verzeichnet diese Publikation in der Deutschen
Nationalbibliografie; detaillierte bibliografische Daten sind im Internet über
http://dnb.dnb.de abrufbar.

© 2022 Walter de Gruyter GmbH, Berlin/Boston
Dieser Band ist text- und seitenidentisch mit der 2020 erschienenen
gebundenen Ausgabe.
Einbandabbildung: Marcus Lindström/istockphoto
Druck und Bindung: CPI books GmbH, Leck

www.degruyter.com

Inhalt

Autorenverzeichnis —— VII

Sabine De Knop und Manon Hermann
Einleitung:
Funktionsverbgefüge in ein neues Licht setzen —— 1

Teil I: Abgrenzung des Untersuchungsgegenstands – historischer Rückblick und neue Entwicklungen

Antje Heine
Zwischen Grammatik und Lexikon.
Ein forschungsgeschichtlicher Blick auf Funktionsverbgefüge —— 15

Manon Hermann
Über Funktionsverbgefüge und verbale Mehrwortverbindungen.
Eine Analyse am Beispiel von *stellen* —— 39

Teil II: Neue korpuslinguistische Werkzeuge für die Beschreibung der Funktionsverbgefüge

Alain Kamber
Von der Frequenz zur Affinität:
Funktionsverbgefüge für fortgeschrittene Lernende —— 75

Jörg Didakowski und Nadja Radtke
Verwendung der deutschen Stützverbgefüge mit Adjektiven
und ihre Ermittlung mithilfe des DWDS-Wortprofils —— 101

Teil III: Neue Wege für die Lexikographie und die interlinguale Analyse

Fabio Mollica
Funktionsverbgefüge in ein- und zweisprachigen Wörterbüchern (für das Sprachenpaar Deutsch-Italienisch) aus der Perspektive der DaF-Benutzer — 137

Elmar Schafroth
Überlegungen zu Funktionsverbgefügen aus sprachvergleichender Sicht — 179

Janusz Taborek
Kookkurrenz und syntagmatische Muster der Funktionsverbgefüge aus kontrastiver deutsch-polnischer Sicht am Beispiel *in Not geraten* — 211

Sachregister — 235

Namenregister — 241

Autorenverzeichnis

Sabine De Knop
Université Saint-Louis Bruxelles, Belgien
sabine.deknop@usaintlouis.be

Jörg Didakowski
Universität Hamburg, Deutschland
Joerg.Didakowski@studium.uni-hamburg.de

Antje Heine
Universität Greifswald, Deutschland
antje.heine@dres-hero.de

Manon Hermann
Université Saint-Louis Bruxelles, Belgien
manon.hermann@usaintlouis.be

Alain Kamber
Université de Neuchâtel, Schweiz
alain.kamber@unine.ch

Fabio Mollica
Università degli Studi di Milano, Italien
fabio.mollica@unimi.it

Nadja Radtke
Universität Mannheim, Deutschland
nadja.radtke@uni-mannheim.de

Elmar Schafroth
Heinrich-Heine-Universität Düsseldorf, Deutschland
schafroth@phil.hhu.de

Janusz Taborek
Uniwersytet im. Adama Mickiewicza w Poznaniu, Polen
janusz.taborek@amu.edu.pl

Sabine De Knop und Manon Hermann
Einleitung: Funktionsverbgefüge in ein neues Licht setzen

1 Ein bekanntes Thema neu definiert

Der deutsche Terminus ‚Funktionsverbgefüge' (FVG) bezeichnet Verbindungen aus einer Nominalphrase (mit oder ohne Präposition) und einem sogenannten Funktionsverb.[1] Die nominale und verbale Konstituente bilden zusammen eine semantische Einheit, wie etwa *zur Entscheidung kommen* oder *in Verbindung setzen*. FVG haben in der Germanistikforschung seit den 1960er Jahren eine lange Tradition und das erhöhte Interesse für dieses spezifische Thema zeigt sich mit einer Reihe von Monographien, die sich ausführlich mit diesem Thema auseinandersetzen. Zu erwähnen sind die Arbeiten von u. a. von Polenz (1963), Herrlitz (1973), Van Pottelberge (2001), Heine (2006) und Kamber (2008). Dazu kommen noch etliche Artikel und Buchkapitel, etwa Eisenberg (1994 und 2006), Helbig (2006), Kamber (2006), Storrer (2006a und b), Van Pottelberge (2007), Zeschel (2008), Rostila (2011) usw. Ein kurzer historischer Überblick über die wichtigsten Publikationen zu diesem Thema – wie Heine ihn in diesem Sammelband bietet – macht aber deutlich, dass bis zum heutigen Tage keine einheitliche Definition der Funktionsverbgefüge innerhalb der Germanistikforschung besteht. Auch sind die Typologie ihrer Konstituenten (Präposition, Artikel, nominaler Bestandteil, Funktionsverb) sowie ihre Abgrenzungskriterien nicht klar. Entsprechen sie grammatischen oder lexikalischen Einheiten?

> Die bisherigen Ausführungen haben verdeutlicht, dass Funktionsverbgefüge weder allein durch grammatische Regeln erklärbar sind, noch eigenständige (idiosynkratische) Einheiten des Lexikons darstellen. Demzufolge werden sie sowohl in linguistischen Grammatikbüchern als auch innerhalb der Phraseologie zumeist als Randerscheinungen beschrieben. (Heine in diesem Band, 31)

Die ersten Werke über FVG haben sehr strikte Definitions- und Abgrenzungskriterien bestimmt und dadurch die Thematik in eine Sackgasse geführt (Van

---

[1] An dieser Stelle möchten wir uns bei Ann Kristin Siegers für ihre Unterstützung bei der finalen Formatierungsarbeit ganz herzlich bedanken.

https://doi.org/10.1515/9783110697353-001

Pottelberge 2001: 3). So ist es noch nicht deutlich, „ob FVG kompositionell, schematisch [...], produktiv, semantisch schwach oder sogar leer oder syntaktisch zerlegbar sind" (Schafroth in diesem Band, 180). Das in dem FVG auftretende Verb wurde oft als semantisch leer definiert, was dem Substantiv in der Mehrwortverbindung folglich eine Hauptrolle verleiht. Inzwischen haben Untersuchungen gezeigt, dass das Verb auch Träger einer spezifischen Funktion und Semantik sein kann (De Knop (im Druck) und Hermann (in Vorb.)). Als Folge der Definitionsschwierigkeiten haben einige Sprachwissenschaftler versucht, die FVG als eine offene Klasse zu betrachten (u. a. Kamber 2008) oder haben sogar ihre Existenz in Frage gestellt (Van Pottelberge 2001; siehe auch Hermanns ausführliche Besprechung in diesem Band). Trotz der zahlreichen offengebliebenen Fragen über FVG ist dieses Phänomen in dem letzten Jahrzehnt etwas in den Schatten geraten. Ziel des neuen Sammelbands ist es daher, das Phänomen der FVG in ein neues Licht zu setzen und das Forschungsdesiderat zu adressieren.

1.1 Terminologische Fragen

Bevor auf die Neuentwicklungen in der Forschung zu den FVG eingegangen wird, werden einige terminologische Fragen besprochen. In Anlehnung an Storrer (2006a) haben einige Linguisten in den letzten Jahren vorgeschlagen, eher von ‚Stützverbgefüge' als von FVG zu reden (siehe Beitrag von Didakowski & Radtke in diesem Band). Genauso wie FVG bestehen Stützverbgefüge (SVG) aus einer Nominal- oder Präpositionalgruppe und einer verbalen Komponente, die als „Stützverb" eine verblasste Bedeutung hat und „innerhalb eines SVG einen eigenen Bedeutungsbeitrag leisten" kann (Didakowski & Radtke in diesem Band, 103). Beide Autoren plädieren für den Gebrauch dieses Terminus, da er alle Typen von Mehrwortverbindungen bezeichnen kann – was mit dem Terminus FVG nicht der Fall ist. Wie sie mit Recht beobachten, wird der Terminus FVG unterschiedlich gebraucht, nämlich einerseits „zur Bezeichnung der Teilmenge der Verbindungen (siehe z. B. von Polenz 1987 und Zifonun et al. 1997: 701–705) und andererseits für ihre Gesamtmenge (siehe z. B. Duden 2016: 425–433, Helbig & Buscha 2001: 68–94 und Kamber 2008)" (Didakowski & Radtke in diesem Band, 103).

Bereits in der ausführlichen Untersuchung von von Polenz (1987) wird zwischen FVG und sogenannten ‚Nominalisierungsverbgefügen' unterschieden: Im Gegensatz zu den FVG weisen die Nominalisierungsverbgefüge keinen semantischen Mehrwert in Vergleich zum Vollverb auf, und ihr Gebrauchsunterschied sei lediglich „pragmatisch-stilistisch" (von Polenz 1987: 170; siehe Heine in diesem Band, 5). Storrer (2006b: 277) betrachtet außerdem die Nominalisierungsverbgefüge als Grundmenge und unterscheidet dann zwischen FVG (mit einer erweiterten Bedeutung gegenüber dem Vollverb) und ‚Streckverbgefüge' – einem von Heringer (1988) eingeführten Begriff, der die Komplementärmenge zu FVG bezeichnet.

Die wissenschaftliche Fachliteratur zu deutschen FVG ist demnach sowohl von dieser terminologischen Vielfalt als auch von deren nach wie vor vager Definition stark geprägt. Dazu kommt auch, dass die Bezeichnungen für FVG in anderen europäischen Sprachen ebenfalls etwas Verwirrung schaffen: So sind die Termini Englisch ‚light verb construction' oder Französisch ‚construction à verbe support', Italienisch ‚costruzione con verbo supporto' und Spanisch ‚construcción con verbo soporte' nicht genau mit FVG gleichzusetzen. Van Pottelberge (2001) und Storrer (2006a) betonen, dass es sich hier um verschiedene Diskussionslinien handelt, die sich auf einen anderen Prototyp beziehen: Das FV wird in der Germanistik prototypisch mit einer Präpositional-phrase kombiniert und in der Anglistik (und Romanistik) mit einer Akkusativ-Ergänzung. Darüber hinaus stellt Hermann in ihrem Beitrag auch die Bezeichnung ‚light' in Frage: Obwohl einige FVG im Deutschen ein semantisch leeres Verb (oder Englisch ‚light verb') enthalten – wie etwa in *zur Verfügung stellen* – findet sich eine Reihe von Beispielen im Deutschen, bei denen das Verb noch seine ursprüngliche Bedeutung behält. Auch impliziert das Wort ‚Gefüge', dass [Substantiv/Präpositionalphrase + Verb] eine semantische Einheit bilden, die mehr oder weniger fest sein kann. Hinzu kommt, dass das französische und englische Wort ‚construction' eine mehrdeutige Bedeutung hat, da es entweder allgemein auf eine syntaktische Struktur hinweist oder auf ein Form-Bedeutungs-Paar als Einheit der Konstruktionsgrammatik.

Da der Sammelband sich als eine Erweiterung und Fortsetzung der germanistischen Tradition versteht – wie der Titel schon andeutet –, wird der ursprüngliche Terminus ‚Funktionsverbgefüge' in diesem neuen Band vorzugsweise benutzt, auch wenn die kritische terminologische Auseinandersetzung in den einzelnen Beiträgen immer wieder ihren Platz findet.

1.2 FVG zwischen Grammatik und Lexikon

Trotz der Definitionsschwierigkeiten bilden FVG ein interessantes Forschungsgebiet und spielen in der deutschen Sprache eine wesentliche Rolle, da sie u. a. die Aktionsartdifferenzierung (kausativ, durativ, inchoativ usw.; siehe auch dazu Zeschel 2008) sowie gewisse Passivkonstruktionen ermöglichen und meistens eine semantische Lücke füllen. Zu den offengebliebenen Themen im Zusammenhang mit den FVG gehört nach wie vor die von Heringer (1968), Fleischer (1997),

Wotjak & Heine (2005), Helbig (2006), Storrer (2006a und b), Burger (2015), Ågel (2017) usw. angesprochene Frage der Abgrenzung zwischen FVG, Kollokationen und Idiomen. Die Beiträge von Hermann und von Schafroth setzen sich mit dieser Thematik auseinander und so bietet z. B. Hermanns Studie eine neue Klassifizierung für komplexe Verbalphrasen mit Positionsverben. Da FVG unterschiedlich abstrakt, aber auch unterschiedlich fest, motiviert und idiomatisiert sein können, gehen die meisten Autoren in diesem Band (siehe Didakowski & Radtke, Hermann, Kamber, Mollica und Schafroth) eher von einem Kontinuum zwischen FVG, Kollokationen, Idiomen und Konstruktionen aus, bei dem die Grenzen zwischen den einzelnen Einheiten als fließend zu betrachten sind und die Unterschiede bei den prototypischen Vertretern der Kategorien zu finden sind. Ob FVG zu Kollokationen gehören ist ebenfalls eine umstrittene Frage: Mollica zählt sie als Unterkategorie der Kollokationen, während sie bei Hermann eine eigenständige Klasse neben Kollokationen bilden. Didakowski & Radtke, Hermann und Schafroth erkennen aber, dass die Kategorisierung der FVG ebenfalls von deren Lexikalisierungsgrad abhängt. In seinem Beitrag macht Schafroth außerdem eine zusätzliche Unterscheidung zwischen ‚interlingualen FVG' und ‚light verb constructions' (LVC): Interlinguale FVG ermöglichen „aufgrund lexikalischer und syntaktischer Analogien eine Vergleichbarkeit zwischen verschiedenen Sprachen" (siehe Schafroth in diesem Band, 179) und entsprechen dem von Kamber erstellten Prototyp. LVC dagegen bezeichnen alle anderen Gefüge. Daneben stellt Schafroth die Semantik des Funktionsverbs und so auch das oft übernommene Prototypenmodell von Kamber (2008) in Frage. Er überlegt, ob FVG überhaupt auf der gleichen Ebene stehen wie Kollokationen, oder ob sie nicht eher mit sogenannten Phraseoschablonen (Fleischer 1997) oder Phrasem-Konstruktionen (Dobrovol'skij 2011) gleichzusetzen sind. Taborek (in diesem Band) vertritt die gleiche Meinung und übernimmt für seine Untersuchung der FVG mit *geraten* Rostilas (2011) Terminus ‚partiell schematische Konstruktionen', da sie Slots enthalten, die gefüllt werden sollen. Eine Kookkurrenzanalyse ermöglicht es, die Substantive, die diese Slots füllen können, zu erkennen und zu klassifizieren (siehe 1.3 hier unten).

Rostila (2011) hat sich mit dem terminologischen Vorschlag auf das Modell der Konstruktionsgrammatik, das neue Wege für die Beschreibung der FVG bietet, bezogen. Da FVG als Form-Bedeutungs-Paare, d. h. als Einheiten an der Grenze zwischen dem Lexikon und der Grammatik definiert werden können, wird auch deutlich, „dass eine Trennung bzw. Unterscheidung von Lexikon und Grammatik überhaupt nicht sinnvoll ist" (Heine in diesem Band, 31). In ihrem Beitrag bestätigt Heine auch diese Zwischenposition: Sie untersucht, wie FVG in verschiedenen Grammatiken und Wörterbüchern behandelt werden und stellt fest, dass diese in Grammatiken viel detaillierter beschrieben werden. Jedoch greifen diese Grammatiken sehr oft auf viele (lexikalische, semantische und pragmatische) Eigenschaften zurück, die nicht zur Grammatik gehören. Dies bestätigt also, dass konstruktionsgrammatische Ansätze, die grammatische Strukturen als bedeutungstragend ansehen, eine „ganzheitliche Beschreibung der FVG" (Heine in diesem Band, 31) ermöglichen (siehe auch Harm 2016).

1.3 Neue Werkzeuge für die Untersuchung der FVG

Heutzutage basieren wissenschaftliche Untersuchungen von linguistischen Phänomenen auf authentischen Daten. Wie von Kamber (in diesem Band, 78) betont wird, sind „[i]n den letzten Jahren [...] die verfügbaren Datenmengen in öffentlichen Korpora ins beinahe Unermessliche gestiegen". Die meisten Beiträge dieses Sammelbands beziehen sich auf die Datenbanken des Digitalen Wörterbuchs der Deutschen Sprache (DWDS), entweder auf das Kernkorpus oder auf das DWDS-Blog-Korpus als Vertreter des Textsortenbereichs der internetbasierten Kommunikation, weiter auf das vom Institut für Deutsche Sprache zur Verfügung gestellte DeReKo, oder auf die Korpora vom Wortschatz Leipzig und des Sketch Engine.

Gerade für das Thema der FVG als Mehrwortverbindungen bieten diese Korpora einen großen Nutzen, da sie es ermöglichen, Frequenz- und Kookkurrenzanalysen durchzuführen, um so die einzelnen Konstituenten besser und systematischer zu erfassen. Auch kann untersucht werden, ob Artikel, Adjektive und weitere Komplemente die FVG erweitern können. In seinem Beitrag untersucht Kamber ebenfalls, inwiefern die Berücksichtigung der Affinität andere Ergebnisse liefert als die der Frequenz und verwendet dabei u. a. den Log-Likelihood-Wert (DeReKo) und den logDice-Wert (DWDS-Wortprofil). Auch Didakowski & Radtke benutzen den logDice-Wert (DWDS-Wortprofil) in ihrer Studie:

> Für jede grammatische Relation sind die typischen Verbindungen neben der reinen Frequenz auch nach dem statistischen logDice-Maß bewertet, das auf dem Dice-Koeffizienten (siehe dazu Rychlý 2008) basiert. Dieses Maß wird für die Modellierung der Verbindungsstärke der Kookkurrenzen herangezogen, wobei hohe Werte starke statistische Signifikanz anzeigen. (Didakowski & Radtke in diesem Band, 111)

Nach der Erstellung eines DWDS-Wortprofils untersuchen etwa Didakowski & Radtke die Adjektivattribute, die bei den FVG (die sie ‚Stützverbgefüge' nennen) auftreten können anhand einer zusätzlichen automatischen Funktionalität. Die automatisierten Extraktionsmethoden, die sowohl Kamber als auch Didakowski

& Radtke für ihre FVG-Untersuchung verwenden, sind ohne Zweifel weniger zeitaufwendig als jegliche manuelle Analyse. In beiden Untersuchungen hat sich diese Methode als sehr überzeugend und zuverlässig erwiesen. So haben Didakowski & Radtke die Verlässlichkeit ihres Tools mit verschiedenen Tests überprüft. Bei Kamber hat diese maschinelle Methode die Verarbeitung einer viel größeren Menge an Korpusdaten ermöglicht, was die früheren Beobachtungen (Kamber 2006 und 2008) nicht nur bestätigt, sondern auch ergänzt und viel differenzierter darstellt. Korpora ermöglichen ebenfalls die Durchführung größerer kontrastiver Analysen, indem FVG in verschiedenen verwandten oder nicht-verwandten Sprachen verglichen und im Hinblick auf ihre Konstituenten, ihren Gebrauch, ihre Frequenz usw. untersucht werden. Taborek analysiert ähnliche FVG im Deutschen und Polnischen nach einem festgelegten Beschreibungsmodell und seine kontrastive Analyse erlaubt es, die „lexikographisch tradierten Äquivalente zu verifizieren und korpusbasierte, gebrauchsorientierte Äquivalente zu ermitteln" (Taborek in diesem Band, 230).

2 Erweiterung des Untersuchungsfelds

2.1 FVG in der Fremdsprachendidaktik

Obwohl FVG eine große Herausforderung für den Fremdsprachenerwerb darstellen, wurden didaktische und pädagogische Perspektiven bei der Beschreibung von FVG bislang wenig beachtet, dies führt Giacoma (2017) dazu, FVG als „Schwarzfahrer der DaF-Didaktik" zu bezeichnen. Wie Mollica betont, sind phraseologische Kenntnisse in der Fremdsprache für erfolgreiche Kommunikation äußerst wichtig, „denn erst sie ermöglichen eine natürliche und spontane Interaktion innerhalb einer Sprachgemeinschaft" (in diesem Band, 137). Er behauptet auch weiter, dass insbesondere Kollokationen und FVG dabei eine wesentliche Rolle spielen. Steyer (2000: 104) geht sogar einen Schritt weiter mit der Behauptung, dass „Fremdsprachenlernende ohne kollokationelles Wissen häufig nicht im Stande wären, ihre Gedanken auszudrücken" (zitiert in Mollica in diesem Band, 137).

Die bloße Erkenntnis der Wichtigkeit von FVG für die Kommunikation bietet noch keine adäquate Unterrichtsmethode. DaF-Lehrer wissen allzu gut, dass Mehrwortverbindungen wie FVG Lernenden Schwierigkeiten bereiten, sowohl bei deren Verständnis als auch bei deren Produktion. Kamber (in diesem Band, 75) weist darauf hin, dass „[s]chon die Wahl des richtigen Funktionsverbs [...] eine Herausforderung" ist, aber auch weiter dass „das Verständnis der Aktionsart

oder der syntaktischen und semantischen Restriktionen bei der Wahl der Argumente" keine Selbstverständlichkeit ist. Dies wird auch in Hermanns Beitrag, der auf Positionsverben in FVG fokussiert, bestätigt. Warum wird das kausative Lokalisierungsverb *stellen* in *in Frage stellen* benutzt, während *setzen* in *in Bewegung setzen* vorkommt? Kamber (in diesem Band) weist auf einige wesentliche Aspekte hin, die beim Unterrichten der FVG beachtet werden sollen. Wir fassen einige seiner Fragen zusammen und ergänzen sie mit weiteren Fragen:
- Welche FVG sollen unterrichtet werden? Nach welchen Kriterien soll eine Wahl getroffen werden?
- Welche morphosyntaktischen und semantischen Informationen zur Argumentstruktur sind unentbehrlich?
- Welche Kombinationsmöglichkeiten gibt es, d. h. welche Präpositionen oder Substantive können in den spezifischen FVG vorkommen?
- Sind Erweiterungen (Artikel, Adjektive) möglich?

Die Ursache für Lernschwierigkeiten ergibt sich nach Mollica (in diesem Band, 142) „aus der fehlenden Symmetrie zwischen den Sprachen". Dabei unterscheidet er drei Fälle: (i) Innerhalb äquivalenter FVG aktualisieren verschiedene Sprachen ein unterschiedliches Verb; (ii) das FVG existiert nur in der einen Sprache; und schließlich (iii) die Verwendung der FVG unterscheidet sich im Register (Mollica in diesem Band, 142).

Sowohl Kamber als auch Mollica bemängeln, dass FVG in den bestehenden Lehrwerken nur sehr unbefriedigend behandelt werden (nur Struktur der FVG; keine Kombinationsmöglichkeiten und keine Verwendungskontexte). Beide Autoren machen daraufhin einige Vorschläge, wie FVG trotz der Schwierigkeiten unterrichtet werden können. So plädiert Kamber für ein Data-driven-learning (DDL) als zusätzliches Lernmittel im Fremdsprachenunterricht: „so scheint doch die Zeit gekommen zu sein, sowohl innerhalb als auch außerhalb des Klassenraums die statistischen Abfragetools zur Erhebung von sprachlichen Daten im Sinne des ‚Data-driven learning' (DDL) einzusetzen und die Lernenden vermehrt in die Interpretation der Ergebnisse einzubinden" (in diesem Band, 92). Daraufhin präsentiert er drei Beispiele für einen praktischen Einsatz von Daten und Ressourcen. Schafroth befasst sich auch mit der Problematik des Erlernens von FVG und vertritt die Meinung, dass Lernende mehr auf die Ähnlichkeiten zwischen FVG aus verschiedenen europäischen Sprachen aufmerksam gemacht werden sollen. So vergleicht er sogenannte interlinguale FVG in den germanischen Sprachen Deutsch, Englisch und in den romanischen Sprachen Französisch, Italienisch und Spanisch und zeigt, dass diese aufgrund des gemeinsamen Ursprungs und des „textartspezifischen Paradigmas" (in diesem Band, 195) viele Gemeinsamkeiten aufweisen. Eine „interlinguale Beschreibung" von FVG kann demnach für die Didaktik von großem Vorteil sein.

2.2 FVG in der Lexikographie

FVG stellen auch eine gewisse Hürde für Lexikographen und die NutzerInnen von Wörterbüchern dar. Sowohl Heine als auch Mollica haben sich mit der Behandlung von FVG in Lerner-Wörterbüchern befasst und kommen zum selben Schluss: diese ist sehr ungenügend, unsystematisch und unbefriedigend (siehe ihre Beiträge in diesem Band). In seinem Beitrag untersucht Mollica im Rahmen einer neuen Disziplin, der ‚Wörterbuchbenutzungsforschung', inwiefern sich diese Mängel für Lernende als problematisch erweisen. Sowohl die lexikographische Arbeit als auch die Nutzung von Lexika durch Sprachlernende werfen im Hinblick auf FVG (u. a. bei ihrer Auflistung und Klassifizierung) noch viele Fragen auf:

– Welche FVG sollen im Wörterbuch stehen?
– An welcher Stelle sollen FVG aufgenommen werden? Beim FV oder beim Substantiv in der Präpositionalphrase?
– Wie sollen Varianten von FVG behandelt werden?
– Soll dabei zwischen idiomatisierten und kollokationellen Mehrwortverbindungen unterschieden werden?
– Wie können Valenzeigenschaften angegeben werden?
– Wie kann man den BenutzerInnen klarmachen, dass es sich um feste Einheiten handelt (und nicht nur um zufällige Verwendungsbeispiele)? (z. B. graphische Hervorhebung?)

Bei der Benutzung von zweisprachigen Wörterbüchern stellt sich nach Mollica (in diesem Band, 153) auch weiter die Problematik der Äquivalenz der FVG in verschiedenen Sprachen. Er verweist auf den von Dobrovol'skij eingeführten Begriff der „funktionalen Äquivalenten":

> Funktionale Äquivalente können als Einheiten definiert werden, die in sich in ihrer lexikalisierten Semantik und im Idealfall auch in ihrer bildlichen Bedeutungskomponente maximal ähnlich sind und die in analogen Situationstypen ohne Informationsverlust gebraucht werden können (Dobrovol'skij 2014: 207).

Mollica schlägt u. a. auch vor, die verschiedenen Varianten unter einem Lemma zu verzeichnen. „So müsste man z. B. bei *mettere in moto qc. (in qc.)* die beiden deutschen Übersetzungsäquivalente (*etw. (in/bei jdm.) in Bewegung bringen/in*

Gang setzen) finden können" (Mollica in diesem Band, 170). Bei der Beantwortung dieser Fragen soll ebenfalls die Benutzerfreundlichkeit immer im Vordergrund stehen. So stellt sich nach Mollica die Frage, „ob es nicht sinnvoll wäre, in zweisprachigen Wörterbüchern auf mögliche Interferenzfehler graphisch (durch Farben oder Fettschrift) aufmerksam zu machen" (in diesem Band, 170). Taborek, Mollica und Schafroth vertreten die gleiche Meinung: wir brauchen digitale mehrsprachige Wörterbücher, die Angaben zu Häufigkeit, Polysemie und Kookkurrenzen (Adverbien, Adjektive usw.) geben. In dieser Hinsicht präsentiert Schafroth (in diesem Band, 204) ein neues digitales Projekt:

> die Erstellung eines digitalen Wörterbuchs, das Funktionsverbgefüge und Kollokationen (einschließlich LVC) mehrerer Sprachen miteinander in Beziehung setzt (z. B. Deutsch, Niederländisch, Englisch, romanische Sprachen, Russisch) und dabei deren strukturelle Analogien (FVG/FVG oder Kollokation/Kollokation) besonders hervorhebt, für jede lexikalische Einheit jeder Sprache Beschränkungen syntaktischer Art (z. B. Passivierbarkeit, Tempus, Aktionsart, Erweiterung durch Infinitivsätze) oder lexikalischer Natur (typische Kookkurrenzen, z. B. Adverbien) angibt und – im Zeitalter der Korpuslinguistik – für jeden Aspekt „zuschaltbare" Korpusbelege zur Verfügung stellt.

Ein solches digitales Wörterbuch würde es nicht nur ermöglichen, Kookkurrenzen eines FVG systematisch zu analysieren, sondern auch syntagmatische Muster und Strukturformen zu erkennen (vgl. Taborek in diesem Band) und in all ihren Variationen zu illustrieren.

Dass die Zukunft der Lexikographie im digitalen Bereich liegt, beweist ebenfalls Mollica mit seiner Untersuchung. Er betont auch die wichtige Rolle, die mehrsprachige Online-Wörterbücher für den Fremdsprachenerwerb spielen:

> Man darf außerdem die Rolle des Wörterbuches im Fremdsprachenerwerb generell nicht unterschätzen: Jedes Mal, wenn Lernende ein Wörterbuch nachschlagen, finden sie Informationen, die ihre Kompetenzen in der Fremdsprache verbessern können bzw. sollten. Das heißt, die Grenzen zwischen Nachschlagewerk und Lernhilfsmittel sind bei der Konsultation eines Wörterbuches geradezu fließend (Mollica in diesem Band, 169).

Die innovative Komponente des Sammelbandes ist neben einer neuen Besprechung des Themas FVG – auch für Bereiche wie die Fremdsprachendidaktik und die Lexikographie – seine interdisziplinäre Ausrichtung, da die Autoren der Beiträge GermanistInnen und RomanistInnen sind, die die Thematik jeweils von einer anderen Perspektive beleuchten.

Literatur

Ágel, Vilmos (2017): *Grammatische Textanalyse: Textglieder, Satzglieder, Wortgruppenglieder.* Berlin, Boston: De Gruyter.

Burger, Harald (2015): *Phraseologie. Eine Einführung am Beispiel des Deutschen.* Berlin: Erich Schmidt.

De Knop, Sabine (im Druck): Eine konstruktionsbasierte Beschreibung deutscher Kollokationen mit Positions- und Lokalisierungsverben. In Elmar Schafroth, Carmen Mellado Blanco & Fabio Mollica (Hrsg.), *Konstruktionen zwischen Lexikon und Grammatik: Phrasemkonstruktionen im Deutschen, Italienischen und Spanischen.* Berlin, Boston: De Gruyter.

Dobrovol'skij, Dimitrij (2011): Phraseologie und Konstruktionsgrammatik. In Alexander Lasch & Alexander Ziem (Hrsg.), *Konstruktionsgrammatik III: Aktuelle Fragen und Lösungsansätze*, 110–130. Tübingen: Stauffenburg.

Dobrovol'skij, Dmitrij (2014): Idiome in der Übersetzung und im zweisprachigen Wörterbuch. In Carmen Mellado Blanco (Hrsg): *Kontrastive Phraseologie Deutsch-Spanisch*, 197–211. Tübingen: Julius Groos.

Eisenberg, Peter (1994): *Grundriß der deutschen Grammatik.* Stuttgart: Metzler.

Eisenberg, Peter (2006): Funktionsverbgefüge – Über das Verhältnis von Unsinn und Methode. In: Eva Breindl, Lutz Gunkel & Bruno Strecker (Hrsg.), *Grammatische Untersuchungen, Analysen und Reflexionen. Festschrift für Gisela Zifonun*, 297–318. Tübingen: Gunter Narr.

Fleischer, Wolfgang (1997): *Phraseologie der deutschen Gegenwartssprache.* Tübingen: Niemeyer.

Giacoma, Luisa (2017): Funktionsverbgefüge: Schwarzfahrer der DaF-Didaktik? Präsentation auf der Internationalen Tagung *Funktionsverbgefüge in den germanischen Sprachen*, 17.–18. November 2017, Université Saint-Louis, Bruxelles.

Harm, Volker (2016): *Funktionsverbgefüge des Deutschen. Untersuchungen zu einer Kategorie zwischen Grammatik und Lexikon.* Habilitationsschrift (Manuskript) Universität Göttingen.

Heine, Antje (2006): *Funktionsverbgefüge in System, Text und korpusbasierter (Lerner-) Lexikografie.* Frankfurt am Main: Peter Lang.

Helbig, Gerhard & Joachim Buscha (2001): *Deutsche Grammatik. Ein Handbuch für den Ausländerunterricht.* Berlin, München: Langenscheidt KG.

Helbig, Gerhard (2006): Funktionsverbgefüge – Kollokationen – Phraseologismen. Anmerkungen zu ihrer Abgrenzung – im Lichte der gegenwärtigen Forschung. In U. Breuer & Irma Hyvärinen (Hrsg.), *Wörter – Verbindungen. Festschrift für Jarmo Korhonen zum 60. Geburtstag*, 165–174. Frankfurt am Main: Peter Lang.

Heringer, Hans Jürgen (1968): *Die Opposition von „kommen" und „bringen" als Funktionsverben. Untersuchungen zur grammatischen Wertigkeit und Aktionsart.* Düsseldorf: Schwann.

Heringer, Hans Jürgen (1988): *Lesen, lehren, lernen. Eine rezeptive Grammatik des Deutschen.* Tübingen: Niemeyer.

Hermann, Manon (in Vorb.): *Eine kontrastive Untersuchung von deutschen und niederländischen Mehrwortverbindungen aus Präpositionalphrase und Positionsverben.* Dissertationsprojekt.

Herrlitz, Wolfgang (1973): *Funktionsverbgefüge vom Typ „in Erfahrung bringen". Ein Beitrag zur generativ-transformationellen Grammatik des Deutschen.* Tübingen: Niemeyer.

Kamber, Alain (2006): Funktionsverbgefüge – empirisch (am Beispiel von 'kommen'). *Linguistik online*, 28(3), 109–131. http://www.linguistik-online.de/28_06/kamber.html.
Kamber, Alain (2008): *Funktionsverbgefüge – empirisch: Eine korpusbasierte Untersuchung zu den nominalen Prädikaten des Deutschen*. Tübingen: Niemeyer.
Rostila, Jouni (2011): Phraseologie und Konstruktionsgrammatik. Konstruktionsansätze zu präpositionalen Funktionsverbgefügen. In M. Prinz & U. Richter-Vapaatalo (Hrsg.), *Idiome, Konstruktionen, ‚verblümte Rede'. Beiträge zur Geschichte der germanistischen Phraseologieforschung*, 263–282. Stuttgart: Hirzel.
Rychlý, Pavel (2008): A lexicographer-friendly association score. In Petr Sojka & Aleš Horák (Hrsg.), *Proceedings of the Second Workshop on Recent Advances in Slavonic Natural Languages Processing*, 6–9. Brno: Masaryk Universität.
Steyer, Kathrin (2000): Usuelle Wortverbindungen des Deutschen. Linguistisches Konzept und lexikografische Möglichkeiten. *Deutsche Sprache* 2, 101–125.
Storrer, Angelika (2006a): Funktionen von Nominalisierungsverbgefügen im Text. Eine korpusbasierte Fallstudie. In Kristel Proost & Edeltraud Winkler (Hrsg.), *Von Intentionalität zur Bedeutung konventionalisierter Zeichen. Festschrift für Gisela Harras zum 65. Geburtstag*, 147–178. Tübingen: Gunter Narr.
Storrer, Angelika (2006b): Zum Status der nominalen Komponenten in Nominalisierungsverbgefügen. In Eva Breindl, Lutz Gunkel & Bruno Strecker (Hrsg.), *Grammatische Untersuchungen, Analysen und Reflexionen. Festschrift für Gisela Zifonun*, 275–295. Tübingen: Gunter Narr.
Van Pottelberge, Jeroen (2001): *Verbonominale Konstruktionen, Funktionsverbgefüge: von Sinn und Unsinn eines Untersuchungsgegenstandes*. Heidelberg: Universitätsverlag C. Winter.
Van Pottelberge, Jeroen (2007): Funktionsverbgefüge und verwandte Erscheinungen. In Harald Burger, Dmitrij Dobrovol'skij, Peter Kühn & Neal R. Norrick (Hrsg.), *Phraseologie: Ein internationales Handbuch zeitgenössischer Forschung*, 436–444. Berlin, New York: De Gruyter.
von Polenz, Peter (1963): *Funktionsverben im heutigen Deutsch. Sprache in der rationalisierten Welt*. Düsseldorf: Schwann.
von Polenz, Peter (1987): Funktionsverben, Funktionsverbgefüge und Verwandtes. Vorschläge zur satzsemantischen Lexikographie. *Zeitschrift für germanistische Linguistik* 15, 169–189.
Wöllstein, Angelika (Hrsg.) (2016): *Duden – Die Grammatik*. Berlin: Dudenverlag.
Wotjak, Barbara & Antje Heine (2005): Zur Abgrenzung und Beschreibung verbonominaler Wortverbindungen (Wortidiome, Funktionsverbgefüge, Kollokationen): Vorleistungen für die (lerner-) lexikographische Praxis. *Deutsch als Fremdsprache* 42, 143–153.
Zeschel, Arne (2008): Funktionsverbgefüge als Idiomverbände. In Anatol Stefanowitsch & Kerstin Fischer (Hrsg.), *Konstruktionsgrammatik II: Von der Konstruktion zur Grammatik*, 263–280. Tübingen: Stauffenburg.
Zifonun, Gisela, Ludger Hoffmann, Bruno Strecker, u. a. (1997): *Grammatik der deutschen Sprache*. 3 Bände. Berlin, New York: De Gruyter.

Teil I: **Abgrenzung des Untersuchungsgegenstands: historischer Rückblick und neue Entwicklungen**

Antje Heine
Zwischen Grammatik und Lexikon. Ein forschungsgeschichtlicher Blick auf Funktionsverbgefüge

1 Einführung

Funktionsverbgefüge stellen eine in vielerlei Hinsicht umstrittene Kategorie dar. In den inzwischen reichlich 50 Jahren ihrer intensiven Erforschung blieb stets unklar, durch welche Merkmale Funktionsverbgefüge zu definieren sind, und demzufolge auch, welche sprachlichen Einheiten überhaupt als Funktionsverbgefüge bezeichnet werden können. Weiterhin lässt sich nicht eindeutig bestimmen, um welche Art von Einheiten es sich eigentlich handelt – haben wir es mit Syntagmen zu tun, die einigen Restriktionen ausgesetzt sind, oder aber mit (festen) lexikalischen Einheiten, die jedoch nicht selten den syntaktischen Regeln folgen? Bei einem Blick in die Forschung zu Funktionsverbgefügen kann man sich des Eindrucks nicht erwehren, dass die Definition des Gegenstands zu einem nicht unerheblichen Teil im Auge des Betrachters liegt. Eine Zusammenschau der wichtigsten Publikationen und Ansätze aus den ersten vierzig Jahren ihrer Erforschung soll der erste Teil des vorliegenden Beitrags liefern.

Die jeweilige Herangehensweise an die Funktionsverbgefüge wurde ganz wesentlich dadurch mitbestimmt, ob sie als Einheiten der Grammatik oder des Lexikons angesehen wurden. Im zweiten Teil soll daher ausführlicher auf dieses Spannungsverhältnis eingegangen werden. Dabei wird auch berücksichtigt, dass mit der Jahrtausendwende ein methodischer Paradigmenwechsel stattfand und die Erforschung der Funktionsverbgefüge in den folgenden Jahren zumeist im Rahmen allgemeinerer (meist korpuslinguistischer) Untersuchungen erfolgte. Der Beitrag endet mit der Diskussion der Frage, inwiefern die Konstruktionsgrammatik mit dem Postulat eines Kontinuums zwischen Lexikon und Grammatik besser dazu geeignet sein könnte, die Funktionsverbgefüge linguistisch angemessen zu beschreiben. Auch hierzu liegen bereits Publikationen vor, die in die Diskussion einbezogen werden.

2 Kleine forschungsgeschichtliche Chronologie

In Anbetracht des Rahmens, in dem dieser Beitrag erscheinen soll, kann es nicht Anliegen und Ziel sein, jede einzelne Arbeit zu diesem Thema (und dabei auch frühere Ansätze) vorzustellen. Vielmehr werden die aus meiner Sicht insbesondere für die im Titel implizit aufgeworfene Frage der Verankerung der Funktionsverbgefüge relevanten Publikationen vorgestellt, beeinflusst durch meine eigene Perspektive als Phraseologin und Vertreterin des Faches Deutsch als Fremd- und Zweitsprache. Der phraseologischen Perspektive ist zudem folgender Gedanke geschuldet: Da mit der Jahrtausendwende und den in dieser Zeit sich immer stärker etablierenden korpuslinguistischen Methoden eine neue Ära in der Erforschung von Mehrworteinheiten bzw. – allgemeiner – der musterhaften Sprache ihren Anfang nahm, beziehen sich die forschungsgeschichtlichen Ausführungen lediglich auf die vier Jahrzehnte des vergangenen Jahrtausends; demgegenüber werden die Forschungsergebnisse der letzten knapp 20 Jahre direkt in die Diskussion, ob Funktionsverbgefüge eher Teil der Grammatik oder des Lexikons sind, einbezogen.

2.1 Die 1960er Jahre

Erstmals als Funktionsverbgefüge erwähnt werden bestimmte Nomen-Verb-Verbindungen in den 1960er Jahren. Die damaligen Publikationen entstanden im Kontext sprachkritischer Reflexionen bzw. als Reaktionen auf die Sprachkritik. Im Mittelpunkt stand die Frage, wozu Funktionsverbgefüge eigentlich dienen, welchen Mehrwert sie gegenüber anderen – kürzeren – Ausdrucksmöglichkeiten aufweisen und daraus resultierend die Diskussion, ob man Funktionsverbgefüge überhaupt verwenden sollte. Insgesamt wird hier der Einfluss von Weisgerbers (1953) inhaltsbezogener Grammatik sehr deutlich. Als wichtige frühe Publikationen sind die Monografie von Karlheinz Daniels (1963) *Substantivierungstendenzen in der deutschen Gegenwartssprache. Nominaler Ausbau des verbalen Denkkreises* sowie der erste Aufsatz von Peter von Polenz (ebenfalls 1963) mit dem Titel *Funktionsverben im heutigen Deutsch. Sprache in der rationalisierten Welt* – hier wird der Terminus *Funktionsverb* geprägt – zu nennen. Auch Wolfgang Klein (1968) widmet sich der Definition von Funktionsverben in seinem Beitrag *Zur Kategorisierung der Funktionsverben*. Vor allem aber dem Aufsatz von Bernhard Engelen (1968) und der Dissertation von Hans Jürgen Heringer (1968) ist es zu verdanken, dass bereits nach wenigen Jahren relativ klar zu sein schien, durch welche Eigenschaften Funktionsverbgefüge charakterisiert werden können:

- Ein Funktionsverbgefüge besteht aus einem nomen actionis und einem Funktionsverb.
- Das nomen actionis ist ein abstraktes, von einem Verb abgeleitetes Substantiv.
- Ihm geht in der Regel eine Präposition voran.
- Die Nominalgruppe ist kein eigenständiges Satzglied.
- Im Vergleich zum Vollverb liegt eine Valenzänderung vor, da die Richtungsangabe bereits besetzt ist (Engelen 1968: 290–291).
- Das Funktionsverbgefüge trägt dieselbe Bedeutung wie das zugrundeliegende Vollverb, hinzu kommt aber eine „Vorgangsabstufung" (Engelen 1968); in diesem Zusammenhang wird auch diskutiert, ob Funktionsverbgefüge in der Lage sind, Aktionsarten oder gar Aspekte auszudrücken (vgl. z. B. Heringer 1968 oder Klein 1968).
- Funktionsverbgefüge sind reihenbildend und werden vornehmlich „im bürokratischen Stil" (Heringer 1968: 100) verwendet.
- Als Funktionsverben treten Verben mit einer räumlichen Komponente auf, die in eine zeitliche überführt wird und so zu einer zeitlichen Ausdifferenzierung des Geschehens beiträgt; in jedem Falle handelt es sich um semantisch reduzierte Verben.
- Auffällig sind Oppositionen von Verben wie *kommen* und *bringen*.

Als konkrete Beispiele sind u. a. zu finden: *zur Verfügung stehen/stellen/haben, in Zorn/Erregung geraten, in Gang kommen/bringen/setzen, in Zweifel ziehen, außer Betrieb setzen/sein*, aber auch *Anwendung finden* (also Gefüge ohne Präposition). Trotz dieser auf den ersten Blick recht nachvollziehbaren Liste von charakterisierenden Merkmalen bleibt eine Definition von FVG relativ vage – wie bereits Heringer (1968: 29) feststellen musste. Diese Erkenntnis setzte sich in den folgenden Jahren weiter durch.

2.2 Die 1970er Jahre

Die nächste Dekade war vor allem dadurch gekennzeichnet, dass umfangreiche Definitions- und Abgrenzungsversuche präsentiert wurden. Gleichzeitig entstanden erste phraseologische Publikationen, denn durch den Anspruch der Phraseologie, diejenige Disziplin zu sein, die sich mit Mehrworteinheiten einer Sprache beschäftigt, traten die Funktionsverbgefüge naturgemäß auch in den Blickwinkel der Phraseologen. Zu den Letztgenannten gehören vor allem Ulla Fix (1971) mit ihrer Dissertation *Zum Verhältnis von Syntax und Semantik in Wortgruppenlexemen* (erschienen 1974 und 1976 in zwei Teilen) sowie Brigitte Inge Bahr (1977) mit der Arbeit *Untersuchungen zu Typen von Funktionsverbfügungen und ihrer Abgrenzung gegen andere Arten der Nominalverbindung*. Interessant ist, dass die Funktionsverbgefüge offenbar in Ost und West gleichermaßen Beachtung fanden (Fix promovierte in Leipzig, Bahr in Bonn), was sich auch in den 1980er Jahren weiter beobachten lässt. Insgesamt scheint sich in den 1970er Jahren das Augenmerk von eher pragmatischen Aspekten hin zu strukturellen, primär morpho-syntaktischen, verschoben zu haben. Neben den erwähnten ersten phraseologischen Untersuchungen gibt es zahlreiche syntaktische Studien, allen voran valenztheoretische. Mit Günter Starke (1975), Gerhard Helbig (1979) und Wolfgang Herrlitz (1979) werden die Funktionsverbgefüge erstmals auch aus der Perspektive des Faches Deutsch als Fremdsprache betrachtet.

Als wichtigste Ergebnisse dieser Dekade sind vor allem Abgrenzungskriterien zwischen den Funktionsverbgefügen und freien Verbindungen auf der einen Seite und zwischen Funktionsverbgefügen und Idiomen bzw. Wortgruppenlexemen auf der anderen Seite festzuhalten.

(a) Kriterien Funktionsverbgefüge vs. freie Wortverbindungen:
- Funktionsverbgefüge sind semantisch fest; Funktionsverb und Nomen werden nicht frei miteinander kombiniert.
- Funktionsverbgefüge sind Einheiten des Lexikons: ein „Wortverband" mit „Wortfunktion" (Bahr 1977: 36).
- Die Nomina unterliegen morphologisch-syntaktischen Restriktionen, woraus sich schlussfolgern lässt, dass das Nomen im Funktionsverbgefüge keine Ergänzung ist. (Günther & Pape (1976) haben hierzu entsprechende Tests durchgeführt.)

(b) Kriterien Funktionsverbgefüge vs. Idiome/Wortgruppenlexeme:
- Die ursprüngliche Bedeutung des Vollverbs bleibt im Funktionsverbgefüge erhalten; demgegenüber tragen Wortgruppenlexeme eine andere Bedeutung als ihre einzelnen Komponenten.
- Funktionsverbgefüge sind im Gegensatz zu Idiomen nicht bildhaft.
- Idiome unterliegen stärker als Funktionsverbgefüge syntaktisch-morphologischen Restriktionen.

Letztlich musste man sich aber auch in dieser Phase eingestehen, dass eine eindeutige Abgrenzung nicht realisierbar ist. So konstatiert Bahr (1977: 44):

> Die Zuordnung der Verbindungen zu den Grenzbereichen idiomatische Fügung – Funktionsverbfügung und Funktionsverbfügung – freie Verbindung ist problematisch. Die Kennzeichnungen überschneiden sich in wesentlichen Gesichtspunkten.

Eine andere Ansicht vertritt Helbig (1979), der insgesamt 16 operationelle Kriterien zur Abgrenzung der Funktionsverbgefüge gegenüber freien Verbindungen wie auch Idiomen entwickelt. Für ihn sind Funktionsverbgefüge keine „homogene Klasse" (Helbig 1979: 279); vielmehr gebe es in der Sprache stets Entwicklungen und Veränderungen, und so könnten auch freie Verbindungen zu Funktionsverbgefügen werden und Funktionsverbgefüge zu Idiomen. Dies sei „ein Prozeß der zunehmenden *Grammatikalisierung* des FV einerseits und der zunehmenden *Lexikalisierung* des FVG andererseits" (Helbig 1979: 279, Hervorhebung im Original in gesperrter Schriftart).

Festzuhalten bleibt für die Dekade der 1970er Jahre, dass den Bemühungen nach einer Ausdifferenzierung der Merkmale der Funktionsverbgefüge die Erkenntnis folgte, dass eine genaue Abgrenzung der drei Kategorien „freie Verbindungen – Funktionsverbgefüge – Idiome" nicht geleistet werden kann, weshalb man im Folgenden meist von Prototypen oder Übergängen ausging.

2.3 Die 1980er Jahre

In den 1980er Jahren wurden zwar weiterhin Arbeiten veröffentlicht, deren primäres Ziel in einer Definition und Abgrenzung der Funktionsverbgefüge bestand; gleichzeitig aber nahm die Zahl an phraseologischen Arbeiten über die Funktionsverbgefüge zu und es entstanden zahlreiche sprachvergleichende Studien. Zur ersten Gruppe zählte zum Beispiel der Aufsatz von Karl-Ernst Sommerfeldt (1980, in der Zeitschrift *Deutsch als Fremdsprache*) zu Valenzaspekten, eine überarbeitete und erweiterte Version des Artikels von Helbig (1984) sowie ein Aufsatz von von Polenz (1987 und damit 24 Jahre nach seiner ersten Publikation zu den Funktionsverbgefügen). Als Autoren phraseologischer Studien sind vorrangig Wolfgang Fleischer (1982), Hans Schemann (1982) sowie Harald Burger, Annelies Buhofer & Ambros Sialm (1982) mit ihrem *Handbuch der Phraseologie* zu nennen. Es entstehen sprachvergleichende Studien zwischen Deutsch und einer anderen Sprache, etwa Niederländisch (Hinderdael 1981), Slowakisch (Ehrganova 1985/86) oder Chinesisch (Yuan 1986). Zudem finden sich mehrere Arbeiten zur Verwendung von Funktionsverbgefügen in Fach- und Wissenschaftssprache(n) (z. B. Köhler 1983, Richter 1988).

Insgesamt ist zu beobachten, dass dem Versuch der Bestimmung von Funktionsverbgefügen durch eineindeutige Merkmale die Einsicht folgte, dass diese nicht handhabbar sind, weshalb man eher eine Reduktion auf Kernmerkmale anstrebte. Die Thematisierung innerhalb der Phraseologie führte schließlich auch zu einer Ausdifferenzierung der phraseologischen Einheiten selbst, da die Funktionsverbgefüge hier in der Regel als eigenständige Kategorie angenommen wurden.

Auf zwei Arbeiten soll im Folgenden etwas näher eingegangen werden, da die Ansichten dieser Autoren sich von denen anderer durchaus nennenswert abhoben und auf beide in den folgenden Jahren auch immer wieder Bezug genommen wurde. Fleischer (1982) orientierte sich in seiner Monografie *Phraseologie der deutschen Gegenwartssprache* eindeutig an Fix (1974/1976) – was durch das gemeinsame Wirken in Leipzig sicherlich nicht verwunderlich ist –, ordnete die Funktionsverbgefüge aber nicht den „Wortgruppenlexemen" zu, sondern den „Phraseoschablonen". Darunter sind Fleischer (1982: 131) zufolge „syntaktische Strukturen [...], deren lexikalische Füllung variabel ist, die aber eine Art syntaktischer Idiomatizität aufweisen", zu verstehen. Dabei klammert er Einheiten ohne nomen actionis explizit aus, wie etwa *in Rente gehen* oder *zu Papier bringen*, ebenso solche, deren Basisverb nicht mehr existiert (*zum Vorschein bringen, in Abrede stellen*) oder bei denen eine deutliche Bedeutungsveränderung zwischen dem Nomen im Funktionsverbgefüge und dem entsprechenden Vollverb zu verzeichnen ist (*in Angriff nehmen* vs. *angreifen*) (Fleischer 1982: 137). Auch in einer späteren Auflage bekräftigte Fleischer (1997: 254) seine Einordnung der Funktionsverbgefüge nochmals: „[D]ie Zuordnung der Funktionsverbgefüge zu den Phraseoschablonen [ist] nach wie vor eine Möglichkeit, ihrer Zwitterstellung zwischen Syntax und Lexik gerecht zu werden". Wie sich später zeigen wird, entspricht diese Definition dem Ansatz der Konstruktionsgrammatik.

Auf andere Weise als Fleischer schränkt von Polenz (1987) die Gruppe der Funktionsverbgefüge ein: Er unterscheidet von den Funktionsverbgefügen so genannte Nominalisierungsverbgefüge (ebenso Nominalisierungsverben von Funktionsverben), die ganz allgemein dazu dienen „[m]it Hilfe einer Verb + Substantiv-Verbindung [...] ein Verb oder Adjektiv durch Nominalisierung in substantivischer Form als Prädikatsausdruck" zu verwenden (von Polenz 1987: 170). Während aber die Funktionsverbgefüge eine erweiterte Bedeutung gegenüber dem Vollverb in Form einer „prädikative[n] Zusatzfunktion" – kausativ, inchoativ, durativ, passiv – aufwiesen (wie etwa *in Gang bringen* oder *in Gang kommen*), liege im Falle der Nominalisierungsverbgefüge kein Bedeutungsunterschied zwischen dem Gefüge als Ganzem und dem Vollverb bzw. Adjektiv + Kopula vor (z. B. *eine Entscheidung treffen* vs. *entscheiden* oder *zur Verfügung stehen* vs. *verfügbar sein*). Der Gebrauchsunterschied bei Letzteren sei primär „pragmatisch-stilistisch" (von Polenz 1987: 170).

2.4 Die 1990er Jahre

In der letzten hier einzeln betrachteten Dekade erschienen im Kontext der Funktionsverbgefüge-Forschung zahlreiche lexikografische Arbeiten. Ausschlaggebend hierfür war sicher auch die Weiterentwicklung der Lernerlexikografie – im Jahre 1993 erschien beispielsweise mit Langenscheidts Großwörterbuch Deutsch als Fremdsprache das erste deutsche Lernerwörterbuch. Damit traten allgemein die Lernerperspektive ebenso wie sprachvergleichende Aspekte verstärkt in den Mittelpunkt der Forschung. Zu nennen sind hier u. a. die Arbeiten von Heiner Böhmer (1994) und Daniel Bresson (1997) mit ihren Untersuchungen zum deutsch-französischen Sprachvergleich. Als Beispiele für lexikografische Publikationen seien v. a. Jens Bahns (1993), Franz Josef Hausmann (1997) oder Andrea Lehr (1998) genannt, wobei sich alle drei auch auf die Spracherwerbsperspektive beziehen. Auffallend ist, dass in vielen (v. a. auch lexikografischen) Publikationen Funktionsverbgefüge als Subgruppe der Kollokationen betrachtet werden, oftmals ohne dies genauer zu thematisieren bzw. zu diskutieren. Daraus resultiert auch die Beobachtung, dass in einer Vielzahl an Publikationen zu Lernerwörterbüchern die Funktionsverbgefüge oft nur ‚am Rande' thematisiert werden.

Auch im Umfeld phraseologischer Forschungen stehen Funktionsverbgefüge weiterhin – explizit oder implizit – im Mittelpunkt, wenngleich ihre Wesensbestimmung hier sehr unterschiedlich ausfällt; zu nennen sind z. B. Gerd Wotjak (1994), Helmut Feilke (1996) und v. a. Harald Burger, dessen inzwischen mehrfach überarbeitete Einführung *Phraseologie. Eine Einführung am Beispiel des Deutschen* erstmals 1998 erschien.

Insgesamt wird in Arbeiten, die sich direkt den Funktionsverbgefügen widmen, eine gewisse Akzeptanz der Unschärfe deutlich. Das heißt: Man findet immer häufiger individuelle Definitionen und Abgrenzungskriterien statt allgemeingültiger Definitionsversuche. Seltener erscheinen eher theoretisch ausgerichtete Arbeiten – wenn überhaupt nach wie vor überwiegend im Kontext der Valenzgrammatik. Neu kommt hinzu, dass Funktionsverbgefüge eine zunehmende Rolle in Deutsch als Fremdsprache-Prüfungen spielen, vor allem als Bestandteil der so genannten *Alltäglichen Wissenschaftssprache* (Ehlich 1999), und somit in studienvorbereitenden Kursen und Lehrmaterialien ihren Niederschlag finden.

Insgesamt kann konstatiert werden, dass eher anwendungsbezogene Betrachtungen sprachsystematische Untersuchungen ablösen oder gar abgelöst haben. Der Anwendungsbezug bringt zudem den Effekt mit sich, dass AutorInnen sich mit eigenen bzw. ad-hoc-Definitionen zufriedengeben (können).

3 Zwischen Grammatik und Lexikon

Um die Jahrtausendwende verbessern sich die Möglichkeiten, große Sprachdatenmengen (linguistisch) zu untersuchen, schlagartig. So wuchs beispielsweise der öffentlich zugängliche Teil des Deutschen Referenzkorpus (DeReKo) vom Institut für Deutsche Sprache (IDS) von 0,9 Millionen Tokens im Jahre 2001 auf 2,4 Millionen im Jahr 2008 und schließlich bis 2013 auf 24 Millionen. Derzeit (2018) umfasst es 40 Millionen Tokens, wobei der relative Anteil des nur IDS-intern zugänglichen Teils immer weiter sinkt (IDS 2018). Mit der Steigerung der Rechenleistung ging die rasante Verbreitung des Internets einher, wodurch Korpusrecherchen nun von jedem beliebigen Arbeitsplatz aus durchführbar waren. Der daraus erwachsene Erkenntnisgewinn ist geradezu revolutionär für die Sprachbeschreibung.

Dank der Kookkurrenzanalysen, wie sie vor allem am IDS entwickelt worden sind, aber auch im Rahmen des Digitalen Wörterbuchs der Deutschen Sprache (DWDS) an der Berlin-Brandenburgischen Akademie der Wissenschaften, lassen sich Funktionsverbgefüge nun als überzufällig häufige Wortkombinationen beschreiben. Somit haben sie mit den Kollokationen vor allem gemeinsam, dass sie „asynthetisierbar"[1] (Lehr 1998), das heißt nicht frei kombinierbar, sind. Daraus wiederum kann die Schlussfolgerung gezogen werden, dass Funktionsverbgefüge nicht ausschließlich als Einheiten der Grammatik – also als freie Syntagmen – verstanden werden können. Gleichwohl folgen sie zahlreichen syntaktischen Regeln, woraus die Betrachtung und Thematisierung sowohl innerhalb der Grammatik und demzufolge auch in Grammatiken als auch innerhalb der Lexikologie und Phraseologie und damit in Wörterbüchern folgt. So formuliert schon Fleischer (1997: 130-131) – und bekräftigt damit die Existenz von Phraseoschablonen:

> Die Konstruktionen[2] liegen in einem Grenzbereich der Phraseologie zur Syntax. Ihre Einbeziehung in die Phraseologie ist strittig. Es handelt sich um syntaktische Strukturen [...], deren lexikalische Füllung variabel ist, die aber eine Art syntaktischer Idiomatizität aufweisen.

---

[1] Darunter ist zu verstehen, dass sie „[...] nicht unter gleichzeitigem Ausschluß anderer fehlerhafter oder ungebräuchlicher Wortkombinationen, deren Elemente mit den ihren nach syntaktischen und semantischen Regeln synonym sind, gebildet werden [...]" können. (Lehr 1998: 258)
[2] Gemeint sind hier nicht Konstruktionen im Sinne der Konstruktionsgrammatik.

So ähnlich findet sich diese Ansicht auch bei Van Pottelberge (2007: 436):

> In einem umstrittenen Grenzbereich zwischen Syntax und Phraseologie befinden sich Verb-Substantiv-Verbindungen vom Typ *Beobachtungen anstellen, in Aufregung bringen* im Deutschen, *to have a look, to move into action* im Englischen oder *faire une promenade, être en préparation* im Französischen.[3]

Auch Harm (2016: 74) konstatiert, nochmals fast zehn Jahre später: „Diese Ambivalenz deutet bereits darauf hin, dass der Ort der FVG im Sprachsystem alles andere als leicht zu bestimmen ist." Im Folgenden soll zunächst dargestellt werden, wie und vor allem durch welche Merkmale Funktionsverbgefüge in ausgewählten Grammatiken beschrieben werden, ehe kurz auf ihre Darstellung in Lernerwörterbüchern des Deutschen[4] eingegangen wird.

3.1 Grammatiken

3.1.1 Linguistische Grammatiken

Auf Funktionsverbgefüge wird in allen gängigen linguistischen Grammatiken des Deutschen eingegangen. In den sieben untersuchten Grammatiken[5] werden – erwartungsgemäß – zahlreiche Punkte, die traditionell in den Bereich der Morphologie und der Syntax gehören, angeführt; hierzu gehören:
– Aussagen zur Struktur der Funktionsverbgefüge
– Einschränkungen hinsichtlich der Art des Nomens
– Diskussion der syntaktischen Funktion der Nominalgruppe
– Auflistung morpho-syntaktischer Restriktionen
– Leistung(en) gegenüber dem zugrundeliegenden Vollverb bzw. Adjektiv + Kopula.

Aspekte, die eher außerhalb der Grammatik (i. e. S.) anzusiedeln sind, wären:
– Verhältnis von Semantik des Verbs und Semantik des Nomens

---

3 Es ist jedoch zu ergänzen, dass Van Pottelberge derartige „Verb-Substantiv-Verbindungen" nicht unbedingt mit Funktionsverbgefügen gleichsetzt, da er grundsätzlich den Funktionsverbgefügen als abgrenzbare „Klasse oder Kategorie" (Van Pottelberge 2001: 454) skeptisch gegenübersteht.
4 Aufgrund zahlreicher Publikationen zu lexikografischen Aspekten in den letzten Jahren werden in diesem Teil lediglich einige relevante Punkte ausgewählt.
5 Dies sind: Duden-Grammatik (2016), Eisenberg (2013), Engel (2009), Glinz (1994), Helbig & Buscha (2013), Hentschel & Weydt (2013), Zifonun, Hoffmann & Strecker (1997).

– Paraphrasierungsmöglichkeit
– Leistung(en) gegenüber dem zugrundeliegenden Vollverb bzw. Adjektiv + Kopula.

Der jeweils zuletzt genannte Punkt ist bewusst beiden Aufzählungen zugeordnet, da einerseits oft die Fähigkeit, einen Zeitpunkt eines Geschehens oder dessen Verlauf oder eine Perspektive zu betonen, erwähnt wird, was sich eher auf grammatischer Ebene manifestiert (Aspekt/Aktionsart bzw. allgemeiner zeitliche Differenzierungen sowie Passivfähigkeit); andererseits können aber auch pragmatische Besonderheiten vorliegen.

Noch viel spannender gestaltet sich der Blick in didaktische Grammatiken, genauer gesagt in DaF/DaZ-Grammatiken. Auf drei Mittel- und Oberstufengrammatiken wird im Folgenden näher eingegangen.

3.1.2 Lernergrammatiken

Fandrych (2012), *Klipp und Klar: Übungsgrammatik Mittelstufe B2/C1*
Auffällig ist zum einen die recht umfängliche Darstellung der Funktionsverbgefüge auf immerhin vier ganzen Seiten in einer Grammatik von insgesamt 225 Seiten und zum anderen die Tatsache, dass die Funktionsverbgefüge in drei verschiedenen Kapiteln thematisiert werden: In Kapitel 1 *Der Satz und seine Elemente* findet sich der Unterpunkt 1.3 *Funktionsverbgefüge*. Hier werden das Wesen der Funktionsverbgefüge, ihr grundsätzlicher Aufbau sowie ihre pragmatischen Leistungen benannt. In den dazugehörigen Übungen sollen in zwei kurzen Texten Verben ergänzt werden. Da die jeweiligen Substantive bereits im Text enthalten sind, handelt es sich um eine klassische Zuordnungsübung von Nomen und Verb, wobei die Verben durch den Einbau in den Satz zusätzlich noch konjugiert werden müssen. Dennoch steht hier ganz klar die Usualität in der Verknüpfung von Verb und Nomen im Fokus – und damit ein Aspekt, den man klassischerweise eher nicht in einer Grammatik erwartet.

Des Weiteren werden die Funktionsverbgefüge in Kapitel 4 *Wörter, Wortbildung und Wortverbindungen*, und hier wiederum unter 4.5 *Wortverbindungen*, das sich in 4.5.1 *Kollokationen* und 4.5.2 *Funktionsverbgefüge* teilt, beschrieben. Im Mittelpunkt der Ausführungen steht die Bedeutung der Funktionsverbgefüge (im Vergleich zum Vollverb) und damit auch die Möglichkeit(en) im Hinblick auf ihre Paraphrasierung. In den Übungen geht es nun u. a. auch um die Fähigkeit von Funktionsverbgefügen, einen bestimmten Punkt im Verlaufe einer Handlung zu betonen (Anfang vs. Ende; Dauer) oder einen Verursacher zu implizieren. In zwei weiteren Übungen sollen Funktionsverbgefüge durch Vollverben (bzw. Adjektive + Kopula) ersetzt werden – in der ersten Übung sind diese vorgegeben und müssen entsprechend zugeordnet werden, in der zweiten Übung sollen sie selbst gefunden werden. In diesem Teil deuten sich auch erste Schwierigkeiten dieser „einfachen" Paraphrasierung an: So bedeutet *Verständnis finden* nicht unbedingt das Gleiche wie *verstanden werden*. Zudem ist auch *aufs Spiel setzen* angeführt, das zwar korrekterweise *riskieren* zugeordnet werden muss (und nicht etwa *spielen*, das im Schüttelkasten aber auch nicht zu finden ist); fraglich ist aber, ob *aufs Spiel setzen* dann überhaupt ein Funktionsverbgefüge ist. Es ist das einzige der zehn Verben, das nicht dem Stamm des Funktionsnomens entspricht.

Schließlich enthält Kapitel 6 *Perspektiven* das Kapitel 6.7 *Funktionsverbgefüge in passivischer Bedeutung*. Aufgezeigt wird die Fähigkeit von Funktionsverbgefügen, Aussagen zu deagentivieren. In den Übungen geht es zunächst um das Identifizieren entsprechender Funktionsverbgefüge in einem Text, anschließend um einen Vergleich von Sätzen, die einmal mit dem Vorgangspassiv und zum Vergleich mit Funktionsverbgefügen gebildet worden sind oder werden sollen (eine von beiden Varianten ist jeweils vorgegeben) und schließlich um die Zuordnung vorgegebener Funktionsverbgefüge zu Sätzen, in denen die Gefüge ergänzt werden müssen. Dieser Aspekt ist verhältnismäßig deutlich ein klassisch grammatischer.

Alles in allem zeigt sich bei der Darstellung in der Grammatik *Klipp und Klar* sehr deutlich, welche Bandbreite an Eigenschaften mit den Funktionsverbgefügen verbunden ist und ebenso, inwiefern sie Deutschlernenden Schwierigkeiten bereiten können. Die Darstellung – das nebenbei – kann insgesamt als gelungen beurteilt werden.

Rug & Tomaszewski (2011), *Grammatik mit Sinn und Verstand*
Gemessen an der reinen Seitenzahl wird den Funktionsverbgefügen hier in etwa ebenso viel Raum gegeben wie in der vorangehend beschriebenen Grammatik: Auf insgesamt vier von 224 Seiten werden Funktionsverbgefüge thematisiert. Dabei handelt es sich um ein ganzes Kapitel, das den Titel *Nomen-Verb-Verbindungen* trägt. Auch dies ist vielleicht recht unerwartet in einer Grammatik, wenngleich gerade die *Grammatik mit Sinn und Verstand* ohnehin eher einen funktionalgrammatischen Ansatz verfolgt. Thematisiert werden hier nicht ausschließlich Funktionsverbgefüge, aber ein großer Teil der aufgeführten Verbindungen kann ihnen zugeordnet werden. So heißt es auch in der Erklärung zu Beginn des Kapitels: „N-V-Verbindungen (andere sagen ‚Funktionsverbgefüge') haben die Bedeutung eines Verbs [...]" (Rug & Tomaszewski 2011: 193). Das Kapi-

tel enthält Ausführungen zum Aufbau der Funktionsverbgefüge, zu ihrer Bedeutungsspezifikation (im Vergleich zum Vollverb), zu ihrer Paraphrasierung, zur Verb-Nomen-Selektion, zur Opposition bestimmter Verben (z. B. *kommen – bringen*) sowie zu üblichen Verwendungskontexten. Daran orientieren sich auch die zahlreichen Übungen, in denen zudem auf die Reihenbildung eingegangen wird. Im Anhang der Grammatik (*Grammatik aus dem Katalog, 7. Nomen-Verb-Verbindungen*) werden die behandelten Beispiele nochmals aufgelistet und dabei unterteilt in „N-V-Verbindungen mit nominalisiertem Verb" (7a) und „'Freie' N-V-Verbindungen" (7b) (Rug & Tomaszewski 2011: 238–241). Die Unterschiede zwischen beiden Gruppen kommen dank der Paraphrasierung jedes Beispiels relativ gut zum Ausdruck. Somit lässt sich festhalten, dass auch in dieser Grammatik die Darstellung der Funktionsverbgefüge als äußerst umfassend bezeichnet werden kann.

Buscha, Szita & Raven (2013), *C-Grammatik*

Auch die dritte hier kurz vorgestellte Grammatik enthält ein Kapitel mit dem Titel *Nomen-Verb-Verbindungen* und auch im Hinblick auf den Umfang ist sie mit den anderen Grammatiken vergleichbar. Das Kapitel umfasst fünf von insgesamt 204 Seiten, hinzu kommt auch hier eine Liste von insgesamt 130 Nomen-Verb-Verbindungen im Anhang einschließlich einer Umschreibung/Paraphrasierung und einem Beispielsatz. Innerhalb des besagten Kapitels werden die Funktionsverbgefüge nicht explizit erwähnt, jedoch erfolgt im Inhaltsverzeichnis ein Verweis darauf. Wie schon in den anderen beiden Grammatiken wird in der Beschreibung wie auch in den Übungen ausführlich auf die Zusammensetzung der Funktionsverbgefüge eingegangen, auf ihre Leistung in Bezug auf die Phasenmarkierung und/oder Deagentivierung, die Bedeutung von Funktionsverbgefügen und die Paraphrasierungsmöglichkeiten und schließlich auf die Einbettung von Funktionsverbgefügen im Satz. Mehrere Übungen widmen sich der korrekten Zuordnung von Verb und Nomen, zudem finden sich zwei Übungen, in denen die Präpositionen ergänzt werden müssen.

Letztlich hebt sich die C-Grammatik nicht wesentlich von den anderen beiden hier vorgestellten Grammatiken ab – die Beschreibung wie auch die Übungen sind sehr umfassend und verdeutlichen sehr gut das Wesen der Funktionsverbgefüge. Ebenso wie in den anderen vorgestellten Grammatiken finden sich unterschiedliche Nomen-Verb-Verbindungen. Die Beispiele in den Erklärungen enthalten ebenso wie die Übungen neben Funktionsverbgefügen auch Kollokationen und Idiome.

Fazit: Funktionsverbgefüge in Lernergrammatiken
Insgesamt kann festgestellt werden, dass den Funktionsverbgefügen in allen drei betrachteten Grammatiken eine recht große Aufmerksamkeit zuteil wird – sowohl in den einzelnen Beschreibungen als auch mit Blick auf die Übungen. Dabei stehen folgende Aspekte im Fokus:
- Verdeutlichung der Selektionsrestriktionen bzw. Betonung der Usualität der Wortverbindungen
- Beschreibung der Bedeutung (Nomen als Hauptbedeutungsträger), Paraphrasierungsmöglichkeiten
- Darstellung der Leistung der Funktionsverbgefüge (Betonung einer bestimmten Phase innerhalb eines Vorgangs oder einer bestimmten Perspektive), dabei vor allem Hervorhebung der Fähigkeit, als „Passiversatzform" zu dienen
- Beschreibung der Verwendungskontexte (Schriftsprache, insbesondere Verwaltungssprache).

Dies verwundert insofern, als es eigentlich – abgesehen vom dritten Punkt – keine kerngrammatischen Themen sind, die der Beschreibung der Funktionsverbgefüge dienen. Erstaunlicherweise findet man so gut wie keine Hinweise auf eventuelle morpho-syntaktische Restriktionen innerhalb der Funktionsverbgefüge. Demgegenüber ist die Tatsache, dass es sich bei der Kombination von Nomen und Verb nicht um eine freie Wortverbindung handelt, recht eindeutig im lexikalischen Bereich verankert, ebenso wie die Bedeutungsbeschreibung oder das Vorhandensein pragmatischer Restriktionen. Schließlich enthalten zwei der ausgewählten Grammatiken mit der Auflistung von Nomen-Verb-Verbindung im Anhang noch eine zusätzliche Komponente, die man möglicherweise nicht unbedingt in einer Grammatik – sondern vielmehr in einem Wörterbuch – erwarten würde. Dies soll nicht als Kritik an den Grammatiken verstanden werden – eher als weiterer Beleg für die enge Verwobenheit von Lexikon und Grammatik in Bezug auf die Funktionsverbgefüge.

3.2 Lernerwörterbücher

In den einschlägigen Lernerwörterbüchern, wie Langenscheidt Großwörterbuch Deutsch als Fremdsprache (Götz 2015), Wörterbuch Deutsch als Fremdsprache von De Gruyter (Kempcke 2000), PONS Großwörterbuch Deutsch als Fremdsprache (2018) oder Hueber Wörterbuch Deutsch als Fremdsprache (2003), sind zahlreiche Funktionsverbgefüge verzeichnet. Dabei verfahren die Wörterbücher sehr unterschiedlich bei der Darstellung der Funktionsverbgefüge – dies betrifft beispielsweise ihre Definition, die Erwähnung (oder Nicht-Erwähnung) in den Umtexten, das Aufführungslemma, die Nennformschreibung, die zum Funktionsverbgefüge gehörenden Angaben usw. Im Folgenden soll dies beispielhaft an zwei Lernerwörterbüchern gezeigt werden.

Langenscheidt Großwörterbuch Deutsch als Fremdsprache (2015)
Im Wörterbuch von Langenscheidt, das – als erstes deutsches Lernerwörterbuch – mittlerweile seit 25 Jahren auf dem Markt ist und mehrfach überarbeitet bzw. inzwischen auch neu bearbeitet wurde, sind von 50 Funktionsverbgefügen, die als Fallbeispiele ausgewählt wurden, immerhin 43 verzeichnet[6]. Nach wie vor enthalten jedoch die Umtexte keine Definition der Funktionsverbgefüge. Die Aufführung erfolgt oft sowohl unter dem Substantiv als auch unter dem Verb, zum Teil aber auch nur im Artikel einer der beiden Komponenten. Im Falle der Aufführung unter dem Verb findet sich hier in der Regel der Vermerk „zusammen mit einem Substantiv verwendet, um ein Verb zu umschreiben", wobei dies nicht unbedingt um eine explizite Verweisangabe zum Substantiv ergänzt ist. Ausgerechnet beim Verb *bringen*, das als Funktionsverb stark reihenbildend ist, fehlt jedoch diese Angabe.

Wie schon in früheren Auflagen werden die Funktionsverbgefüge sehr unterschiedlich dargestellt – dies betrifft sowohl ihr typografisches Erscheinungsbild als auch die ihnen zugewiesenen Angaben. So sind sie eben nicht einheitlich als Funktionsverbgefüge zu finden (und wahrscheinlich auch seitens der Autoren nicht als solche definiert), sondern als Kollokation (a), in Form einer Strukturformel (als eigenständige Lesart, b), lediglich als Beispielsatz (c) oder sogar unter dem Label *idiomatische Wendung* (d):

(a) Kollokation: < unter jemandes Schutz stehen >
(b) Lesart/Strukturformel: **6 etwas zum Ausdruck bringen**
(c) als Beispiel: | *Die Versuchstiere stehen unter ständiger Beobachtung*
(d) idiomatische Wendung: ID **etwas zu Ende bringen**.

Diese Verschiedenartigkeit wird dem Wesen der Funktionsverbgefüge selbstverständlich überhaupt nicht gerecht. Insbesondere handelt es sich nicht um Idiome (auch und erst recht nicht bei *etwas zu Ende bringen*), und die Darstellung als

---

[6] Diese Auszählung basiert auf einer früheren Untersuchung (Heine 2006), die hier vorgestellte Zahl bezieht sich auf die Ausgabe von 2003. Alle anderen Angaben nehmen Bezug auf die Ausgabe von 2015.

Beispielsatz widerspricht genau der Tatsache, dass wir es mit usualisierten Wortverbindungen zu tun haben (vgl. hierzu Köster & Neubauer 1998). Pragmatische Angaben finden sich sehr selten, semantische Angaben fehlen beispielsweise dort, wo das Funktionsverbgefüge lediglich in Form eines Beispielsatzes aufgeführt wird. Somit ist in Bezug auf das Langenscheidt-Wörterbuch zu konstatieren, dass die in Kap. 3.1 betrachteten Grammatiken die Funktionsverbgefüge wesentlich besser, und selbst nur unter Berücksichtigung der mit ihnen verbundenen lexikalischen Aspekte weit detaillierter beschreiben. Insofern kann paradoxerweise – auch bezüglich der eher lexikalischen Eigenschaften der Funktionsverbgefüge – zumindest Deutsch-Lernenden wohl eher dazu geraten werden, sich in Grammatiken über die Funktionsverbgefüge zu informieren als im Lernerwörterbuch von Langenscheidt. Selbstverständlich dient ein Wörterbuch zum Teil anderen Zwecken als eine Grammatik, aber Lehrende sollten das Potential der Grammatiken – gerade, wenn sie auch eine Auflistung wichtiger Verbindungen enthalten – den Lernenden auf jeden Fall näherbringen.

De Gruyter Wörterbuch Deutsch als Fremdsprache (2000)
Auch wenn dieses Wörterbuch seit seinem ersten Erscheinen im Jahre 2000 keine zweite Auflage erfahren hat, soll die Darstellung der Funktionsverbgefüge hier kurz vorgestellt werden, weil sie durchaus einige positive Aspekte aufzuweisen hat, die sich von der gängiger Wörterbücher unterscheidet.

Positiv hervorzuheben ist zunächst, dass in den Umtexten Funktionsverbgefüge auch als solche benannt und definiert werden. So wird erklärt, dass das Funktionsverb noch als „selbständiges Glied gewertet" wird und „vom sinnentleerten Verb auf das Substantiv der Wendung verwiesen [wird], wo es, wenn nötig, erklärt wird" (2000: XIV). Im Unterschied zu den Lernergrammatiken ist eine Definition und mithin Unterscheidung von Kollokationen, Funktionsverbgefügen und Idiomen in einem (Lerner-)Wörterbuch durchaus angemessen und sinnvoll, weil sie sich gerade in ihrer Bedeutung bzw. in der Beziehung zwischen den einzelnen Komponenten und einem ggf. zugrundeliegenden oder Paraphrasen-Verb wesentlich voneinander unterscheiden. Gerade ein Wörterbuch, dessen Kernaufgabe in der Bedeutungsbeschreibung liegt, sollte diese grundsätzlichen Unterschiede von vornherein berücksichtigen.

Laut Benutzungshinweisen sollten die Funktionsverbgefüge sowohl unter dem Verb als auch unter dem Substantiv verzeichnet sein, wobei die Umschreibung dann ausschließlich im Artikel des Substantivs enthalten ist. Diese Vorgehensweise wird überwiegend auch eingehalten, wenngleich zahlreiche Verbindungen der 50 von Heine (2006) untersuchten Fallbeispiele nur unter dem

Substantiv zu finden sind (aber keines ausschließlich unter dem Verb). Insgesamt enthält das De Gruyter Wörterbuch mit 37 Funktionsverbgefügen etwas weniger Verbindungen als das Langenscheidt-Wörterbuch, aber dies ist primär auf die geringere Anzahl an Lemmata zurückzuführen.[7] Wenn ein Funktionsverbgefüge unter beiden Lemmata verzeichnet ist, erfolgt die Darstellung so wie im Falle von *etwas zum Ausdruck bringen*:

- unter *bringen*: **10.** /jmd., etw./ *etw. zum ↗ Ausdruck ~*
- unter *Ausdruck*: **4.** <o.Pl.> **4.1.** *etw. zum ~ bringen...* 'etw. ausdrücken (3), äußern (1)': *einen Gedanken, Wunsch, eine Absicht zum ~ bringen.*

Deutlich wird, dass im Gegensatz zum Langenscheidt-Wörterbuch zumindest im Artikel des Verbs auch das Subjekt aufgeführt und auf diese Weise semantisch klassifiziert wird. Außerdem ist eine explizite Verweisangabe enthalten. Die Bedeutungsumschreibung unter dem Substantiv ist recht kurz gehalten, aber in Anbetracht eines Printwörterbuches sicherlich in Ordnung. Zudem finden sich drei Beispiele für eine mögliche Besetzung des Akkusativobjekts.

Alles in allem ist die Darstellung hier wesentlich stringenter und systematischer als im Langenscheidt-Wörterbuch. Dennoch gehen die Informationen im Grunde nicht über diejenigen in den Grammatiken hinaus, indem sie lediglich semantische Angaben enthalten, die als solche (und umfangreicher) auch in den Grammatiken zu finden sind.

Fazit: Funktionsverbgefüge in Lernerwörterbüchern
Beispielhaft wurden hier lediglich zwei Printwörterbücher ausgewählt. Beide bieten nicht einmal annähernd die Informationsfülle, die die zuvor betrachteten Grammatiken aufweisen. Erstaunlich ist, dass sogar die traditionell als lexikalisch-semantisch und pragmatisch verstandenen Aspekte in den Grammatiken wesentlich detaillierter und korrekter vermittelt werden als in den beiden Wörterbüchern. Dabei ist insbesondere die nach wie vor nicht erfolgte Definition von Funktionsverbgefügen im Langenscheidt-Wörterbuch, die zu vier unterschiedlichen Darstellungsweisen (teilweise gänzlich ohne Bedeutungsangabe) führt, zu kritisieren.

---

[7] Laut Verlagsangaben sind es 17.000 bis 20.000.

4 Konstruktionsgrammatische Perspektive

Die bisherigen Ausführungen haben verdeutlicht, dass Funktionsverbgefüge weder allein durch grammatische Regeln erklärbar sind noch eigenständige (idiosynkratische) Einheiten des Lexikons darstellen. Demzufolge werden sie sowohl in linguistischen Grammatiken als auch innerhalb der Phraseologie zumeist als Randerscheinungen beschrieben. Ihre Zwischenstellung zeigt sich zudem in der sehr umfänglichen Beschreibung in DaF/DaZ-Grammatiken, die, wie oben gezeigt, viele traditionell dem Lexikon zugeordnete Aspekte beinhalten. Aus dieser offensichtlichen engen Verwobenheit von Lexikon und Grammatik kann nun einerseits der Schluss gezogen werden, dass Funktionsverbgefüge eben ein sehr markantes Beispiel für Einheiten sind, die zwischen den Komponenten *Lexikon* und *Grammatik* stehen; man kann aber andererseits auch schlussfolgern, dass beide Bereiche sehr stark – oder auch untrennbar – miteinander verbunden sind, so dass eine Trennung bzw. Unterscheidung von *Lexikon* und *Grammatik* überhaupt nicht sinnvoll ist. Genau hier (und nicht zufällig auch ausgehend von phraseologischen Einheiten) setzt die Konstruktionsgrammatik an.

An dieser Stelle kann nicht im Detail auf die Konstruktionsgrammatik und ihre unterschiedlichen Ausprägungen eingegangen werden (vgl. hierzu z. B. Ziem & Lasch 2013); wesentlich für die hiesigen Ausführungen ist, dass die traditionelle Unterscheidung (mindestens seit Chomsky 1965) von Grammatik und Lexikon – wobei Erstere alles Regelhafte enthält, Letzteres sämtliche unregelmäßigen, nicht aus Regeln ableitbaren Einheiten – aufgehoben wird. Stattdessen werden ausnahmslos alle sprachlichen Strukturen von unterschiedlichem Komplexitätsgrad und unterschiedlicher Spezifik bzw. Abstraktion als ‚Konstruktionen' betrachtet und das gesamtsprachliche Inventar als ‚Konstruktikon'. Eine Konstruktion ist demnach – vereinfacht gesagt – ein nicht weiter zerlegbares (nicht-kompositionelles) Form-Bedeutungspaar, wobei zur Formseite all das gehört, was traditionell den Ebenen *Morphologie*, *Syntax* und *Phonologie* zugeordnet wurde, und zur Bedeutung sämtliche semantischen, pragmatischen und funktionalen Eigenschaften (Ziem & Lasch 2013: 14).

In Bezug auf die Funktionsverbgefüge bedeutet dies: Eine adäquate Beschreibung könnte im Rahmen eines konstruktionsgrammatischen Ansatzes erfolgen, weil sich erstens die Frage ‚Lexikon oder Grammatik?' hier nicht stellt und daraus folgend die Funktionsverbgefüge wie andere sprachliche Einheiten auch einfach als Form-Bedeutungspaare betrachtet werden können. Die Annahme konstruktionsgrammatischer Ansätze, dass auch traditionell grammatische Strukturen bedeutungstragend sind, ermöglicht eine ganzheitliche Beschreibung der Funktionsverbgefüge. Zweitens bietet sich eine konstruktionsgrammatische

Herangehensweise auch deshalb an, weil Konstruktionen unterschiedlich komplex und unterschiedlich konkret bzw. abstrakt sein können. Da Funktionsverbgefüge teilspezifizierte Einheiten sind, bestehend aus festen Elementen und Leerstellen, ließen sie sich folglich sehr gut in ein solches Kontinuum aus verschiedenen Konstruktionstypen einordnen.

Tatsächlich liegen inzwischen auch erste Arbeiten zur Beschreibung von Funktionsverbgefügen aus konstruktionsgrammatischer Sicht vor – neben zwei Aufsätzen von Arne Zeschel (2008) und Jouni Rostila (2012) auch die Habilitationsschrift von Volker Harm (2016), die aber zum jetzigen Zeitpunkt (Ende 2018) noch nicht publiziert ist[8]. Rein inhaltlich weisen die drei Arbeiten sehr unterschiedliche Schwerpunkte auf.

Zeschel betrachtet Gefüge des Typs *ins Rollen bringen/kommen, in Gang setzen* u. ä., wobei er ausgehend von vier Konstruktionsschemata (intransitiv/inchoativ, intransitiv/stativ, kausativ/inchoativ, kausativ/stativ) untersucht, inwiefern bestimmte Nomina diesen (statistisch auffällig) zugeordnet werden können. In einem zweiten Schritt werden „konstruktionsinterne [...] Kollokationen zwischen dem Nominal in der P[räpositional]P[hrase] (z. B. *Rollen*) und seinem Argument (z. B. *Stein*)" (Zeschel 2008: 270) ermittelt. Hierfür kommen zunächst die ko-variierende und anschließend die distinktive Kollexemanalyse zum Einsatz, wie sie von Gries und Stefanowitsch entwickelt worden sind (vgl. u. a. Gries & Stefanowitsch 2004, Stefanowitsch & Gries 2005). Dadurch gelingt es Zeschel, verschiedene Typen herauszuarbeiten, die sich zum einen von den jeweils anderen Typen unterscheiden, zum anderen aber innerhalb ihrer Gruppen eine Reihe von konkreten Instanzen mit offensichtlichen Gemeinsamkeiten beinhalten. Deutlich wird das Potential dieser Herangehensweise in Bezug auf die Eigenschaft von Funktionsverbgefügen, sich zwischen Schematisierung und Spezifizierung zu bewegen – weil sie eben weder „regulär" noch komplett idiosynkratisch sind.

Auch bei Rostila (2012) spielt die Tatsache, dass es sich bei Funktionsverbgefügen um partiell schematische Konstruktionen handelt, eine entscheidende Rolle. Im Mittelpunkt der Studie stehen Konstruktionen mit *bringen* und *kommen*, die eine Präpositionalphrase (PP) bedingen bzw. präpositionale Funktionsverbgefüge bilden. Nach einer ausführlichen Diskussion über mögliche Instanzen in den Slots der Präpositionalphrase (die je nach angenommenem Schematisierungsgrad unterschiedlich ausfallen) und dabei insbesondere über mögliche Präpositionen, die in diesen Gefügen auftreten (*in* und *zu*), und damit verbundenen Bedeutungsunterschieden kommt Rostila zu dem Schluss, dass eine Gruppe

---

8 Mein Dank gilt Volker Harm für die Übersendung der Habilitationsschrift.

„vorgefertigter FVG-PP" existiert. Hierbei handle es sich um partiell schematische Konstruktionen, deren einziger fester (spezifischer) Teil die PP ist: also etwa *zur Anwendung* oder *in Kontakt*. Diese „vorgefertigten FVG-PP" weisen einen Slot auf, der durch die Verben *bringen* oder *kommen* oder eventuell auch andere Verben gefüllt werden kann.

Im Prinzip liegt beiden Beiträgen das Ziel zugrunde, aufzuzeigen, dass eine konstruktionsgrammatische Analyse von Funktionsverbgefügen grundsätzlich in Betracht gezogen werden sollte, wobei jeweils gänzlich unterschiedliche Daten und Methoden zur Anwendung kommen. In beiden Fällen handelt es sich naturgemäß auch nur um einen kleinen Ausschnitt, der die Ideen lediglich zu exemplifizieren vermag und von dem eine wirkliche Lösung des Definitionsdilemmas nicht erwartet werden kann.

Demgegenüber hat Harm in seiner ausführlichen Habilitationsschrift (2016), die ausschließlich den Funktionsverbgefügen gewidmet ist und den in Bezug auf den vorliegenden Aufsatz passenden Titel *Funktionsverbgefüge des Deutschen. Untersuchungen zu einer Kategorie zwischen Grammatik und Lexikon* trägt, diesen sprachlichen Ausschnitt wesentlich tiefgehender analysiert. Es wäre müßig, sich an dieser Stelle an einer Zusammenfassung der fast 300 Seiten umfassenden Schrift zu versuchen, die zudem möglicherweise vor einer Publikation auch noch einmal überarbeitet wird. Grundsätzlich verfolgt die Arbeit zunächst dasselbe Ziel wie auch Van Pottelberge (2001): herauszufinden, ob es Funktionsverbgefüge als Kategorie überhaupt gibt. Nachdem Harm diese Frage für sich bejaht hatte, blieb zu klären, wie eine solche Kategorie beschrieben werden kann. Dabei spielt für Harm (2016: 43) die Tatsache, „dass die lexikalische Bedeutung des Nomens die lexikalische Gesamtbedeutung der Konstruktion impliziert", die entscheidende Rolle. Dies hat allerdings zur Folge, dass zahlreiche der über Jahrzehnte als typisch angenommenen Funktionsverbgefüge – wie etwa Kausativa – nun aus dieser Kategorie ausgeschlossen würden. Inwiefern sich aus der von Harm gewählten Herangehensweise neue Potentiale eröffnen und vor allem, ob die von ihm entwickelte Definition allgemein Anklang findet, werden die nächsten Jahre zeigen.

5 Fazit

Der vorliegende Aufsatz stellt den Versuch dar, einerseits einen kurzen Überblick über wesentliche Meilensteine in der Funktionsverbgefüge-Forschungsgeschichte zu bieten und dabei andererseits die vielleicht wichtigste Diskussion in diesem Kontext – nämlich die Frage nach der Zugehörigkeit zur Grammatik oder zum Lexikon bzw. nach ihrer Regelhaftigkeit oder Idiosynkrasie – in den Mittelpunkt zu stellen. Darin spiegelt sich durchaus eine persönliche Note wider, denn die gewählten Schwerpunkte dieses Beitrages zeichnen meine eigene Erforschung der Funktionsverbgefüge nach – sie reicht von mehr oder minder erfolglosen Definitionsversuchen über Wörterbuch- und Grammatikanalysen bis hin zur Beschäftigung mit der Konstruktionsgrammatik und einem damit verbundenen neuen Blick auf diese Einheiten. Die Vorteile und damit das Potential der Konstruktionsgrammatik liegen klar auf der Hand. In Verbindung mit den heute verfügbaren empirischen Methoden kann sie die Funktionsverbgefüge-Forschung wesentlich voranbringen. An einer Vielzahl von Beispielen – seit geraumer Zeit auch in Bezug auf die deutsche Sprache – konnte bereits das Potential des konstruktionsgrammatischen Ansatzes zur Beschreibung musterhafter Strukturen unter Beweis gestellt werden. Es ist naheliegend, dass auch die Funktionsverbgefüge und andere Nomen-Verb-Verbindungen auf diese Weise besser als bislang zu beschreiben sein müssten. Erste vielversprechende Ansätze hierzu liegen bereits vor. Ob dann letztlich die Annahme der/einer Kategorie *Funktionsverbgefüge* weiterhin gerechtfertigt ist oder die traditionell als solche angenommenen Einheiten in diversen Konstruktionen aufgehen, bleibt abzuwarten (und zu untersuchen).

Literatur

Bahns, Jens (1993): Wer eine günstige Gelegenheit verpaßt, kann beträchtlichen Schaden davontragen. Kollokationen in Langenscheidts Großwörterbuch Deutsch als Fremdsprache. *Lernen in Deutschland* 21, 137–155.
Bahr, Brigitte Inge (1977): *Untersuchungen zu Typen von Funktionsverbfügungen und ihrer Abgrenzung gegen andere Arten der Nominalverbindung.* Diss. (masch.) Universität Bonn.
Böhmer, Heiner (1994): *Komplexe Prädikatsausdrücke im Deutschen und Französischen. Theoretische Aspekte, kontrastive Aspekte, Aspekte der Anwendung.* Frankfurt am Main: Peter Lang.
Bresson, Daniel (1997): Nominale Prädikate mit Stützverb im Deutschen und im Französischen. In Gerd Wotjak (Hrsg.), *Studien zum romanisch-deutschen und innerromanischen Sprachvergleich*, 369–385. Frankfurt am Main: Peter Lang.
Burger, Harald (1998): *Phraseologie. Eine Einführung am Beispiel des Deutschen.* Berlin: Erich Schmidt.
Burger, Harald, Annelies Buhofer & Ambros Sialm (1982): *Handbuch der Phraseologie.* Berlin, New York: De Gruyter.
Chomsky, Noam (1965): *Aspects of the Theory of Syntax.* Cambridge, MA: MIT Press.
Daniels, Karlheinz (1963): *Substantivierungstendenzen in der deutschen Gegenwartssprache. Nominaler Ausbau des verbalen Denkkreises.* Düsseldorf: Schwann.
Ehlich, Konrad (1999): Alltägliche Wissenschaftssprache. *Info DaF* 26/1, 3–24.

Ehrganova, Elena (1985/86): Funktionsverbgefüge im Deutschen: Konfrontation mit den slowakischen Entsprechungen. *Brücken. Germanistisches Jahrbuch DDR-ČSSR*, 271–278.

Engelen, Bernhard (1968): Zum System der Funktionsverbgefüge. *Wirkendes Wort* 18, 289–303.

Feilke, Helmuth (1996): *Sprache als soziale Gestalt. Ausdruck, Prägung und die Ordnung der sprachlichen Typik.* Frankfurt am Main: Suhrkamp.

Fix, Ulla (1974/1976): Zum Verhältnis von Syntax und Semantik in Wortgruppenlexemen. *Beiträge zur Geschichte der deutschen Sprache und Literatur (Halle)* 95, 214–318 und 97, 7–78.

Fleischer, Wolfgang (1982): *Phraseologie der deutschen Gegenwartssprache.* Leipzig: Bibliographisches Institut.

Fleischer, Wolfgang (1997): *Phraseologie der deutschen Gegenwartssprache.* Tübingen: Niemeyer.

Gries, Stefan Th. & Anatol Stefanowitsch (2004): Extending collostructional analysis. A corpus-based perspective on 'alternations'. *International Journal of Corpus Linguistics* 9.1, 97–129.

Günther, Heide & Sabine Pape (1976): Funktionsverbgefüge als Problem der Beschreibung komplexer Verben in der Valenztheorie. In Helmut Schumacher (Hrsg.), *Untersuchungen zur Verbvalenz*, 92–128. Tübingen: TBL Verlag Gunter Narr.

Harm, Volker (2016): *Funktionsverbgefüge des Deutschen. Untersuchungen zu einer Kategorie zwischen Grammatik und Lexikon.* Habilitationsschrift (Manuskript) Universität Göttingen.

Hausmann, Franz Josef (1997): Tout est idiomatique dans les langues. Le point de vue de l'étranger. In Michel Martins-Baltar (Hrsg.), *La locution: entre langue et usage*, 277–290. Fontenay, Saint-Cloud: ENS Éditions.

Heine, Antje (2006): *Funktionsverbgefüge in System, Text und korpusbasierter (Lerner-) Lexikographie.* Frankfurt am Main: Peter Lang.

Helbig, Gerhard (1979): Probleme der Beschreibung von Funktionsverbgefügen im Deutschen. *Deutsch als Fremdsprache* 16, 273–285.

Helbig, Gerhard (1984): Probleme der Beschreibung von Funktionsverbgefügen im Deutschen. In Gerhard Helbig, *Studien zur deutschen Syntax* Bd. 1, 163–188. Leipzig: Enzyklopädie.

Heringer, Hans Jürgen (1968): *Die Opposition von „kommen" und „bringen" als Funktionsverben. Untersuchungen zur grammatischen Wertigkeit und Aktionsart.* Düsseldorf: Schwann.

Herrlitz, Wolfgang (1979): Zur Struktur der Funktionsverbgefüge im Deutschen. *Materialien DaF* 14, 149–164.

Hinderdael, Michael (1981): Präpositionale Funktionsverbgefüge im Deutschen und im Niederländischen. *Studia Germanica Gandensia* 21, 331–356.

IDS 2018: http://www1.ids-mannheim.de/kl/projekte/korpora/archiv.html (27.03.2019)

Klein, Wolfgang (1968): Zur Kategorisierung der Funktionsverben. *Beiträge zur Linguistik und Informationsverarbeitung* 13, 7–37.

Köhler, Claus (1983): *Supplementverben im Fachtext.* Diss. (masch.) TU Dresden.

Köster, Lutz & Fritz Neubauer (1998): Kompetenzbeispiele in Langenscheidts Großwörterbuch Deutsch als Fremdsprache. In Herbert Ernst Wiegand (Hrsg.), *Perspektiven der pädagogischen Lexikographie des Deutschen. Untersuchungen anhand von „Langenscheidts Großwörterbuch Deutsch als Fremdsprache"*, 247–255. Tübingen: Niemeyer.

Lehr, Andrea (1998): Kollokationen in Langenscheidts Großwörterbuch Deutsch als Fremdsprache. In Herbert Ernst Wiegand (Hrsg.), *Perspektiven der pädagogischen Lexikographie des*

Deutschen. Untersuchungen anhand von „Langenscheidts Großwörterbuch Deutsch als Fremdsprache", 256–281. Tübingen: Niemeyer.

Richter, Günther (1988): Funktionsverbgefüge in der gegenwärtigen deutschen Alltagssprache und frei gesprochenen Wissenschaftssprache – einige methodische Grundfragen und Analyseergebnisse. *Deutsch als Fremdsprache* 25, 337–341.

Rostila, Jouni (2012): Phraseologie und Konstruktionsgrammatik. Konstruktionsansätze zu präpositionalen Funktionsverbgefügen. In Michael Prinz & Ulrike Richter-Vapaatalo (Hrsg.), *Idiome, Konstruktionen, „verblümte rede". Beiträge zur Geschichte der germanistischen Phraseologieforschung*, 263–282. Stuttgart: Hirzel Verlag.

Schemann, Hans (1982): Zur Integration der Funktionsverbgefüge in die Idiomatikforschung. *Deutsche Sprache* 10, 83–96.

Sommerfeldt, Karl-Ernst (1980): Zur Valenz von Funktionsverbfügungen. *Deutsch als Fremdsprache* 17, 294–297.

Starke, Günter (1975): Zum Einfluß von Funktionsverbfügungen auf den Satzbau im Deutschen. *Deutsch als Fremdsprache* 12, 157–163.

Stefanowitsch, Anatol & Stefan Th. Gries (2005): Covarying collexemes. *Corpus Linguistics and Linguistic Theory* 1-1, 1–46.

Van Pottelberge, Jeroen (2001): *Verbonominale Konstruktionen, Funktionsverbgefüge. Vom Sinn und Unsinn eines Untersuchungsgegenstandes*. Heidelberg: Winter.

Van Pottelberge, Jeroen (2007): Funktionsverbgefüge und verwandte Erscheinungen. In Harald Burger/Dmitrij Dobrovol'skij/Peter Kühn/Neal R. Norrick (Hrsg.), *Phraseologie. Ein internationales Handbuch der zeitgenössischen Forschung*. Berlin, New York: De Gruyter, Halbbd. 1, 436–444.

von Polenz, Peter (1963): Funktionsverben im heutigen Deutsch. Sprache in der rationalisierten Welt. *Wirkendes Wort*, Beiheft 5. Düsseldorf.

von Polenz, Peter (1987): Funktionsverben, Funktionsverbgefüge und Verwandtes. Vorschläge zur satzsemantischen Lexikographie. *Zeitschrift für germanistische Linguistik* 15, 169–189.

Weisgerber, Johann Leo (1953): *Grundzüge der inhaltsbezogenen Grammatik*. Düsseldorf: Cornelsen Verlag.

Wotjak, Gerd (1994): Nichtidiomatische Phraseologismen. Substantiv-Verb-Kollokationen – ein Fallbeispiel. In Barbara Sandig (Hrsg.), *Europhras 92. Tendenzen der Phraseologieforschung*, 651–677. Bochum: Brockmeyer.

Yuan, Jie (1986): *Funktionsverbgefüge im heutigen Deutsch. Eine Analyse und Kontrastierung mit ihren chinesischen Entsprechungen*. Heidelberg: Groos.

Zeschel, Arne (2008): Funktionsverbgefüge als Idiomverbände. In Anatol Stefanowitsch & Kerstin Fischer (Hrsg.): *Konstruktionsgrammatik II: Von der Konstruktion zur Grammatik*, 263–280. Tübingen: Stauffenburg.

Ziem, Alexander & Alexander Lasch (2013): *Konstruktionsgrammatik. Konzepte und Grundlagen gebrauchsbasierter Ansätze*. Berlin, Boston: De Gruyter.

Grammatiken

Buscha, Anne, Szilvia Szita & Susanne Raven (2013): *C-Grammatik. Übungsgrammatik Deutsch als Fremdsprache, Sprachniveau C1/C2*. Leipzig: Schubert-Verlag.
Eisenberg, Peter (2013): *Grundriss der deutschen Grammatik. Bd. 2: Der Satz*. Stuttgart, Weimar: Metzler.
Engel, Ulrich (2009): *Deutsche Grammatik*. München: iudicium.
Fandrych, Christian (Hrsg.) (2012): *Klipp und Klar. Übungsgrammatik Mittelstufe B2/C1 Deutsch als Fremdsprache*. Stuttgart: Ernst Klett.
Glinz, Hans (1994): *Grammatiken im Vergleich: Deutsch – Französisch – Englisch – Latein*. Tübingen: Niemeyer.
Helbig, Gerhard & Joachim Buscha (2013): *Deutsche Grammatik. Ein Handbuch für den Ausländerunterricht*. Stuttgart: Langenscheidt/Klett.
Hentschel, Elke & Harald Weydt (2013): *Handbuch der deutschen Grammatik*. Berlin, Boston: De Gruyter.
Rug, Wolfgang & Andreas Tomaszewski (2011): *Grammatik mit Sinn und Verstand. Übungsgrammatik Mittel- und Oberstufe*. Stuttgart: Ernst Klett.
Wöllstein, Angelika (Hrsg.) (2016): *Duden – Die Grammatik*. Berlin: Dudenverlag.
Zifonun, Gisela & Ludger Hoffmann, Bruno Strecker (1997): *Grammatik der deutschen Sprache. Bd. 1–3*. Berlin, New York: De Gruyter.

Lernerwörterbücher

Götz, Dieter (Hrsg.) (2015): *Langenscheidt Großwörterbuch Deutsch als Fremdsprache*. München, Wien: Langenscheidt.
Hueber (2003): *Hueber Wörterbuch Deutsch als Fremdsprache: Das einsprachige Wörterbuch für Kurse der Grund- und Mittelstufe*. Ismaning: Hueber & Duden.
Kempcke, Günter (Hrsg.) (2000): *Wörterbuch Deutsch als Fremdsprache*. Berlin, New York: De Gruyter.
PONS (2018): *PONS Großwörterbuch Deutsch als Fremdsprache*. Stuttgart: PONS.

Manon Hermann
Über Funktionsverbgefüge und verbale Mehrwortverbindungen. Eine Analyse am Beispiel von *stellen*

1 Einleitung

Deutsch und Niederländisch sind zwei verwandte Sprachen, die zur typologischen Klasse der germanischen Sprachen gehören (siehe „satellite-framed languages" bei Talmy 2000). Beide Sprachen verfügen über Positions- und Lokalisierungsverben, die in sehr vielen Kontexten verwendet werden (siehe dazu u. a. Fagan 1991, Serra-Borneto 1996, Lemmens 2002, Lemmens 2006, De Knop & Perrez 2014, De Knop 2016):

> dt. *stehen, sitzen, liegen, stellen, setzen, legen*
> nl. *staan, zitten, liggen, stellen, zetten, leggen*

Diese Verben werden nicht nur benutzt, um bestimmte Positionen oder Lokalisierungen von Menschen und Objekten zu bezeichnen, sondern auch in festen Wortverbindungen mit Präpositionalphrasen (PP): dt. *etwas auf die Agenda setzen* und nl. *iets op papier zetten* (wörtlich ‚etwas auf Papier setzen' = ‚etwas schreiben') usw. Eine besondere Unterkategorie solcher Einheiten bilden die sogenannten Funktionsverbgefüge (FVG): sie bestehen aus einem Funktionsverb mit einer Nominalphrase (mit oder ohne Präposition), wie etwa dt. *eine Frage stellen, zur Verfügung stellen* und nl. *een vraag stellen, ter beschikking stellen* usw. Die Positions- und Lokalisierungsverben gehören sogar zu den „produktivsten" Funktionsverben (Kamber 2006: 2).

Trotz ihrer typologischen Verwandtschaft weisen das Deutsche und das Niederländische im Gebrauch dieser Konstruktionen große Unterschiede auf. Diese Unterschiede betreffen sowohl die Frequenzzahlen der einzelnen Mehrwortverbindungen als auch die in ihnen vorkommenden Verben, Präpositionen oder Substantive. Dieser kontrastive Aspekt wird hier aber nicht näher behandelt, da es uns hier primär um die FVG und ihre Abgrenzung geht.

In Sektion 2 von diesem Artikel wird Abstand zum traditionellen Begriff „Funktionsverbgefüge" genommen (vgl. u. a. von Polenz 1963, Heringer 1968, Helbig & Buscha 2001, Eisenberg 2013). Es wird versucht, einen Weg aus der oft beschriebenen „Sackgasse" (Van Pottelberge 2001) zu finden, um so eine für eine deutsch-niederländisch-kontrastive Analyse relevante Begriffsbestimmung zu entwickeln. Die Problematik der Abgrenzung zu anderen Kategorien wird uns dazu führen, nicht mehr ausschließlich von ‚Funktionsverbgefügen' zu reden, sondern allgemeiner von ‚verbalen Mehrwortverbindungen'. In Sektion 3 werden daraufhin verbale Mehrwortverbindungen bestehend aus dem deutschen Verb *stellen* präsentiert und in vier verschiedenen Hauptkategorien klassifiziert (freie Wortverbindung, Kollokation, FVG und Idiom). Diese Analyse wird dann in Sektion 4 zu einer semantischen Beschreibung der untersuchten Mehrwortverbindungen führen. Dabei werden die zugrundeliegenden Konzeptualisierungen der Präpositionalphrasen analysiert, aber auch diejenigen der damit verbundenen „Figures" (Talmy 2000).

2 Von FVG zu verbalen Mehrwortverbindungen

2.1 Das Funktionsverbgefüge – ein umstrittenes Forschungsobjekt

Der Begriff ‚Funktionsverbgefüge' hat in der Germanistikforschung eine lange Tradition. FVG wurden in der deutschen Forschung zunächst höchst kritisiert; sie seien bloße Ausdrücke des Nominalstils und des Sprachverfalls. Dieses Sprachphänomen wurde als „Hauptwörterkrankheit" oder „Substantivitis" behandelt und ihr semantischer Mehrwert wurde völlig übersehen (von Polenz 1963). Daraufhin haben sich in den 60er Jahren viele Sprachwissenschaftler (u. a. von Polenz 1963) darum bemüht, die vielfältigen Leistungen der FVG im Gegensatz zu den entsprechenden Vollverben zu beschreiben. So wurde den FVG Eigenschaften wie Aktionsart[1]- und Aktantendifferenzierung, Passivtransformation, Kausativierung, textlinguistische Leistungen usw. zugeschrieben[2]. Mittlerweile steht also der Nutzen der FVG kaum noch in Frage und sie sind nicht mehr Gegenstand der Sprachkritik. Trotzdem stellen sie aufgrund ihrer ungenauen Definition und Abgrenzungskriterien ein nach wie vor umstrittenes Forschungsobjekt dar: „FVG zu definieren ist eine der undankbarsten grammatischen Aufgaben" (Ágel 2017: 315).

---

[1] Die Aktionsartendifferenzierung bei FVG wird bei Van Pottelberge (2001) ausführlich kritisiert.
[2] Auf diese Leistungen wird in der vorliegenden Arbeit nicht weiter eingegangen, siehe dazu u. a. Heringer (1968), Storrer (2006), Van Pottelberge (2007), Eisenberg (2013).

2.1.1 Definition

Die Definitions- und die Abgrenzungsproblematik der FVG wurde bereits ausführlich u. a. in Heine (2006) beschrieben. Die Autorin vergleicht neun Grammatiken und untersucht, wie FVG dabei behandelt werden und welche Abgrenzungskriterien angewandt werden. Ziel unseres Artikels ist es daher nicht, diese Kriterien erneut im Detail zu besprechen. Die Definition des Begriffs Funktionsverbgefüge, die Heine aus der Analyse dieser neun Nachschlagewerke ableitet, lautet wie folgt:

> Funktionsverbgefüge bestehen aus einem Funktionsverb (FV) und einem Nomen im Akkusativ (S_a) oder einem in Verbindung mit einer Präposition stehenden Nomen (pS), denen jeweils ein Artikel vorausgehen kann. Dabei ist das Funktionsverb von sehr allgemeiner Bedeutung und Träger semantischer Merkmale hinsichtlich Phase/Aktion/Perspektive [...] Das Substantiv ist valent, besitzt, wenn es sich nicht um ein Fremd- oder Lehnwort handelt, ein korrespondierendes Verb oder Adjektiv und trägt die Hauptbedeutung. [...] Funktionsverb und Nominalgruppe gehen eine derart enge Verbindung ein, dass sie gemeinsam Satzgliedcharakter haben und die Nominalgruppe weder pronominalisierbar noch erfragbar ist. (Heine 2006: 49–50)

Ein FVG wird als eine Verbindung aus einem nominalen Bestandteil (mit (1) oder ohne (2) Präposition) und einem Funktionsverb betrachtet – ein Verb, das arm an lexikalischer Bedeutung ist und nur eine grammatische Funktion hat (u. a. von Polenz 1963, Herrlitz 1973, Fleischer 1997, Helbig & Buscha 2001, Heine 2006, Helbig 2006, Eisenberg 2013), wie etwa:

(1) in Bewegung setzen
(2) eine Frage stellen

Obwohl Beispiele mit und ohne Präposition in der Fachliteratur als FVG gelten, werden in diesem Beitrag nur jene mit Präposition untersucht (Eisenberg 2013 spricht vom „Kernbereich der FVG"). Die FVG mit PP werden sogar in der germanistischen Linguistik als Prototyp angesehen (siehe unten). Die Unterschiede zwischen beiden Varianten (Abgrenzungskriterien, Leistungen, syntaktisches Verhalten usw.) sind unserer Meinung nach zu umfangreich, um sie hier unter einer gemeinsamen Bezeichnung zu vereinen. Kamber (2008) schreibt dazu: „Derart unterschiedliche Untersuchungsgegenstände können kaum denselben syntaktischen semantischen oder sogar etymologischen Restriktionen unterliegen [...]" (Kamber 2008: 11). Schon von Polenz (1963) hatte erkannt, dass die präpositionalen FVG eine Sondergruppe bilden: „Der präpositionale Anschluss des Substantivs ans Verb bindet beide Glieder syntaktisch enger aneinander als die akkusativische Verbindung des Typs ‚eine Entscheidung treffen'" (von Polenz 1963: 13). Bei diesen FVG bilden die Präposition, das Substantiv und das Verb eine Einheit – oder Satzklammer[3] (u. a. Heringer 1968, Eisenberg 2013), die auch durch deren Position im Satz verdeutlicht wird: Helbig & Buscha (2001: 85) behaupten sogar, dass der Lexikalisierungsgrad bei den FVG mit Präposition viel höher liegt als bei denen mit Akkusativ. Storrer (2006) gebraucht im Anschluss an von Polenz (1987) ebenfalls zwei Bezeichnungen: Nominalisierungs- und Funktionsverbgefüge. Sie bezeichnet die FVG als eine Subklasse der Nominalisierungsverbgefüge, die sich durch eine Eigenbedeutung im Vergleich zum Vollverb unterscheiden (Kausativierung, Aspekt, Passivierung usw.) und betont, dass diese Subklasse eine Präferenz für den Konstruktionstyp [FV + PP] aufweist (Storrer 2006: 149). Ein weiterer Grund für die Ausgrenzung der Akkusativ-Fügungen ist, dass in dieser Arbeit ausschließlich FVG mit Positions- und Lokalisierungsverben analysiert werden, die überwiegend mit einer Präpositionalphrase vorkommen (siehe dazu Helbig & Buscha 2001[4] und Eisenberg 2006). Die Präpositionalphrase nimmt dann die Stelle der „gewöhnlichen" Ortsadverbialen ein:

> Präpositionale Funktionsverbgefüge werden in erster Linie mit [...] Verben gebildet, die sich als Vollverben mit Richtungs- oder Ortsadverbialen verbinden [...]. Die entsprechende syntaktische Leerstelle wird im FVG durch die Präpositionalphrase gesättigt. (Fabricius-Hansen 2006: 267)

Wenn in diesem Beitrag von FVG die Rede ist, ist demnach ausschließlich die Verbindung aus einem FV und einer Präpositionalphrase gemeint.

2.1.2 Abgrenzungskriterien

In der Fachliteratur (u. a. von Polenz 1963, Herrlitz 1973, Fleischer 1997, Helbig & Buscha 2001) sind die in den FVG vorkommenden Präpositionalphrasen meistens an drei Bedingungen gebunden:

---

[3] Siehe eine Kritik dieser Klammerfähigkeit bei Eisenberg (2013) und Van Pottelberge (2001).
[4] Helbig & Buscha (2001: 84) behaupten, dass das Verb *stellen* das einzige Verb dieser Gruppe ist, das sowohl in FVG mit einer Präposition als auch in FVG mit einem Akkusativ vorkommt und dass alle anderen Verben mit einer Präpositionalphrase auftreten. Kamber (2008: 99) fügt aber zurecht hinzu, dass *setzen* ebenfalls sowohl mit einer Präpositionalphrase als auch mit einem Akkusativ-Objekt verbunden werden kann.

- das Substantiv ist ein Verbalabstraktum oder ein Adjektiv mit Kopula[5] (auch „Nomen actionis[6]");
- es ist kein Artikel vorhanden;
- es ist kein Attribut vorhanden (Adjektiv, Kompositum, Genitiv-Ergänzung).

Diesen Kriterien zufolge sollten Verbindungen wie *auf die Probe stellen* oder *unter staatlichen Schutz stellen* nicht als Funktionsverbgefüge betrachtet werden können. Diese Kriterien erweisen sich allerdings als viel zu ausgrenzend und werden daher in dieser Arbeit nicht berücksichtigt. Es wurde in der Literatur im Laufe der Zeit eine Reihe von weiteren Merkmalen aufgelistet, die es erlauben sollten, FVG von anderen Kategorien zu unterscheiden. Jedoch haben einige Linguisten – darunter v. a. Van Pottelberge (2001 und 2007) – bewiesen, dass diese Merkmale nicht ausschließlich für FVG typisch sind und so keine genaue Abgrenzung ermöglichen. So wurde behauptet, dass das Substantiv und das Verb im FVG eine enge semantische Einheit bilden und dass diese Einheit eine verbale Bedeutung hat (Ausdruck eines Ereignisses oder Zustandes) (u. a. Eisenberg 2013). Vielmehr erlauben sie es, die Festigkeit der FVG zu bestimmen. Allerdings sind diese Merkmale keineswegs typisch für FVG (siehe Besprechung bei Van Pottelberge 2007), sie sind ebenfalls bei Idiomen oder Kollokationen wiederzufinden (siehe 2.3). Die Paraphrasierbarkeit der FVG mit einem verwandten Verb ist ebenfalls ein Kriterium, das in der Fachliteratur oft zur Abgrenzung der FVG genannt wird. Dennoch erkennt Van Pottelberge (2007) zurecht, dass die Paraphrasierbarkeit einzig die Folge davon ist, dass das Substantiv ein Verbalabstraktum ist. Daneben bildet die Möglichkeit der Reihenbildung ein oft genanntes Abgrenzungskriterium für FVG (u. a. Helbig & Buscha 2001). Van Pottelberge (2007) betont aber, dass es bislang ungeklärt sei, inwiefern diese Reihenbildung für FVG typisch sei. Die Reihenbildung ist außerdem dadurch möglich, dass bei den FVG die Präposition nicht an das FV, sondern an das Substantiv der PP gebunden ist (*in Schwung + kommen*). Die Einheit bestehend aus Präposition und Substantiv tritt dann in eine syntaktische und semantische Beziehung zum FV (Eisenberg 2013: 306). Der Versuch, FVG durch strenge Kriterien von anderen Klassen abzugrenzen, hat so zu

---

5 Siehe u. a. bei Helbig & Buscha (2001).
6 Die Entscheidung für ‚Verbalabstraktum' oder ‚Nomen actionis' hängt von der damit verbundenen Definition ab. Es betrifft jedenfalls folgende Kategorien: Verbalabstrakta (*im Widerspruch stehen*), Infinitive (*zum Verschwinden bringen*), und Verbalableitungen (*in Verbindung setzen, zur Kenntnis nehmen*) (siehe Heringer 1968). Im Folgenden wird die Bezeichnung ‚Verbalabstraktum' in diesem weiteren Sinne verwendet.

zahlreichen Unstimmigkeiten und Unsinnigkeiten geführt. Dies hatte Heringer schon 1968 erkannt:

> Trennt man damit aber nicht sprachliche Fügungen, die eigentlich zusammengehören? Ist es gerechtfertigt, etwa eine Fügung wie *in Schwingung geraten* grundsätzlich anders zu behandeln als *in Schwingungen geraten* oder *in heftige Schwingungen geraten*? (Heringer 1968: 53)

Viele Autoren geben sich meistens mit einer vagen Definition zufrieden. Diesbezüglich schreibt Van Pottelberge (2001): „Die Leichtigkeit, mit der Definitionsprobleme gegenwärtig unter den Teppich gekehrt werden, hängt wohl mit den gescheiterten Abgrenzungsversuchen in der Vergangenheit zusammen" (Van Pottelberge 2001: 3). Er kommt sogar zu der Schlussfolgerung, dass die Klasse der FVG nicht existiere und dass diese Bezeichnung nur Verwirrung schaffe (Van Pottelberge 2001). Obwohl wir diese Auffassung nicht unterstützen[7], zeigt sie dennoch gut, dass die Definitionsproblematik noch lange nicht gelöst ist. Kamber spricht von einer „vergeblichen Suche nach verbindlichen Abgrenzungskriterien" (Kamber 2008: 11). Van Pottelberges Metapher der Sackgasse scheint uns ebenfalls sehr zutreffend (Van Pottelberge 2001: 3).

2.1.3 Eine deutsche Sackgasse?

Interessanterweise lässt sich feststellen, dass in der auf das Niederländische bezogenen Fachliteratur diese Nomen-Verb-Verbindungen nicht als eigenständige Kategorie anerkannt werden und überhaupt nicht als solche beschrieben werden[8] – obwohl das Niederländische über die gleichen Verbindungen verfügt (*zur Verfügung stehen* = *ter beschikking staan*). In der englischen Literatur dagegen sind ‚light verb constructions' ausführlich untersucht worden, jedoch ist eine Gleichsetzung zwischen FVG und ‚light verb constructions' irreführend und zu vermeiden (siehe unten). Van Pottelberge betont, dass diese verschiedenen Bezeichnungen auf unterschiedliche Forschungstraditionen hinweisen (Van Pottelberge 2007: 436) und dass sich jede Forschungstradition nur mit den Konstruktionen der eigenen Sprache beschäftigt (Van Pottelberge 2001: 7)[9]. Storrer

---

7 Gemäß den Rezensionen von Eisenberg (2006) und Ágel (2017).
8 „The traditions of grammatical description in these languages have not, however, developed any specific designations for this kind of construction" (Van Pottelberge 2000: 18).
9 Siehe ausführlich dazu das Kapitel *Verbonominale Konstruktionen in der englischsprachigen Forschung* in Van Pottelberge (2001: 65–143).

(2006: 277) geht ebenfalls auf diese Unterschiede ein und verweist auf zwei Diskussionslinien: diejenige in der germanistischen Linguistik und die in der angelsächsischen und französischen wissenschaftlichen Literatur.

> Die beiden Forschungslinien haben sich zwar wechselseitig zur Kenntnis genommen; dennoch wird häufig übersehen, dass sie nicht nur unterschiedliche Erkenntnisinteressen verfolgen, sondern auch verschiedene Typen von Konstruktionen fokussieren. (Storrer 2006: 277)

In beiden Diskussionslinien steht ein anderer Prototyp im Mittelpunkt: in der Germanistik besteht das prototypische FVG aus einer Präpositionalphrase und in der Anglistik (und Romanistik) aus einer Akkusativ-Ergänzung (Storrer 2006: 277). Wie schon oben angedeutet, weisen beide Varianten große Unterschiede auf.

Der Vergleich mit anderen Sprachen zeigt, dass die Begriffe in den verschiedenen Sprachen nicht unbedingt das gleiche Phänomen bezeichnen – es fehlt, wie Van Pottelberge (2001) in seiner Einleitung schreibt, eine „internationale Bezeichnung". Dieser Vergleich ermöglicht uns aber, einen gewissen Abstand zu dieser Definitions- und Abgrenzungsproblematik zu nehmen, die seit Jahrzehnten in der deutschen Fachliteratur umstritten ist. Es stellt sich die Frage, wieso dies ein ‚typisch deutsches Problem' ist und wie wir aus dieser Sackgasse herauskommen können. Wir vertreten die Meinung – wie Eisenberg (2006), Helbig (2006) und Ágel (2017) – dass die Schwierigkeiten bei der Festlegung der Abgrenzungskriterien (und die daraus resultierende Sackgasse) uns nicht dazu führen sollen, die Existenz einer Klasse von FVG in Frage zu stellen. Vielmehr scheint die Prototypentheorie einen angepassten Ausweg zu bieten (siehe Helbig 2006, Kamber 2008, Eisenberg 2013, Ágel 2017). Hinzu kommt, dass die FVG tatsächlich Merkmale aufweisen, die weder für Idiome noch für Kollokationen gelten (mehr dazu bei 2.3.6).

2.1.4 Zentrum-Peripherie-Modell und Prototypentheorie

Heringer hatte 1968 schon erkannt, dass FVG jeweils einen unterschiedlichen Homogenitätsgrad aufweisen und dass sie daher in verschiedenen Gruppen aufgeteilt werden sollen – siehe inneren und äußeren Bereich bei Heringer (1968: 54). In seiner Analyse konzentriert er sich aber ausschließlich auf die „homogenen" FVG und geht über diese Aufteilung nicht weiter ins Detail. Helbig & Buscha (2001: 85) erkennen auch dieses Problem und unterscheiden so „eigentliche" (lexikalisierte) von „uneigentlichen" (nicht-lexikalisierten) FVG: Erstere haben einen hohen Grad an Festigkeit und erfüllen die meisten Abgrenzungskriterien, letztere nicht. Die Unterschiede zwischen beiden Gruppen sind graduell[10]. Erst Kamber (2006; 2008) hat eine weit gefasste empirische Analyse durchgeführt, die eine konsequente Lösung zu diesem Problem bietet:

> Das Modell der notwendigen und hinreichenden Bedingungen verursacht große Schwierigkeiten, weil es Entitäten mit scharfen Grenzen erzeugt. (Die Zugehörigkeit zu einer Kategorie beruht auf dem Ja/Nein-Prinzip.) Doch „in Wirklichkeit" existieren verschiedene Grade der Zugehörigkeit zum Phänomen FVG, und es gibt demnach Übergangszonen. (Kamber 2008: 20)

FVG sollen demnach nicht auf eine strikt festgelegte Kategorie beschränkt sein, sondern anhand der Prototypentheorie analysiert werden:

> Vielmehr soll der Versuch unternommen werden, von der Sprachrealität ausgehend eine Sammlung von Syntagmen zusammenzustellen, die gemeinsame semantische und syntaktische Merkmale aufweisen. Um dieses Unterfangen in Angriff zu nehmen, braucht es einen möglichst flexiblen theoretischen Rahmen. [...] Als Rahmen schlage ich deshalb das Modell der umrahmten Schnittmengen vor. (Kamber 2006: 113)

Diese Methode erlaubt es, die Syntagmen nach deren Repräsentativitätsgrad für die Klasse der FVG einzuordnen. Kamber sieht 4 Kriterien vor (siehe Kamber 2006: 113):

[A]   das Verb hat seine Bedeutung verloren (immer erfüllt)
[B]   das Substantiv ist ein Verbalabstraktum (nicht immer erfüllt)
[C]   das Verb ist ein Bewegungs- bzw. Zustandsverb (nicht immer erfüllt)
[D]   das Syntagma enthält eine Präpositionalgruppe (nicht immer erfüllt)

---

10 Kamber bezeichnet aber diese Unterscheidung als fragwürdig: „Ab wann soll ein Syntagma als ‚eigentliches' FVG gelten, ab wann als ‚uneigentliches'? Die Empirie zeigt, dass ein solches Kriterium nicht praktikabel ist." (Kamber 2008: 33)

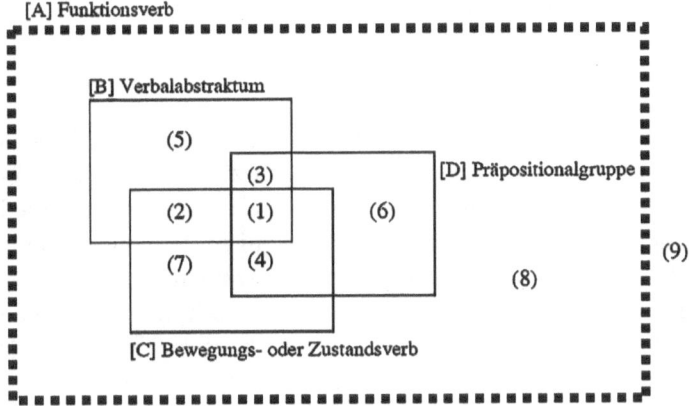

Abb. 1: Subklassifizierung der FVG nach Kamber (2006: 113)

Das prototypische FVG erfüllt die vier genannten Kriterien (z. B. *zum Ausdruck kommen*). Die Anzahl der erfüllten Kriterien gibt an, wie prototypisch ein FVG ist. Kriterium [A] gilt ebenfalls in unserer Untersuchung als grundlegendes Kriterium. Wir sind aber der Meinung, dass es bei den von Kamber analysierten Syntagmen nicht immer erfüllt wird (mehr dazu unten). In Bezug auf Kriterium [B] gehen wir in dieser Arbeit davon aus, dass das prototypische FVG aus einem Verbalabstraktum (ohne Artikel, ohne Attribut) besteht und dass FVG mit einem Abstraktum[11] (oder einem Konkretum[12]) als nicht prototypisch gelten. Die Unveränderbarkeit (Artikel und Numerus) und die Nicht-Erweiterbarkeit (Attribut, Negation) des Substantivs betrachten wir nicht als gültige Abgrenzungskriterien, denn viele FVG weisen solche Möglichkeiten auf (siehe Kamber 2008). Wir betrachten also ebenfalls Syntagmen mit Artikel und mit Attribut als FVG, rechnen sie allerdings zur Peripherie. Da in unserer Analyse ausschließlich Syntagmen mit Positions- und Lokalisierungsverben und mit Präpositionalphrase (siehe oben) einbezogen werden, werden hier die Kriterien [C] und [D] per se erfüllt.

---

11 Diese Flexibilität erlaubt uns, der Abgrenzungsproblematik des Begriffes ‚Verbalabstraktum' aus dem Wege zu gehen (mehr dazu bei Kamber 2008). Die Ableitung von einem Verb sehen wir demnach nicht als obligatorisch (aber als prototypisch) an.
12 Nur in sehr wenigen Fällen, in denen keine räumliche Bedeutung vorliegt.

2.2 Die Bedeutung des Funktionsverbs

2.2.1 Die räumliche Bedeutung

Wie bereits angeführt, scheint uns der Ansatz von Kamber (2006) für die Beschreibung der FVG besonders angemessen. Dennoch zählt Kamber in seiner Analyse einige Mehrwortverbindungen zu den nicht-prototypischen FVG, die in unserer Auffassung nicht als FVG betrachtet werden können, sondern als Idiome oder Kollokationen (siehe unten). Es handelt sich um Syntagmen, die meistens mit einem Konkretum gebildet werden, allerdings nicht wörtlich zu verstehen sind, wie: *auf der Straße stehen, im Raum stehen, im Mittelpunkt stehen, in den Schatten stellen, auf die Beine stellen, vor ein Problem stellen, in die Welt setzen, vor die Tür setzen, in den Sand setzen* usw. Diese Konstruktionen gelten unserer Meinung nach nicht als FVG, denn hier scheint *das* Grundkriterium eines FVG nicht erfüllt zu werden: ein FVG soll ein Funktionsverb enthalten. Wir erinnern daran, dass ein FV, ein Verb ist, das seine eigentliche, konkrete Grundbedeutung verloren hat (von Polenz 1963: 11). Seine Aufgabe ist es, Merkmale wie Passivierung, Zeitbezug, Modalität, Aktionsart und Aktionalität auszudrücken (Fabricius-Hansen 2006: 259). Auch Kamber sieht den Bedeutungsverlust des Verbs als *das* grundlegende Kriterium (Kamber 2006: 113), obwohl seine Beispiele dem zum Teil widersprechen. In dem Fall der Positions- und Lokalisierungsverben ist diese Grundbedeutung die Position und die Lokalisierung im Raum. Ein Positions- oder Lokalisierungsverb kann also nur als Funktionsverb betrachtet werden, wenn es diese räumliche Dimension verloren hat[13] und durch eine zeitliche ersetzt hat (siehe auch Heine 2006: 66).

> Es sind ja nicht beliebige Verben, die so als Funktionsverben verwendet werden, sondern gerade Verben aus dem Bereich räumlicher Vorstellungen, die als Vollverben konkrete Bewegungen oder Zustände bezeichnen. [...] Diese Verben verlieren in der Leitgliedfunktion ihre konkret-räumlichen Bedeutungen und wirken in der Abstraktion als zeitliche Bewegungs- oder Zustandsbezeichnungen weiter. (von Polenz 1963: 27)

Diese räumliche Bedeutung scheint, wie oben erwähnt, vor allem bei Verbindungen mit einem Konkretum noch vorhanden zu sein. Da diese Konkreta (oft in übertragenem Sinne) als Raum konzeptualisiert werden, kann von einem FVG im

---

[13] Dieser Übergang von Raum zu Zeit ist außerdem ein gewöhnliches mentales Verfahren, das im Rahmen der konzeptuellen Metaphern bei Lakoff & Johnson (1980) ausführlich beschrieben wird.

engen Sinne nicht die Rede sein[14]. Diese Erkenntnis war schon bei Heringer (1968) zu finden:

> In den Fällen, wo es sich beim Nomen nicht um ein Nomen actionis handelt, können wir auch beim Verbum nicht von einem Funktionsverb sprechen. Es liegen hier Vollverben (oft in übertragener Bedeutung, etwa *zu Geld kommen, in Verse bringen*) oder stehende (idiomatische) Verbindungen (*zur Welt kommen, es zum Major bringen*) vor. (Heringer 1968: 30)

Das Nicht-Vorhandensein dieser räumlichen Dimension wird hier als Hauptabgrenzungskriterium[15] für FVG verwendet. Dieses Kriterium erlaubt uns, die Grenzen zwischen FVG und den (nicht)-idiomatischen Phrasemen genauer zu definieren.

2.2.2 Funktionsverben sind keine ‚light verbs'

Wie bereits beschrieben, haben Funktionsverben ihre ursprüngliche räumliche Bedeutung verloren. Dies bedeutet aber nicht, dass diese Verben semantisch ‚leer' sind. So bedeutet *diskutieren* nicht das Gleiche wie *zur Diskussion stellen* oder wie *zur Diskussion stehen*. Mit *stellen* wird nämlich die kausative Aktionsart ausgedrückt und mit *stehen* die durative. Dank dieser Aktionsartendifferenzierung haben die FVG einen großen semantischen Mehrwert. Die Verben *setzen* und *legen* haben ebenfalls eine kausative Aktionsart und die Verben *sitzen* und *liegen* eine durative. Die Aktionsartendifferenzierung bietet also nicht das einzige Kriterium, um diese Verben zu unterscheiden. Die Positions- und Lokalisierungsverben sind trotz ihrer engen Verwandtschaft nicht austauschbar – und daher auch nicht semantisch leer.

> [...] Umgekehrt ist nicht jedes Funktionsverb ein bedeutungsarmes oder „light" Verb in dem Sinne, dass es kaum Selektionsbeschränkungen aufweise und mit beliebigen Objekten kombinierbar wäre. (Van Pottelberge 2007: 438)

---

14 Auch Kamber schreibt: „Dabei enthalten die FV keine Idee des Raums mehr, diese semantische Komponente tritt weitgehend in den Hintergrund" (Kamber 2008: 25).
15 Wie in den meisten Bereichen der Phraseologie werden wir wahrscheinlich auf Grenzfälle stoßen, bei denen das Vorhandensein dieses räumlichen Aspektes nur schwer erschließbar sein wird. Diese Beispiele werden dann zur Peripherie gehören.

Die Aktionsartendifferenzierung ist folglich nicht das einzige Kriterium, um Verben wie *stellen*, *setzen* oder *legen* zu unterscheiden[16]. Die unterschiedlichen Bedeutungen dieser Verben sind, unserer Meinung nach, ebenfalls auf deren zugrundeliegende Konzeptualisierungen zurückzuführen und sollen im Rahmen der Kognitiven Linguistik analysiert werden.

2.3 Verbale Mehrwortverbindungen aus Lokalisierungsverb und PP

Unsere Definition der FVG führt uns dazu, jene Konstruktionen wie *auf die Beine stellen* oder *auf Eis legen* nicht als FVG im engeren Sinne zu betrachten. Doch weisen diese Phraseme einige syntaktische Gemeinsamkeiten mit FVG auf. Aus diesem Grund werden sie in dieser Analyse mit einbezogen. Der Untersuchungsgegenstand dieser Studie verschiebt sich demnach von ‚FVG mit Lokalisierungsverben' auf ‚verbale Mehrwortverbindungen aus obligatorischen Präpositionalphrasen und Lokalisierungsverben'.

2.3.1 Verschiedene Kategorien von verbalen Mehrwortverbindungen

Alle Mehrwortverbindungen aus Präpositionalphrasen und Lokalisierungsverben, die im Rahmen dieser Arbeit analysiert werden, werden in eine der Kategorien[17] aus Abb. 2 eingeordnet. Für die Definition dieser Kategorien stützen wir uns u. a. auf die Arbeiten von Wotjak & Heine (2005), Heine (2006), Helbig (2006), Storrer (2006) und Burger (2015).

---

[16] Kamber (2008: 24): „FV sind in der Regel nicht durch andere bedeutungsähnliche FV substituierbar und schon gar nicht beliebig austauschbar!"
[17] Einige Syntagmen können, abhängig vom Kontext, in dem sie vorkommen, in zwei verschiedene Kategorien eingeordnet werden. Dies ist u. a. der Fall für *auf der Straße stehen*, das sowohl ein Idiom als auch eine freie Wortverbindung sein kann. Kamber spricht in diesem Fall von „doppelten Verwendungsweisen" (Kamber 2008: 18).

Über Funktionsverbgefüge und verbale Mehrwortverbindungen — 51

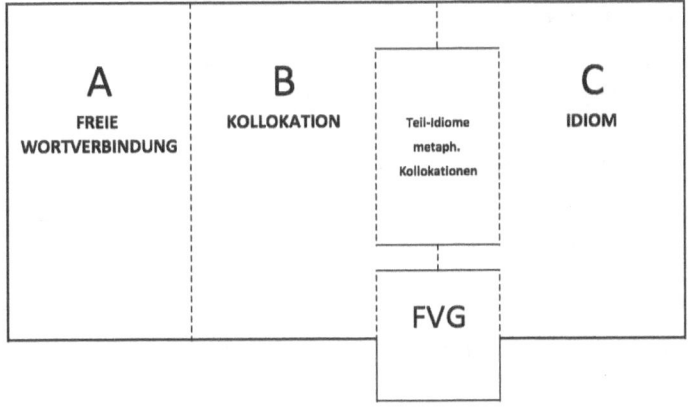

Abb. 2: Die verschiedenen Kategorien der verbalen Mehrwortverbindungen

Im Folgenden wird jede einzelne Kategorie genau definiert und jeweils mit Korpusbelegen veranschaulicht. Für diese Untersuchung von Mehrwortverbindungen mit dem deutschen Verb *stellen* wurden empirische Daten aus dem Korpus DeReKo vom Institut für Deutsche Sprache in Mannheim extrahiert. Die Suche beschränkte sich auf das Lemma *stellen* ausschließlich in deutschen Presseartikeln zwischen 2000 und 2017[18]. Die Beschränkung auf Presseartikel erlaubt uns auch zu untersuchen, wie oft FVG in allgemeinen und alltäglichen Texten vorkommen[19]. Es wurde eine Stichprobe bestehend aus 1000 zufällig sortierten Korpusbelegen erstellt. Jeder Beleg wurde manuell analysiert und jede Mehrwortverbindung bestehend aus einer Präpositionalphrase und dem Verb *stellen* wurde in eine der hier unten beschriebenen Kategorien eingeordnet. In Tab.1 werden die Präpositionalphrasen aufgelistet, die mindestens dreimal[20] in der Stichprobe vorkamen. Im Anhang sind Korpusbelege für alle in dieser Tabelle vorkommenden Mehrwortverbindungen aufgeführt.

---

18 Wir sind uns dessen bewusst, dass durch diese Filter nur ein Abbild des Gebrauchs von *stellen* in Mehrwortverbindungen geliefert wird, „aber sie bleiben immerhin in einer Sprachrealität verankert" (Kamber 2008: 5).
19 Seifert (2004) hat mit seiner empirischen Studie belegt, dass FVG nicht typisch für die Gesetzessprache sind, siehe seine Einleitung für eine Besprechung der Textsorten, in denen FVG vorkommen.
20 Wir betrachten diese Anzahl als genügend, da die vorliegende Analyse als eine erste Auseinandersetzung mit der Thematik gilt (deren Erkenntnisse noch in Zukunft vertieft werden).

Tab. 1: PP mit *stellen* aus dem DeReKo-Korpus

zu + Verfügung	69	auf + Kopf	6	in + Abseits	3
in + Frage	29	unter + Schutz	6	zu + Diskussion	3
unter + Beweis	20	in + Mittelpunkt	5	in + Ecke	3
auf + Bein	17	zu + Wahl	5	auf + Fuß	3
in + Aussicht	15	in + Weg	5	auf + Probe	3
in + Vordergrund	9	in + Internet	4	in + Rechnung	3
in + Dienst	7	in + Schatten	4	zu + Schau	3
vor + Probleme	7	auf + Prüfstand	4		

2.3.2 Freie Wortverbindungen (A)

In dieser Kategorie befinden sich Mehrwortverbindungen, die weder idiomatisch noch fest sind. Die Verbindung entspricht den lexikalischen und grammatischen Regeln der Sprache und ist demnach frei produzierbar (Heine 2006: 52). „Frei ist eine Wortverbindung also dann, wenn sie keinen anderen Einschränkungen als denen der normalen morphosyntaktischen und semantischen Regeln unterliegt." (Burger 2015: 19) Zu dieser Kategorie gehören sowohl präpositionale Angaben, die den Sachverhalt lokal situieren und unabhängig vom Verb sind (3) – als auch präpositionale Objekte, bei denen die Präposition vom Verb verlangt wird und Teil seiner Valenz ist (4) (Eisenberg 2013):

(3)   [Johanna spielt] [auf] [dem Balkon].

(4)   [Sonja] [verweist auf] [ihren Antrag]. (Eisenberg 2013: 306)

Aus unserer Stichprobe haben wir zahlreiche Präpositionalphrasen entnommen, die mit dem Verb *stellen* in freier Verbindung standen. Hier ein Beispiel:

> Und Degenhardt pellte sich aus den schönen alten Märchen, stellte den Fuß auf einen Stuhl und schrie mit krächzender Proteststimme die herrschenden Verhältnisse an. (U01/DEZ.00352 Süddeutsche Zeitung, 03.12.2001, S. 14; Der Erreger)

Die Verbindung *auf einen Stuhl stellen* ist aus mehreren Gründen als frei zu betrachten: Sie bildet keine Einheit und kommt in den 1000 analysierten Sätze nur einmal vor. Ihre Bedeutung ist auch transparent und motiviert. In der Stichprobe gab es jedoch auch zwei Mehrwortverbindungen, die an der Grenze zu den Kollokationen stehen: *vor Probleme stellen* und *in eine Ecke stellen*. So sind beide

Mehrwortverbindungen transparent und können problemlos mit einem Artikel oder einem Adjektiv auftreten (*vor Probleme stellen, vor große Probleme stellen, vor existenzielle Probleme stellen - in eine Ecke stellen, in die rechte Ecke stellen*). Beide Verbindungen kamen aber jeweils 7x und 3x vor und werden daher in diese Zwischenzone zwischen freier Wortverbindung (A) und Kollokation (B) eingeordnet.

2.3.3 Kollokationen (B)

Bei Kollokationen handelt es sich lediglich um „das wiederholte gemeinsame Vorkommen zweier Wörter in einer strukturell interessanten Einheit" (Lemnitzer & Zinsmeister 2010: 188). In dieser Kategorie befinden sich Mehrwortverbindungen, deren Bedeutung kompositionell ist: Die wörtliche Bedeutung ist mit der phraseologischen Bedeutung identisch und es kommt keine Bedeutung hinzu. Im Gegensatz zu den Idiomen (siehe unten) sind Kollokationen immer dekomponierbar (Helbig 2006: 170) bzw. analysierbar (Heine 2006: 12). Das Substantiv ist hier entweder abstrakt oder konkret, drückt aber immer einen Ort aus. Die Substantive, die in einer Kollokation vorkommen, können in gewissem Maße durch bedeutungsverwandte Sprachzeichen ersetzt werden. Die Kollokationen kennen keine strikten morphosyntaktischen Restriktionen (im Gegensatz zu den Idiomen): sie können u. a. durch Attribute modifiziert werden und können erfragt, bzw. durch Pronomen ersetzt werden (siehe Storrer 2006: 152). Dies liegt daran, dass die PP nicht Teil des Prädikats ist, sondern ein Objekt oder Adverbial (Helbig 2006: 171). Sie weisen daher auch einen niedrigen Festigkeitsgrad auf (siehe u. a. Helbig 2006: 166). Ein Beispiel aus unserer Stichprobe ist *ins Internet stellen* (4x).

2.3.4 Idiome (C)

In dieser Kategorie befinden sich Mehrwortverbindungen, deren Bedeutung nicht kompositionell ist. Die Bedeutung von prototypischen Idiomen lässt sich nicht aus den Bedeutungen ihrer Bestandteile erschließen (siehe Heine 2006 und „Kompositionalitätsprinzip" bei Storrer 2006). Die wörtliche Bedeutung entspricht nicht der phraseologischen Bedeutung (Burger 2015). Wie bei Storrer unter dem „Substitutionsprinzip" beschrieben wird, können die Bestandteile eines prototypischen Idioms nicht ersetzt werden, ohne dessen Bedeutung völlig zu verändern (Storrer 2006: 151). Zum Beispiel: *Straße* und *Weg* sind zwei Synonyme, die aber in *auf der Straße stehen* (= ‚obdachlos sein') nicht austauschbar sind. Die prototypischen Idiome[21] weisen einen sehr hohen Grad an Festigkeit auf, sie können weder durch ein Attribut modifiziert, noch durch Pronomen erfragt werden. Dies liegt an der Tatsache, dass die PP in Idiomen kein Satzglied ist, sondern Teil des Prädikats (Ágel 2017: 312). Die Substantive können immer noch als Raum konzeptualisiert werden (auch wenn diese Lokalisierung nicht wortwörtlich zu verstehen ist). Aus unserer Stichprobe wurden fünf Idiome extrahiert: *auf die Beine stellen* (17x), *auf den Kopf stellen* (6x), *in den Schatten stellen* (4x), *auf den Prüfstand stellen* (4x), *auf breitere/gesunde Füße stellen* (3x). Die Substantive, die in diesen Idiomen vorkommen, sind alltägliche Konkreta und werden hier in Verbindung mit einem Verb und einer Präposition metaphorisch gebraucht, um etwas Komplexes wiederzugeben. So bedeutet *etwas auf die Beine stellen* laut Duden „etwas in bewundernswerter Weise zustande bringen". Dieser Übergang von einem konkreten Bereich („source domain") in einen abstrakten Bereich („target domain") ist typisch für konzeptuelle Metaphern (Lakoff & Johnson 1980). Drei der ermittelten Konkreta stellen Körperteile dar: *Bein, Kopf und Fuß*. Darunter kommen die Verbindungen *auf die Beine stellen* und *auf den Kopf stellen* in der Stichprobe am häufigsten vor (jeweils 17x und 6x). Der häufige Gebrauch von Konkreta, die Körperteile bezeichnen, ist eng mit unserer „embodied experience" verbunden: „The nature of conceptual organisation arises from bodily experience, so part of what makes conceptual structure meaningful is the bodily experience with which it is associated." (Evans & Green 2006: 157)

2.3.5 Teil-Idiome und metaphorische Kollokationen (BC)

Wie die gestrichelten Linien in Abb. 2 zeigen, ist eine genaue Abgrenzung zwischen Idiomen und Kollokationen nicht immer möglich. So haben einige Wortverbindungen eine Zwischenposition zwischen Idiomen und Kollokationen: Es handelt sich hierbei um Teil-Idiome oder um metaphorische Kollokationen. Bei den Teil-Idiomen ist „nur ein Teil der Wortverbindung idiomatisch" (Ágel 2017: 312) und bei den metaphorischen Kollokationen hat der Kollokator „eine Leseart, die einen Ähnlichkeitsbezug zu seiner wörtlichen Leseart aufweist" und wird so in übertragener Bedeutung verwendet (Reder 2006: 161). Reder (2006: 162) betont aber, dass die Ähnlichkeitsbeziehung zwischen der konkreten und der übertra-

---

21 Da es sich um ein Kontinuum handelt, in dem es prototypische und weniger bzw. nicht prototypische Beispiele gibt, wird hier kein Unterschied zwischen Voll-Idiome und Teil-Idiome (siehe dazu Helbig 2006: 170) gemacht.

genen Lesart des Kollokators als Voraussetzung gilt für die Bezeichnung ‚metaphorische Kollokation'. Vier Mehrwortverbindungen aus der Stichprobe gehören zu dieser Zwischenkategorie: *in den Vordergrund stellen* (9x), *in den Mittelpunkt stellen* (5x), *in den Weg stellen* (5x), *ins Abseits stellen* (3x).

2.3.6 Funktionsverbgefüge (FVG)

Die letzte Kategorie enthält die so genannten FVG. In der Fachliteratur werden FVG oft als Subkategorie der Kollokationen angesehen. Für einige Sprachwissenschaftler dagegen (u. a. Heine 2006, Helbig 2006) bilden sie eine eigenständige Klasse neben den Kollokationen.

In unserem Artikel vertreten wir ebenfalls diese Meinung: FVG befinden sich in einer Kategorie zwischen Idiomen und Kollokationen aufgrund der Gemeinsamkeiten, die sie mit beiden Klassen aufweisen. Die gestrichelten Linien zwischen FVG und Idiomen bzw. Kollokationen in Abb. 2 stellen diesen fließenden Übergängen zwischen den Kategorien dar.

Gemeinsamkeiten mit Kollokationen

Das FVG ist oft mit einem verwandten zugrundeliegenden Verb verbunden (Van Pottelberge 2007). Daher lässt sich die Bedeutung von prototypischen FVG sehr leicht aus der Summe derer Bestandteile erschließen (siehe „Kompositionalitätsprinzip" bei Storrer 2006, auch Helbig 2006). Funktionsverbgefüge gelten daher oft als nicht-idiomatisch (u. a. Helbig 2006: 172 und Heine 2006: 51). Dies ist der Grund, warum Reihenbildungen bei FVG oft möglich sind (Helbig & Buscha 2001). Genauso wie bei den Kollokationen kann die nominale Konstituente in den FVG in einem gewissen Maße durch ein synonymes Substantiv ersetzt werden: *zur Verfügung stellen* weist dieselbe Struktur auf wie etwa *zur Disposition stellen*. Viele nicht-prototypische FVG werden aber oft durch Attribute modifiziert, können auch mit einem Artikel vorkommen und weisen einen viel niedrigeren Festigkeitsgrad auf, z. B.: *unter staatlichen Schutz stellen* usw.

Gemeinsamkeiten mit Idiomen

Allerdings gibt es auch viele Beispiele, bei denen die Bedeutung deutlich weniger transparent, bzw. kompositionell ist und bei denen ein semantischer Bezug auf ein Basisverb fehlt. Eisenberg spricht sogar von einer „Übergeneralisierung eines teilweise bestehenden Zusammenhangs" (Eisenberg 2013: 307). So bedeuten *in Frage stellen* oder *in Rechnung stellen*, nicht einfach *fragen* oder *rechnen*[22]:

(5) jemanden, etwas infrage/in Frage stellen: an jemandem, etwas zweifeln
(6) etwas in Rechnung stellen: etwas in seine Überlegungen einbeziehen, berücksichtigen (Duden)

Ein mit dem Substantiv verwandtes Verb kann aber auch fehlen, wie zum Beispiel in *Verruf geraten* (Van Pottelberge 2007) oder *in Kraft treten* (Storrer 2006). Noch mehr als die anderen stellen diese „lexikalisierten" FVG eine Bereicherung des Wortschatzes dar (siehe u. a. Heringer 1968). Die Bedeutung solcher FVG ist dann nicht-kompositionell und grenzt an Idiomatizität[23].

Es ist auch zu beobachten, dass die Bedeutung des FV bei allen FVG reduziert ist und dass es sich nicht mehr um dessen Grundbedeutung handelt. Die Bedeutung des FV ist demnach nicht so transparent wie beim Vollverb. Heringer behauptet auch, dass jede Komponente ein Teil von ihrem Eigenwert aufgibt und dass ein FVG eine Einheit bildet, die eine eigene neue Bedeutung hat (Heringer 1968: 51). Die prototypischen FVG unterliegen den gleichen morphosyntaktischen Restriktionen wie Idiome. So ist ein prototypisches FVG ziemlich fest und kann daher nicht mit einem Attribut oder einem Artikel ergänzt werden. Es kann auch nicht durch ein Pronomen erfragt oder ersetzt werden. Diese Restriktionen treffen aber nur auf die prototypischen FVG zu und sind eng mit dem Grad der Lexikalisierung verbunden. So verhält sich ein lexikalisiertes FVG syntaktisch wie ein Idiom (siehe u. a. Storrer 2006): Die PP, die in prototypischen FVG vorkommen, sind ebenfalls als Prädiktatsteile zu betrachten.

Es lässt sich also feststellen, dass prototypische FVG einige Gemeinsamkeiten sowohl mit Idiomen als auch mit Kollokationen aufweisen. Eine Zwischenposition in Abb. 2 scheint uns daher angemessen. Außerdem weisen FVG eine Besonderheit auf, die weder bei den Idiomen noch bei den Kollokationen vertreten ist: Das im FVG vorkommende Positions-/Lokalisierungsverb ist ein FV geworden, es drückt keine (konkrete oder abstrakte) Lokalisierung im Raum mehr aus, sondern einen Zustand bzw. Vorgang.

Acht verbale Mehrwortverbindungen aus unserer Stichprobe entsprechen dieser Definition: *zur Verfügung stellen* (69x), *in Frage stellen* (29x), *in Aussicht*

---

[22] Bei diesen Beispielen haben die Substantive *Frage* und *Rechnung* eine eigene Bedeutung angenommen, die sich selbständig von den zugrundeliegenden Verben entwickelt hat (von Polenz, 1963).
[23] Bei Heine (2006) werden solche idiomatischen Einheiten nicht als FVG betrachtet.

stellen (15x), *zur Wahl stellen* (5x), *in Rechnung stellen* (3x), *zur Diskussion stellen* (3x), *zur Schau stellen* (3x), *in Dienst stellen* (2x). Drei weitere Mehrwortverbindungen werden als weniger prototypisch betrachtet und gelangen in die Zwischenzone zu den Kollokationen: *unter Beweis stellen* (20x), *auf die Probe stellen* (3x), *unter Schutz stellen* (6x). Bei *unter Beweis stellen* liegt dies an der Präposition *unter*, die für FVG nicht prototypisch ist. Bei *auf die Probe stellen* wird die periphere Position u. a. durch das Vorhandensein des Artikels *die* und der wenig abstrakten lokalen Präposition *auf* gerechtfertigt. Das FVG *unter Schutz stellen* kann mit verschiedenen Attributen modifiziert werden (*unter Denkmalschutz stellen*, *unter staatlichen Schutz stellen*), was seine periphere Position erklärt.

2.3.7 Weder schwarz noch weiß – ein Kontinuum

Wie die gestrichelten Linien in Abb. 2 zeigen, ist eine ganz strikte und genaue Abgrenzung zwischen solchen Kategorien nahezu unmöglich.

> Funktionsverbgefüge, verbale Phraseolexeme und Substantiv-Verb-Kollokationen existieren also nicht losgelöst voneinander, sondern stehen untereinander in einer mehr oder weniger engen Beziehung. (Heine 2006: 54)

Es bestehen keine eindeutigen Kriterien, mit denen FVG sich in allen Fällen von Idiomen und freien Konstruktionen unterscheiden lassen (Van Pottelberge 2001). Die Grenzen zwischen diesen Kategorien sollen vielmehr als fließende Übergänge betrachtet werden. Jedoch benötigt unsere Analyse ein kohärentes Abgrenzungssystem, das konsequent angewandt wird.

> [...] Obwohl es unerläßlich ist, dies ständig im Auge zu behalten, ist es aber ebenso unerläßlich, zu einer Abgrenzung zu gelangen. Denn es ist die vornehmliche Aufgabe der Wissenschaft, den ungegliedert vorliegenden Stoff sinnvoll zu gliedern. (Heringer 1968: 54)

Um den fließenden Übergängen gerecht zu werden, soll das Schema als ein Kontinuum betrachtet werden, in dem jede Kategorie prototypische und nicht prototypische Beispiele enthält. Die Prototypen jeder einzelnen Klasse weisen genaue Unterschiede auf, vgl. auch Heine (2006) und Storrer (2006). Das Kontinuum sieht anders aus, je nachdem welche Kriterien analysiert werden. Im Folgenden besprechen wir jedes einzelne definitorische Kriterium.

2.3.8 Festigkeit

Das prototypische Idiom weist eine hohe Festigkeit auf. Beim prototypischen FVG ist die Festigkeit etwas niedriger, aber es gibt viele nicht-prototypische FVG, die mit einem Attribut vorkommen können. Die Festigkeit der prototypischen Kollokation ist sehr niedrig (siehe Abb. 3).

2.3.9 Motiviertheit

Im Falle der Motiviertheit ist „[...] die Bedeutung eines Phrasems [...] aus der freien Bedeutung der Wortbindung oder aus den Bedeutungen der Komponenten verstehbar" (Burger 2015: 67). Die Motiviertheit versteht sich daher als ein Gegenbegriff für ‚Arbitrarität' und ‚Idiomatizität'. Die Bedeutung einer prototypischen Kollokation ist motiviert und kompositionell. Die des prototypischen Idioms dagegen ist weder motiviert, noch kompositionell. Ein prototypisches FVG ist transparenter als ein Idiom (und daher motivierter), dennoch ist die Bedeutung des Verbs abgeschwächt. Die höhere Motiviertheit eines prototypischen FVG ist allein auf die Transparenz des Substantivs zurückzuführen, da die Bedeutungen der Präposition und des Verbs meistens sehr abstrakt sind (siehe Abb. 4).

2.3.10 Abstraktion

Da die Bedeutung einer prototypischen Kollokation kompositionell und motiviert ist, ist ihr Abstraktionsgrad sehr niedrig. Bei den prototypischen Idiomen kann ebenfalls nicht behauptet werden, dass bei den Bestandteilen ein Abstraktionsprozess stattgefunden hat, obwohl ihre Bedeutung nicht-kompositionell ist. Bei den prototypischen FVG dagegen unterliegen die Präposition und das Verb einer Abstraktion: Wie bereits beschrieben, ist das Verb, das in den von uns untersuchten FVG verwendet wird, ein Lokalisierungsverb, das durch Abstraktion seine räumliche Dimension verloren hat. Laut Heringer unterliegt das FV einer „Generalisierung", die er ebenfalls als ein Kontinuum ausgehend vom Vollverb sieht (Heringer 1968: 34). In den prototypischen FVG kommen die Präpositionen *in* und *zu* am meisten vor[24] (u. a. Heringer 1968, Eisenberg 2006, Eisenberg 2013). Sie sind ursprünglich konkret-räumliche Präpositionen, die aber durch Abstraktion ihren räumlichen Charakter verloren haben. Andere Präpositionen kommen auch vor,

---

24 In über 90 Prozent der Fälle (Eisenberg 2013: 307).

wie *unter, außer, an, auf* (Eisenberg 2013) jedoch weisen diese einen etwas niedrigeren Grad an Abstraktion als *in* und *zu* auf. Diese zunehmende Abstraktion ist ebenfalls mit einem hohen Grad an Lexikalisierung verbunden. Van Pottelberge spricht von „unterschiedlichen Stufen der Lexikalisierung einzelner Verbindungen" (Van Pottelberge 2007: 442). Diese Homogenität kommt in einigen Partikelverben wie *zufriedenstellen (zu + Frieden + stellen), instandsetzen* etc. gut zum Vorschein (siehe auch Heringer 1968, Helbig & Buscha 2001, Seifert 2004). Laut Helbig & Buscha (2001) kann aber in diesem Fall nicht mehr von FVG die Rede sein (siehe Abb. 5).

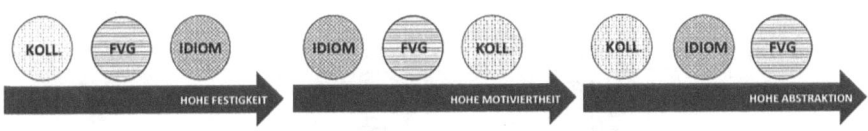

Abb. 3: Kontinuum je nach Festigkeit   **Abb. 4:** Kontinuum je nach Motiviertheit   **Abb. 5:** Kontinuum je nach Abstraktion

Es könnte ein Zusammenhang zwischen Abstraktion und Nicht-Motiviertheit erwartet werden. Das prototypische FVG ist motivierter, aber dennoch auch abstrakter als ein Idiom. De Knop & Perrez (2014) unterscheiden drei Stufen in der Analyse der Positions- und Lokalisierungsverben:

- Die konkrete Position (*die Teller auf den Tisch stellen*): „the postural uses correspond to the three basic postures of human beings" (De Knop & Perrez 2014: 8)
- Die Lokalisierung (*die Teller in die Spülmaschine stellen*): „the locational use refers to the location of a figure (human being, animal or entity) vis-à-vis a ground" (De Knop & Perrez 2014: 8)
- Der metaphorische Gebrauch (*vor eine Verantwortung stellen*): „to denote the location of abstract figures or abstract grounds" (De Knop & Perrez 2014: 8)

Laut De Knop & Perrez (2014) gehören die FV zu der dritten Gruppe. Unserer Meinung nach soll aber zwischen Verbindungen wie *vor eine Verantwortung stellen* und *zur Verfügung stellen* unterschieden werden. Bei ersteren handelt es sich – wie bei De Knop & Perrez (2014) beschrieben – um eine abstrakte Lokalisierung; bei den letzteren dagegen ist nicht mehr die Rede von einer Lokalisierung (oder jedenfalls eine noch viel abstraktere Lokalisierung). Das FV *stellen* hat im FVG *zur Verfügung stellen* durch einen Abstraktionsprozess seine räumliche Dimen-

sion verloren. Wir schlagen daher vor, eine zusätzliche Gruppe zu bilden mit allen Beispielen von Positions- und Lokalisierungsverben, bei denen ein Abstraktionsprozess stattgefunden hat – also mit allen prototypischen FVG. Wir empfehlen demnach folgende Einteilung (siehe auch Abb. 6):
– Konkrete Position: *er sitzt auf dem Stuhl*
– Lokalisierung
  (a) Konkrete Lokalisierung: *er sitzt in der Schule*
  (b) Abstrakte und metaphorische Lokalisierung: *das Projekt steht im Mittelpunkt*
– Zustand (oder Vorgang): *in Blüte stehen*

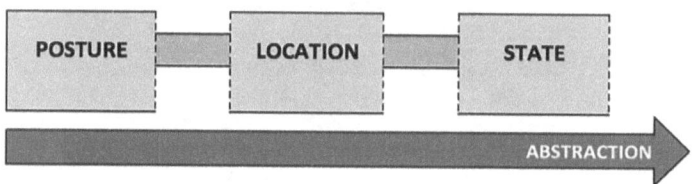

Abb. 6: Kontinuum des Gebrauchs von Positions- und Lokalisierungsverben

Beim letzten Schritt in diesem Kontinuum befinden sich prototypische FVG[25], bei denen die PP keine Lokalisierung ausdrückt, sondern einen Zustand (oder Vorgang). Ein anderes Beispiel ist *Der Zug wird in Bewegung gesetzt*: hier drückt das Lokalisierungsverb einen Vorgang aus, in dem der Zug in einen Zustand der Bewegung versetzt wird. Helbig & Buscha (2001) schreiben dazu:

> Obwohl das FV im FVG seine ursprüngliche Bedeutung verliert, ist es nicht nur Träger von morphosyntaktischen Funktionen, sondern auch Träger von semantischen Funktionen sehr allgemeiner Art; es drückt einen Zustand [dur], eine Zustandsveränderung [incho] oder das Bewirken einer Zustandsänderung (bzw. eines Zustands) [caus] aus. (Helbig & Buscha 2001: 70)

Die Präpositionen, die in diesen Mehrwortverbindungen vorkommen, durchlaufen ebenfalls einen Abstraktionsprozess: Das Verb *stellen* tritt in Mehrwortverbindungen mit verschiedenen lokalen Präpositionen auf. Bei den Idiomen und den

---

[25] Es ist zu bemerken, dass bei einigen weniger prototypischen FVG noch eine geringe räumliche Dimension vorhanden ist – die aber deutlich schwächer ist als bei der Stufe „abstrakte und metaphorische Lokalisierung". Aus diesem Grund befinden sich solche FVG eher zwischen „Location" und „State".

Kollokationen sind diese Präpositionen sehr vielfältig und weisen alle eine räumliche Dimension auf (*auf die Beine stellen, in den Schatten stellen, vor große Probleme stellen*). Bei den FVG dagegen kommen vor allem drei Präpositionen vor, nämlich *in, zu* und (seltener) *unter*[26]. Im Gegensatz zu den anderen Mehrwortverbindungen unterliegen diese Präpositionen in FVG einer Abstraktion – genauso wie die FV – sodass keine Lokalisierung mehr ausgedrückt wird.

Mit der Präposition *in* ist die Idee des Containers verbunden (siehe Abb. 7), d. h. eines begrenzten Raums, in dem etwas geschieht: *in den Vordergrund stellen, in den Schatten stellen* usw. In FVG dagegen unterliegt die Präposition *in* einer Abstraktion (Dirven 1993): *in Frage stellen, in Rechnung stellen* usw. Die Präposition *zu* drückt die Bewegung zu einem Ziel (Ort) hin, mit dem Fokus auf das Erreichen des Zieles (siehe Abb. 8). In FVG hat ein Abstraktionsprozess stattgefunden, sodass eine Korrelation zwischen Ort und Ereignis entsteht. Tyler und Evans (2003) sprechen in diesem Fall von „Event Scene" der Präposition *to*: Im Satz *We went to lunch* drückt *lunch* kein Ort aus, sondern ein Ereignis (Tyler & Evans 2003: 152). FVG, die mit dem Verb *stellen* und der Präposition *unter* (siehe Abb. 9) vorkommen, konzeptualisieren entweder die Kontrolle/Unterwerfung (*unter Strafe stellen*) oder die Abdeckung (*unter Schutz stellen, unter das Motto ... stellen*) (vgl. „Covering" bei Tyler & Evans 2003: 125).

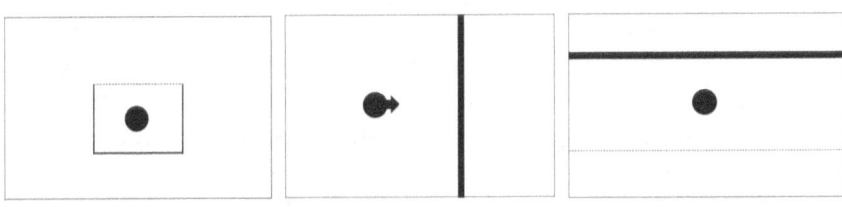

Abb. 7: Präposition *in* (Tyler & Evans 2003: 184)   **Abb. 8:** Präposition *zu* (Tyler & Evans 2003: 148)   **Abb. 9:** Präposition *unter* (Tyler & Evans 2003: 122)

---

26 Wir betrachten den Abstraktionsprozess als ein Kontinuum, in dem die Präpositionen *in* und *zu* (in FVG) eine größere Abstraktion durchlaufen sind als *unter*. Bei der Präposition *unter* scheint uns nämlich die räumliche Bedeutung etwas mehr vorhanden zu sein, als bei den zwei anderen Präpositionen. Dies erklärt, warum *in* und *zu* die prototypischen Präpositionen in FVG sind (u. a. Heringer 1968) und daher viel öfters in solchen Konstruktionen auftreten.

3 Semantische Analyse

Im vorherigen Abschnitt haben wir gesehen, dass es nicht immer einfach ist, die aus der Stichprobe extrahierten Mehrwortverbindungen in klar definierte Kategorien einzuteilen. Dabei spielt auch der Kontext eine ausschlaggebende Rolle, denn eine gleiche Verbindung kann manchmal sowohl zu der Kategorie der freien Wortverbindungen (7) als auch zu der Kategorie der Idiome (8) gehören:

(7) Ihre Kollegen haben auch nicht viel mehr zu tun. Eine fegt die kiesumgrenzten Wege, von denen man essen könnte. Ein anderer hat sich *in den Schatten gestellt* – und wartet. (T06/JUN.02697 die tageszeitung, 15.06.2006, S. 17; Siesta in der Bundestagskopie)

(8) Im Auftrag von City-Gemeinschaft und Stadt bereitet sie zurzeit den Markt vor, der alle seine Vorgänger in der Viernheimer City *in den Schatten stellen* soll, heißt es in einer Pressemitteilung der städtischen Presse- und Informationsstelle. (M02/JUL.56226 Mannheimer Morgen, 29.07.2002; Kunsthandwerker schlagen Zelte auf)

Das Verb *stellen* drückt die kausative (und transformative) Aktionsart aus und steht oft als Pendant zu dem durativen *stehen* (von Polenz 1963, Helbig & Buscha 2001 und Eisenberg 2013). Wie bereits angeführt, ist *stellen* nicht das einzige Lokalisierungsverb, das die kausative Aktionsart ausdrücken kann – auch *setzen* und *legen*. Dies zeigt, dass *stellen* sich durch zugrundeliegende Konzeptualisierungen von den anderen Verben unterscheidet. Im Folgenden werden wir also die Konzeptualisierungen untersuchen, die den Gebrauch von *stellen* in unseren Mehrwortverbindungen motivieren. De Knop (2016: 33) hat den Gebrauch von *stellen* bereits analysiert und ihm folgende Konzeptualisierungen zugewiesen: „to be on a base" (postural use), „verticality in absence of a base" (locational use) und „being in a canonical position" (metaphorical use). Diese Konzeptualisierungen stehen immer im Zusammenhang mit der „Figure"[27] (dt. ‚Figur') – also hier das Objekt, das mit *stellen* verbunden wird. In den analysierten Verbindungen ist uns jedoch aufgefallen, dass diese Konzeptualisierungen nicht immer genügen, um den Gebrauch von *stellen* zu erklären. Wir gehen davon aus, dass die Konzeptualisierung der PP, mit der *stellen* verbunden ist, auch eine wichtige Rolle spielt.

---

[27] „The Figure is a moving or conceptually movable object whose path or site is at issue." (Talmy 2000: 26)

Unsere Hypothese ist daher, dass der Gebrauch von *stellen* entweder von der Konzeptualisierung der Figur oder von derjenigen der Einheit [Präposition + Nomen] (danach [P+N]) bestimmt wird, je nachdem welche dominant ist (siehe Abb. 10).

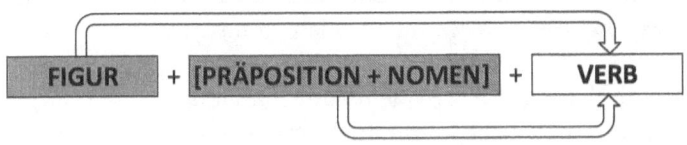

Abb. 10: Mögliche dominante Konzeptualisierungen

Wenn der Gebrauch von *stellen* durch die Konzeptualisierung ‚being in a canonical position' erklärt wird, dann ist die Figur dominant. Wenn dies aber nicht zutrifft, dann sind zwei Konzeptualisierungen bei den [P+N] zurückzufinden: ‚Exposure' und ‚Control and Power'. Bei ‚Exposure' handelt es sich um das Image-Schema CENTER/PERIPHERY, das auf „the experience of some objects or events as central while surrounding objects and events are peripheral or to the outside" verweist (Gibbs et al. 1994: 237). Die Idee von ‚Exposure' ist von diesem Image-Schema abgeleitet und deutet an, dass eine Person/ein Objekt an einen Ort gebracht wird, wo sie/es der Aufmerksamkeit ausgesetzt wird, bzw. zugänglich gemacht wird (siehe Abb. 11).

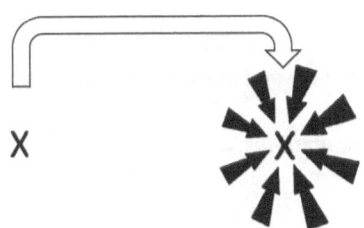

Abb. 11: Konzeptualisierung von ‚Exposure'

Die Konzeptualisierung ‚Control and Power' bezieht sich auf das Image-Schema VERTICALITY, das inhärent zu *stellen* ist – als Pendant von *stehen* (Serra-Borneto 1996). Dieses Image-Schema kann auch als Ursprung der Konzeptualisierung ‚being in a canonical position' aufgefasst werden, da die vertikale Position die typische Position des Menschen ist. Dieses Image-Schema führt zu der Konzeptualisierung ‚Control and Power' aufgrund der Theorie der Metapher von Lakoff & Johnson (1980). Gemäß ihren Erkenntnissen, ist Kontrolle mit einer oberen Position (CONTROL IS UP) und mangelnde Kontrolle mit einer unteren Position (LACK OF CONTROL IS DOWN) verbunden. Da diese eng mit der vertikalen Dimension verbunden ist, ist die Verwendung von *stellen* (als Pendant von *stehen*) nicht überraschend.

Im Folgenden analysieren wir einige Mehrwortverbindungen aus Tab. 1 (S. 52) näher, um zu bestimmen, welche Konzeptualisierung dominant ist und den Gebrauch von *stellen* rechtfertigt. Bei den folgenden Mehrwortverbindungen ist das Verb *stellen* durch die mit der PP verbundenen Konzeptualisierung der ‚Exposure' bestimmt (Dominanz der [P+N]): *zur Verfügung stellen, zur Diskussion stellen, zur Schau stellen, in den Vordergrund stellen, in Frage stellen, in Aussicht stellen, in den Mittelpunkt stellen, ins Internet stellen, vor Probleme stellen*. Die Figuren, die mit diesen Mehrwortverbindungen assoziiert werden können, sind sehr vielfältig und können daher nicht den Gebrauch von *stellen* begründen. Hier werden einige mögliche Figuren aufgelistet:

- *zur Verfügung stellen*: Gegenstände (*Farbe und Pinsel*), Orte (*einen Saal*), Personen (*sich*), Geld (*100 000 Euro*)
- *in Frage stellen*: abstrakte Substantive (*die Stabilität, das Verhalten, dieses Konzept, ihre Moral*), Personen (*sich*), Nebensatz (*dass es wissenschaftliche Evidenzen gibt*), Unbestimmt (*alles, vieles*)
- *in Aussicht stellen*: Handlungen (*eine zunehmende Differenzierung bei den Dienst- und Beratungsleistungen, die Sanierung von Eugen-Neter-Schule*), Geld (*eine steuerliche Förderung, ein Zuschuss, Landeshilfen*)
- *ins Internet stellen*: Geschriebenes (*einen Textentwurf, Zeitdokumente*)
- *zur Diskussion stellen* (*die Idee, ihr Buch, ob man den ersten Adventssonntag noch als verkaufsoffenen Sonntag nutzen sollte*)
- *zur Schau stellen* (*sich, die Hengste seines Zuchtstalles, die Mode des 20. Jahrhunderts*)
- *in den Vordergrund stellen* (*die Kindergelderhöhung, die inneren Werte, Goethes Italienreise, Regionale Kreisläufe*)
- *in den Mittelpunkt stellen* (*sich, Männer, diesen Slogan*)

Das Beispiel *ins Internet stellen* erweist sich als besonders interessant: die PP *ins Internet* wird mit *stellen* kombiniert, obwohl *setzen* das prototypische Verb für „written text" ist (De Knop 2016). Hier ist die Konzeptualisierung der ‚Exposure' (bzw. des ‚allen zugänglich machen') also deutlich dominanter als die der Figur.

In einigen verbalen Mehrwortverbindungen ist der Gebrauch von *stellen* durch die Konzeptualisierung der ‚Control and Power' motiviert:
- *unter Beweis stellen* (*ihr Können, ihre Teamfähigkeit, dass es möglich ist*)
- *unter Schutz stellen* (*das Land, dieses Bauwerk, beide Institute*)

In den folgenden verbalen Mehrwortverbindungen bestimmt die Figur den Gebrauch von *stellen*. Das Objekt, das hier mit den PP verbunden ist, entspricht nämlich der Konzeptualisierung ‚being in a canonical position':
- *auf die Beine stellen*: Projekt (*eine Veranstaltung, das Projekt, ein buntes Programm*), Gruppe (*eine Herzsportgruppe*), Unbestimmt (*viel, eine Menge*)
- *in den Weg stellen*: Person (*sich*), Andere (*Hindernisse*)
- *in eine/... Ecke stellen*: Person (*die Partei, Frauen*), Gegenstand (*ein Vogelflügel*)
- *auf breitere/... Füße stellen*: (*die Schätzungen, das Bündnis*)
- *auf den Kopf stellen* (*die Welt, sein gewohntes Universum, den Spielverlauf*)

Es werden hier nicht nur Personen als Figur angegeben, sondern auch abstrakte Konzepte (*Projekt, Hindernisse, Schätzungen* usw.). Diese haben keine ‚canonical position', werden aber in Kontexten gebraucht, in denen ursprünglich eine Person auftrat. So wird in *die Welt auf den Kopf stellen*, durch ein metaphorisches Verfahren, die Welt als ein Körper (mit einem Kopf) konzeptualisiert. Das Gleiche gilt für die Mehrwortverbindungen mit anderen Körperteilen (*Füße, Beine*).

Bei einigen Mehrwortverbindungen begründen sowohl die Konzeptualisierung der Figur als auch die der [P+N] den Gebrauch des Verbs *stellen*:
- *zur Wahl stellen*: die Figur ist meistens eine Person (*sich, einen Kandidaten*) und ist so mit der Konzeptualisierung ‚being in a canonical position' verbunden; und die [P+N] hängt ebenfalls mit der Idee von ‚Exposure' zusammen.
- *vor Probleme stellen*: die Figur ist meistens eine Person (*uns, die Veterinäre*) oder eine Gruppe (*den Verein, die Kulturlandschaft*) und bezieht sich auf ‚being in a canonical position'; und die [P+N] kann auch als ‚Exposure' konzeptualisiert werden.
- *in den Schatten stellen*: die Figur kann eine Person sein (*alle seine Vorgänger*) oder durch einen metaphorischen Prozess auch etwas Abstraktes (*unsere Urlaubsregion, ihre bisherigen Seherfahrungen*). Die [P+N] rechtfertigt den Gebrauch von *stellen* durch die Idee ‚Lack of exposure'.
- *ins Abseits stellen*: die Figur ist meistens eine Person in ihrer kanonischen Position (*die Sportler, Newton*) und die [P+N] kann als ‚Lack of exposure' konzeptualisiert werden.

Daraus lässt sich erkennen, dass der Gebrauch von *stellen* sowohl von der [P+N] als auch von der Figur bestimmt werden kann. Wenn es sich um ein FVG handelt, dann ist meistens die [P+N] dominant. Unsere Hypothese ist, dass die PP in FVG dermaßen mit dem Verb verbunden ist (als Prädikatsteil), dass beide sich wie eine feste Einheit verhalten (ähnlich wie ein Partikelverb). In den Fällen, in denen die Figur dominant ist (oder in denen, wo sowohl die Figur als auch die [P+N] eine Rolle spielen), treten vor allem Kollokationen auf. Dies lässt sich dadurch begründen, dass die PP hier immer eine Lokalisierung ausdrückt. Die Figur wird jeweils an einen bestimmten Ort *gestellt* – der logischerweise der Figur auch angepasst ist. Deswegen ist es in den Kollokationen manchmal schwieriger festzustellen, welche von den beiden Elementen die entscheidende Rolle spielt. Die Figur und die [P+N] bilden ein kohärentes Gesamtbild, wie Van Oosten (1986) es für die niederländischen Positionsverben bemerkt: „[...] one decides to use, for example *zitten* as opposed to *liggen* not only with respect to marbles [...], but also with respect to the characteristics of the location that they find themselves in." (Van Oosten 1986: 143)

4 Fazit

Das Ziel dieses Beitrags bestand zunächst darin, den Untersuchungsgegenstand ‚Funktionsverbgefüge' näher zu bestimmen. Um die umstrittene und ausweglose Definitions- und Abgrenzungsproblematik zu vermeiden, haben wir uns entschieden, nicht von ‚FVG mit Lokalisierungsverben' zu reden, sondern allgemeiner von ‚verbalen Mehrwortverbindungen aus einem Lokalisierungsverb und einer obligatorischen Präpositionalphrase'. Danach ist auf verbale Mehrwortverbindungen bestehend aus dem deutschen Lokalisierungsverb *stellen* fokussiert worden, um sie in vier verschiedenen Hauptkategorien einzuordnen (freie Wortverbindungen, Kollokationen, FVG und Idiome). Dabei ist festgestellt worden, dass die Semantik der Mehrwortverbindungen für die Motivation des Gebrauchs vom Verb *stellen* eine entscheidende Rolle spielt. Es hat sich herausgestellt, dass bei den meisten Kollokationen, die Konzeptualisierung der Figur ausschlaggebend ist, während der Gebrauch von *stellen* bei den FVG von der Konzeptualisierung der PP abhängig ist. Diese Vorstudie wird noch in den kommenden Monaten durch weitere Analysen ergänzt werden. Dieser Beitrag soll daher als eine erste Auseinandersetzung mit der Thematik verstanden werden, wobei die Erkenntnisse noch in Zukunft geprüft und vertieft werden. Der nächste Schritt besteht darin, Mehrwortverbindungen mit anderen Positions- und Lokalisierungsverben sowie ihre Kookkurrenzen (mit einer größeren Datenmenge) zu untersuchen. Wie oben erwähnt, werden wir eine ähnliche Analyse ebenfalls mit niederländischen Positions- und Lokalisierungsverben durchführen, um die Unterschiede zwischen diesen beiden eng verwandten germanischen Sprachen zu identifizieren.

Literatur

Ágel, Vilmos (2017): *Grammatische Textanalyse: Textglieder, Satzglieder, Wortgruppenglieder*. Berlin, Boston: De Gruyter.
Burger, Harald (2015): *Phraseologie. Eine Einführung am Beispiel des Deutschen*. Berlin: Erich Schmidt.
De Knop, Sabine (2016): German causative events with placement verbs. *Lege Artis. Language yesterday, today, tomorrow* 1(2), 75–115.
De Knop, Sabine & Julien Perrez (2014): Conceptual metaphors as a tool for the efficient teaching of Dutch and German posture verbs. *Review of Cognitive Linguistics* 12(1), 1–29.
Dirven, René (1993), Dividing Up Physical and Mental Space into Conceptual Categories by Means of English Prepositions. In Cornelia Zelinsky-Wibbelt (Hrsg.), *The Semantics of Prepositions*, 73–98. Berlin, New York: De Gruyter Mouton.
Eisenberg, Peter (2006): Funktionsverbgefüge – Über das Verhältnis von Unsinn und Methode. In Eva Breindl, Lutz Gunkel & Bruno Strecker (Hrsg.), *Grammatische Untersuchungen, Analysen und Reflexionen*, 297–318. Tübingen: Gunter Narr.
Eisenberg, Peter (2013): *Der Satz*. Stuttgart: J.B. Metzler.
Evans, Vyvyan & Melanie Green (2006), *Cognitive Linguistics – An Introduction*. Edinburgh: Edinburgh University Press.
Fabricius-Hansen, Catherine (2006): Wie fügen sich Funktionsverben in Funktionsverbgefüge ein? In Eva Breindl, Lutz Gunkel & Bruno Strecker (Hrsg.), *Grammatische Untersuchungen. Analysen und Reflexionen*, 259–274. Tübingen: Gunter Narr.
Fagan, Sarah (1991): The Semantics of the Positional Predicates liegen/legen, sitzen/setzen, and stehen/stellen. *Die Unterrichtspraxis* 24, 136–45.
Fleischer, Wolfgang (1997): *Phraseologie der deutschen Gegenwartsprache*. Tübingen: Niemeyer.
Gibbs, Raymond W., Jr., Dinara A. Beitel, Michael Harrington & Paul E. Sanders (1994): Taking a Stand on the Meanings of Stand: Bodily Experience as Motivation for Polysemy. *Journal of Semantics* 11, 231–251.
Heine, Antje (2006): *Funktionsverbgefüge in System, Text und korpusbasierter (Lerner-) Lexikografie*. Frankfurt am Main: Peter Lang.
Helbig, Gerhard (2006): Funktionsverbgefüge – Kollokationen – Phraseologismen. Anmerkungen zu ihrer Abgrenzung – im Lichte der gegenwärtigen Forschung. In Ulrich Breuer & Irma Hyvärinen (Hrsg.), *Wörter – Verbindungen. Festschrift für Jarmo Korhonen zum 60. Geburtstag*, 165–174. Frankfurt am Main: Peter Lang.
Helbig, Gerhard & Joachim Buscha (2001): *Deutsche Grammatik. Ein Handbuch für den Ausländerunterricht*. Berlin und München: Langenscheidt KG.

Heringer, Hans Jürgen (1968): *Die Opposition von „kommen" und „bringen" als Funktionsverben. Untersuchungen zur grammatischen Wertigkeit und Aktionsart.* Düsseldorf: Schwann.

Herrlitz, Wolfgang (1973): *Funktionsverbgefüge vom Typ „in Erfahrung bringen". Ein Beitrag zur generativ-transformationellen Grammatik des Deutschen.* Tübingen: Niemeyer.

Kamber, Alain (2006): Funktionsverbgefüge – empirisch (am Beispiel von ‚kommen'). *Linguistik online* 28(3), 109–132. https://bop.unibe.ch/linguistik-online/article/view/614/1056#anm0 (16.09.2019).

Kamber, Alain (2008): *Funktionsverbgefüge – empirisch: Eine korpusbasierte Untersuchung zu den nominalen Prädikaten des Deutschen.* Tübingen: Niemeyer.

Lakoff, George & Mark Johnson (1980): *Metaphors We Live By.* Chicago, London: The University of Chicago Press.

Lemmens, Maarten (2002): The semantic network of Dutch posture verbs. In John Newman (Hrsg.), *The Linguistics of Sitting, Standing and Lying*, 103–139. Amsterdam, Philadelphia: John Benjamins Publishing Company.

Lemmens, Maarten (2006): Caused posture: experiential patterns emerging from corpus research. In Anatol Stefanowitsch & Stefan Gries (Hrsg.), *Corpora in Cognitive Linguistics. Corpus-Based Approaches to Syntax and Lexis*, 263–298. Berlin, New York: De Gruyter Mouton.

Lemnitzer, Lothar & Heike Zinsmeister (2010): *Korpuslinguistik – Eine Einführung.* Tübingen: Gunter Narr.

Reder, Anna (2006): Kollokationsforschung und Kollokationsdidaktik. *Linguistik online* 28, 3/06, 157–176. https://www.linguistik-online.net/28_06/reder.pdf (16.09.2019).

Seifert, Jan (2004): *Funktionsverbgefüge in der deutschen Gesetzessprache (18.–20. Jahrhundert).* Hildesheim, Zürich, New York: Georg Olms Verlag.

Serra-Borneto, Carlo (1996): „Liegen" and „stehen" in German: a study in horizontality and verticality. In Eugene H. Casad. (Hrsg.), *Cognitive Linguistics in the Redwoods: The Expansion of a New Paradigm in Linguistics*, 459–505. Berlin, New York: De Gruyter Mouton.

Storrer, Angelika (2006): Funktionen von Nominalisierungs-verbgefügen im Text. Eine korpusbasierte Fallstudie. In Kristel Prost & Edeltraud Winkler (Hrsg.), *Von der Intentionalität zur Bedeutung konventionalisierter Zeichen. Festschrift für Gisela Harras zum 65. Geburtstag*, 147–178. Tübingen: Gunter Narr.

Talmy, Leonard (2000): *Toward a Cognitive Semantics, Vol. 2: Typology and Process in Concept Structuring.* Cambridge: MA MIT Press.

Tyler Andrea & Vyvyan Evans (2003): *The Semantics of English Prepositions, Spatial Scenes, Embodied Meaning and Cognition.* Cambridge: Cambridge University Press.

Van Oosten, Jeanne (1986): Sitting, standing and lying in Dutch: A cognitive approach to the distribution of the verbs zitten, staan, and liggen. In Jeanne van Oosten & John Snapper (Hrsg.), *Dutch linguistics at Berkeley*, 137–160. Berkeley: University of California Press.

Van Pottelberge, Jeroen (2000): Light Verb Constructions: What They Are and What They Are Not. *Logos and languages: journal of general linguistics and language theory*, 17–34.

Van Pottelberge, Jeroen (2001): *Verbonominale Konstruktionen, Funktionsverbgefüge: von Sinn und Unsinn eines Untersuchungsgegenstandes.* Heidelberg: Universitätsverlag C. Winter.

Van Pottelberge, Jeroen (2007): Funktionsverbgefüge und verwandte Erscheinungen. In Harald Burger, Dmitrij Dobrovol'skij, Peter Kühn & Neal R. Norrick (Hrsg.), *Phraseologie: Ein internationales Handbuch zeitgenössischer Forschung*, 436–444. Berlin, New York: De Gruyter.

von Polenz, Peter (1963): *Funktionsverben im heutigen Deutsch. Sprache in der rationalisierten Welt.* Düsseldorf: Schwann.

von Polenz, Peter (1987): Funktionsverben, Funktionsverbgefüge und Verwandtes. Vorschläge zur satzsemantischen Lexikographie. *Zeitschrift für germanistische Linguistik* 15, 169–189.

Wotjak, Barbara & Antje Heine (2005): Zur Abgrenzung und Beschreibung verbonominaler Wortverbindungen (Wortidiome, Funktionsverbgefüge, Kollokationen): Vorleistungen für die (lerner-) lexikographische Praxis. *Deutsch als Fremdsprache* 42, 143–153.

Anhang

Im Folgenden sind Korpusbelege für alle Mehrwortverbindungen, die in Tab. 1 (siehe Seite 52) vorkommen, aufgelistet (alphabetisch geordnet nach dem Substantiv).

Abseits (+in)	Dessen damals vermeintliche "Entdeckung der Wahrheit", die Newton, Leibniz und andere ins Abseits stellen sollte, war ein Irrtum gewesen, die der gereifte Kant als jugendliche "Torheit" verbuchte. (NKU04/FEB.01879 Nordkurier, 07.02.2004; Ein "großer Zerstörer im Reiche der Gedanken")
Aussicht (+in)	Der damalige Kulturdezernent Paul Landsmann und Bürgermeister Hans Jürgen Machwirth waren nach Mainz gefahren und hatten ein Gespräch mit Innenminister Böckmann geführt, der die entsprechenden Mittel in Aussicht stellte. (RHZ03/MAR.16561 Rhein-Zeitung, 22.03.2003; Zuschuss für Stadthalle)
Beine (+auf)	Das Konzert wird im Vereinshaus "Am Storchennest" zu erleben sein. Einlass ist ab 18.30 Uhr und so gegen 19 Uhr soll dann die Oldierocknacht beginnen. Diese traditionelle Veranstaltung kann durch die Unterstützung von Sponsoren auf die Beine gestellt werden. (NKU13/FEB.00883 Nordkurier, 02.02.2013; Karten für Oldierocknacht)
Beweis (+unter)	Von einer Zäsur will der Wahl-Bensheimer nichts wissen: „Solange der Kopf funktioniert, werde ich mich nicht zur Ruhe setzen." Dass er fit wie ein Turnschuh ist, stellt Bruno Weis täglich unter Beweis. (M11/NOV.08955 Mannheimer Morgen, 26.11.2011, S. 25;)
Dienst (+in)	Größte Freude herrscht bei der Feuerwehreinheit Simmertal: Erstmals nach über 22 Jahren hat die Verbandsgemeinde Kirn-Land jetzt ein fabrikneues Feuerwehrauto in Dienst gestellt. (RHZ11/AUG.26037 Rhein-Zeitung, 23.08.2011, S. 21; Neues Löschfahrzeug für Simmertaler Wehr)
Diskussion (+zu)	In Andernach ist bislang noch kein Defi aufgestellt worden, allerdings hat der Obmann der Ärzteschaft Andernach, Dr. Arnulf Wagner, die Idee positiv aufgenommen und wird sie bei seinen Kollegen zur Diskussion stellen. (RHZ12/JAN.27230 Rhein-Zeitung, 26.01.2012, S. 17; Defibrillatoren retten Leben)

Ecke (+in)	Doch das sehen die meisten Professorinnen skeptisch: "Es ist nicht die Aufgabe der weiblichen Fachfrau, soziales Schmieröl zu liefern", findet Susanne Ihsen. Ähnlich sieht es Ulrike Schleier. Mit solchen Klischees stelle man die Frauen wieder in eine Ecke. (NKU11/JAN.05121 Nordkurier, 15.01.2011; Männerfreie Zone im Hörsaal)
Frage (+in)	Unter dem Eindruck der Wirtschaftskrise bröselt der gesellschaftliche Zusammenhalt, werden zentrale Normen wie Solidarität, Gerechtigkeit und Gleichwertigkeit von Menschen in Frage gestellt. (U09/DEZ.00639 Süddeutsche Zeitung, 04.12.2009, S. 2; Verdeckte Wut)
Füße (+auf)	Damit wollen wir dokumentieren, wie groß die Unterstützung für den Zwölf-Punkte-Plan ist. Auf den Stadtteilversammlungen werden wir über die Dauer der Aktion und die Übergabe der Unterschriften entscheiden. Unsere nächsten Schritte werden sein, das Bündnis auf breitere Füße zu stellen. (T11/DEZ.02493 die tageszeitung, 17.12.2011, S. 48; "Wir brauchen Lärm")
Internet (+in)	Opfer-Anwälte und Verbraucherzentrale Bundesverband haben einen Textentwurf für Eigentümer von Schrott-Immobilien ins Internet gestellt. (NUN04/APR.00358 Nürnberger Nachrichten, 03.04.2004; Bank muss Kredit zurückzahlen – Schrott-Immobilie: Bundesgerichtshof entscheidet zu Gunsten eines Anlegers)
Kopf (+auf)	Was wie eine Schnapsidee klingt, wird seit Jahren wissenschaftlich erprobt und von immer mehr Ärzten und Wissenschaftlern favorisiert. Käme es dazu, würde das Arzt-Patient-Verhältnis auf den Kopf gestellt. (U10/JAN.03651 Süddeutsche Zeitung, 26.01.2010, S. 16; Der widerspenstige Kranke)
Mittelpunkt (+in)	Warum wühlt gerade diese Ausstellung die Menschen auf? Weil sie ausschließlich die gequälten und ermordeten 12 000 Kinder in den Mittelpunkt stellt. (BRZ08/FEB.01407 Braunschweiger Zeitung, 04.02.2008; Zug der Erinnerung hält zum zweiten Mal)
Probe (+auf)	Mark Oliver Everett, genannt „E", liebt musikalische Wechselbäder. Nicht nur, dass der Kopf der Eels mitunter wunderschöne Popmelodien mit kakophonischen Ausbrüchen paart, er stellt auch seine Fans auf die Probe. (U00/MAR.04532 Süddeutsche Zeitung, 23.03.2000, S. 22; The Eels)
Probleme (+vor)	Das neue Auto stellt Debütant Heidfeld an seinem ersten Arbeitstag in der Formel 1 vor große Probleme. (U00/MAR.02267 Süddeutsche Zeitung, 11.03.2000, S. 52; Quick Nick quält sich mit dem Frosch)
Prüfstand (+auf)	Im Fachausschuss hatte Simon bereits gefordert, die gesamte Satzung – sie regelt die Vergabe städtischer Räume an Vereine und andere Gesellschaften – auf den Prüfstand zu stellen (wir berichteten). (M13/SEP.07122 Mannheimer Morgen, 23.09.2013, S. 19; Maier: „ Unterste Schublade“)
Rechnung (+in)	Hubert Pflaum, Vorsitzender des Steuerberaterverbandes Niedersachsen-Sachsen Anhalt, Ortsverband Peine, gibt zu bedenken, dass Steuerberater die Gebühr letztendlich dem Mandanten in Rechnung stellen werden. (BRZ06/NOV.14092 Braunschweiger Zeitung, 25.11.2006; Finanzamts-Gebühr: Wer sie zahlen muss)

Schatten (+in)	Im Auftrag von City-Gemeinschaft und Stadt bereitet sie zurzeit den Markt vor, der alle seine Vorgänger in der Viernheimer City in den Schatten stellen soll, heißt es in einer Presse-mitteilung der städtischen Presse- und Informationsstelle. (M02/JUL.56226 Mannheimer Morgen, 29.07.2002; Kunsthandwerker schlagen Zelte auf)
Schau (+zu)	Die Olympischen Winterspiele waren ein anmaßendes Ereignis, mit dem sich vor allem Putin und sein System zur Schau stellen wollte, in einer Gegend, die nicht für Wintersport geeignet ist, mit größtem Aufwand – man las von 50 Milliarden Euro – ohne Rücksicht auf Umwelt und Menschen. (NUZ14/SEP.01764 Nürnberger Zeitung, 22.09.2014, S. 30; Sollen wir mit Ruhe ansehen, wenn in der Ukraine Unrecht geschieht)
Schutz (+unter)	Unternehmen, die großflächig Landschaft zerstören wie Minenbetreiber oder Immobilienentwickler, sind in einigen Ländern gezwungen, dafür Ersatz zu schaffen. Dazu kaufen sie Land, das bereits genutzt oder geschädigt wurde, rehabilitieren es und stellen es unter Schutz. (T12/OKT.00969 die tageszeitung, 09.10.2012, S. 09; Jetzt fehlt nur noch das Geld)
Verfügung (+zu)	SEAT ist Hauptsponsor dieser Veranstaltung und hat für unser Gewinnspiel 5 x 2 Eintrittskarten zur Verfügung gestellt. (RHZ13/MAI.32683 Rhein-Zeitung, 29.05.2013, S. 20; „Rock am Ring“)
Vordergrund (+in)	Obwohl Tom Krüger immer noch in Führung lag, nahm ihn der verantwortliche Landestrainer von Mecklenburg-Vorpommern aus dem Kampf und entsprach damit der Ethik des Amateurboxens, welche die Gesundheit des Kämpfers immer in den Vordergrund stellt. (NKU09/JUN.00311 Nordkurier, 03.06.2009; Warener Boxer bei Deutscher Meisterschaft erfolgreich)
Wahl (+zu)	Thomas Mersch ist Nachfolger von seinem Vater Klemens Mersch(65), der sich aus Altersgründen nicht mehr zur Wahl stellte. (NUN00/MAI.01101 Nürnberger Nachrichten, 13.05.2000, S. 8; Firmennotizen)
Weg (+in)	Auch dem jüngsten Anlauf, mehr Entwicklungshilfe zu leisten, wird sich einer in den Weg stellen: Hans Eichel (SPD), Finanzminister und Haushaltschef. Der denkt verzweifelt darüber nach, wo er noch sparen oder umschichten kann, um seine eigenen Fristen beim Sparprogramm einzuhalten. (T01/DEZ.57832 die tageszeitung, 04.12.2001, S. 10, Ressort: Wirtschaft und Umwelt; Entwicklungshilfe bekommt Entwicklungshilfe)

Teil II: **Neue korpuslinguistische Werkzeuge für die Beschreibung der Funktionsverbgefüge**

Alain Kamber
Von der Frequenz zur Affinität: Funktionsverbgefüge für fortgeschrittene Lernende

1 Einleitung

In der Fachliteratur herrscht heute weitgehend Einigkeit über eine Art minimale Definition des Begriffs „Funktionsverbgefüge" (fortan FVG), nämlich die einer Verbindung einer Nominalphrase (mit oder ohne Präposition) mit einem sogenannten Funktionsverb. Genauso unumstritten dürfte der Umstand sein, dass Funktionsverbgefüge für Lernende einer jeden Sprache eine besondere Schwierigkeit darstellen: Schon die Wahl des richtigen Funktionsverbs ist eine Herausforderung, und als oft fast unüberwindliche Hürde erweisen sich die konversen Konstruktionen[1] sowie das Verständnis der Aktionsart oder der syntaktischen und semantischen Restriktionen bei der Wahl der Argumente.

Will man auf die Bedürfnisse von DaF-Lernenden eingehen, so muss zunächst geklärt werden, welche FVG überhaupt unterrichtet werden sollen. Hat man erst einmal eine Auswahl getroffen, sind morphosyntaktische und semantische Informationen zur Argumentstruktur unentbehrlich, um den richtigen Einsatz von FVG vermitteln zu können. Doch nach welchen Merkmalen sollen diese Angaben gesammelt werden? Schien noch vor einigen Jahren die Frequenz ein verlässliches Kriterium zu sein („Ein häufiges FVG ist ein wichtiges FVG, ein häufiges Argument ist ein wichtiges Argument usw."), so scheint im Zuge der Kookkurrenzanalyse die Affinität diese Rolle übernommen zu haben („Ein FVG, dessen Bestandteile einen starken Kohäsionswert aufweisen, ist ein wichtiges FVG"). Ergeben beide Vorgehensweisen identische oder zumindest ähnliche Ergebnisse? Dieser Frage will die vorliegende Studie anhand von den Beobachtungen

---

[1] Eine konverse Relation entsteht dadurch, dass die syntaktischen Positionen der Argumente vertauscht werden. Dies erfolgt prototypisch durch die Passiv-Diathese (*Max schlägt Moritz > Moritz wird von Max geschlagen*), kann aber auch durch gegensätzliche FVG-Paare ausgedrückt werden, wie beispielsweise *in Frage kommen/stellen* oder *zum Ausdruck kommen/bringen* (dazu Heringer 1968). Als Problem für DaF-Lernende erweist sich in diesem konkreten Fall die Variation *stellen/bringen* gegenüber *kommen*.

des Funktionsverbs *setzen*[2] nachgehen. Insofern schildert sie in gewisser Weise eine Zeitreise von der „Korpuslinguistik 0.2" mit handwerklicher Arbeit zur „Korpuslinguistik 2.0" anhand von neueren Korpora mit ausgebauten und leistungsstarken Abfragetools.

In der Folge möchten wir konkrete Vorschläge für eine didaktische Umsetzung im Fremdsprachenunterricht machen. Die gewonnenen Erkenntnisse sollen nach den Prinzipien des „Data-driven learning" fortgeschrittenen – in diesem Fall französischsprachigen – Deutschlernenden zugänglich gemacht werden, indem ihnen Aufgaben gestellt werden, durch die sie selbst statistische Abfragetools zur Erhebung von sprachlichen Daten benutzen und die Ergebnisse interpretieren müssen. Durch das direkte Beobachten der Daten bekommen die Lernenden die Möglichkeit, ihre Hypothesen – teils auch aus sprachvergleichender Perspektive – mit der „Sprachrealität" zu konfrontieren und so zu „Sprachdetektiven" zu werden, die aktiv am Lernprozess mitwirken (vgl. dazu Boulton & Tyne 2014).

2 In grauer Vorzeit: die Frequenz

In einer früheren Untersuchung (Kamber 2008) haben wir uns zum Ziel gesetzt, eine Materialsammlung für den Unterricht zu bieten, wobei die interne und externe Valenz der häufigsten FVG bis in Einzelheiten hinein analysiert wurde. Aus dem Blickwinkel des Fremdsprachenerwerbs schien es uns wichtig, objektive Auswahlkriterien zu wählen, um „wichtige" oder „nützliche" Belege sammeln zu können. Dafür wurde einerseits, gestützt auf Kleibers Prototypensemantik (Kleiber 1993), das „Modell der umrahmten Schnittmengen"[3] entwickelt, damit neben unbestrittenen Verbindungen (wie *zum Ausdruck bringen*, *in Verlegenheit geraten* oder *in Beziehung stehen*) auch von der Forschung als peripher bezeichnete Konstruktionen berücksichtigt werden konnten (wie beispielsweise *zur Welt kommen* oder *Platz nehmen*).[4] Um andererseits den tatsächlichen Sprachgebrauch von Deutschschreibenden einigermaßen getreu abbilden und entscheiden zu können, welche FVG „unterrichtenswert" sind und bei welchen es sich somit lohnt,

---

2 Zum Lokalisierungsverb *setzen* in Kollokationen und Funktionsverbgefügen vgl. De Knop (im Druck).
3 Zum vielversprechenden Bestreben, dieses Modell weiterzuentwickeln und zu verbessern, vgl. Hermann in diesem Band.
4 Einen umfassenden Überblick über die Forschung zum Thema liefert Heine in diesem Band.

Zeit und Anstrengung zu investieren, wurde im Rahmen dieser empirischen Studie konsequent das Kriterium der Frequenz berücksichtigt. Als Leitkorpus diente eine CD-Rom mit rund 5 Millionen Wortformen (Magazin *Der Spiegel*, Jahrgang 1997), in dem „von Hand" nach FVG gesucht wurde.

Diese Arbeit ermöglichte es, zu 10 verschiedenen Funktionsverben Ergebnisse zu präsentieren, u. a. das Auftreten als Voll- vs. Funktionsverb, eine Rangliste der 25 häufigsten FVG mit dem betreffenden Verb (s. unten Tab. 1), einen Vergleich der Ergebnisse im *Spiegel*-Korpus mit denen im *Tages-Anzeiger*-Korpus (61 Millionen Wortformen) und die ausführliche Besprechung der jeweils 10 frequentesten FVG bezüglich der Erweiterbarkeit und Komplementierung.

Insbesondere Informationen zum Verwendungskontext einer Struktur sind für Lernende von Bedeutung. Da diese im Gegensatz zu den Muttersprachlern über eine geringe Intuition verfügen, brauchen sie objektive und detaillierte Angaben zur Erweiterbarkeit von FVG und zu ihrer Argumentstruktur, um in der Zielsprache korrekte Äußerungen produzieren zu können.

Bei den Erweiterungsmöglichkeiten wurde auf folgende Elemente geachtet: Adjektive (wobei zwischen freier Modifikation, unmarkierter bzw. markierter Graduierung und fixiertem Gebrauch unterschieden wurde), Vorderglieder in Komposita, Genitiv- und Präpositionalattribute, Relativsätze, eingeleitete und uneingeleitete Nebensätze, Negationsformen und Adverbialien. Ebenfalls berücksichtigt wurden bei der Besprechung Schwankungen im Artikelgebrauch und Pluralfähigkeit des nominalen Elements.

Bei der Komplementierung wurden sowohl syntaktische als auch semantische Aspekte untersucht, also einerseits die obligatorische oder fakultative Besetzung von Leerstellen im Bauplan der FVG, andererseits die semantische Kompatibilität zwischen dem FVG und seinen Aktanten. Die Beschreibung dieser Selektionsbeschränkung stützte sich auf den Katalog logisch-semantischer Merkmale von Helbig & Schenkel (1983) mit den fünf Kategorien [+Hum], [+Anim], [+Abstr], [+Konkr] und [+Koll]. Obwohl die Übernahme dieser groben Merkmalskategorien unter dem Gesichtspunkt einer streng korpusbasierten Untersuchung nicht völlig zufriedenstellend sein kann, so erwies sie sich aufgrund der bescheidenen Größe des Korpus bei der Analyse dennoch als hilfreich, um die Ergebnisse so zu präsentieren, dass ein Vergleich zwischen den FVG möglich war.

Wichtigster Vorteil eines solchen Vorgehens ist wohl, dass jeder Beleg einzeln analysiert wird, der Forscher daher in jedem Fall die Übersicht und die Kontrolle behält. Es bringt aber auch erhebliche Nachteile: Einerseits lässt die bescheidene Korpusgröße immer wieder Zweifel an der Gültigkeit der Ergebnisse aufkommen, andererseits ist das Vorgehen extrem zeitraubend.

3 In der Neuzeit angekommen: die Affinität

In den letzten Jahren sind die verfügbaren Datenmengen in öffentlichen Korpora ins beinahe Unermessliche gestiegen. Allein der Umfang des DeReKo, 2008 noch auf rund 2,4 Milliarden Wortformen beziffert, ist 2015 auf 28 Milliarden und 2018 gar auf über 42 Milliarden gewachsen. Die aktuellen Korpora erlauben aber auch neue, auf der Kookkurrenzanalyse basierende Abfragemöglichkeiten. Es stellt sich also die Frage, inwiefern das Heranziehen dieser Kookkurrenzanalyse die erzielten Ergebnisse korrigieren bzw. ergänzen könnte. Anders ausgedrückt: Führt das Kriterium der Affinität zwischen Bestandteilen der FVG zu unterschiedlichen Ergebnissen, und treten dadurch andere FVG in den Vordergrund? Und wie verhält es sich mit den Komplementen und den Modifikatoren?

Im Folgenden werden drei große digitale Datenbanken benutzt: DWDS, DeReKo und Wortschatz Leipzig. Ausgewählt wurden sie aufgrund folgender Kriterien: Alle drei sind frei zugänglich, aber sie enthalten zum Teil verschiedene Textsorten, verfügen über unterschiedliche Abfragetools und erlauben unterschiedliche Abfragemöglichkeiten. Darüber hinaus verwenden sie unterschiedliche statistische Messinstrumente. Wir beschreiben hier zunächst einmal kurz die Arbeitsvorgänge mit jedem dieser Werkzeuge.

3.1 Digitales Wörterbuch der deutschen Sprache (DWDS)

Die erste im Rahmen dieser Studie benutzte digitale Ressource ist das DWDS-Wortprofil[5], welches auf Korpora im Umfang von etwa 1,8 Milliarden Tokens basiert und zum überwiegenden Teil aus Zeitungstexten besteht (neben dem DWDS-Kernkorpus bilden die Zeitungskorpora *ZEIT*, *Tagesspiegel* und *Berliner Zeitung* die Grundlage des DWDS-Wortprofils).

Unter den Ergebnissen der lemmatisierten Suche nach „setzen" erweisen sich zwei von insgesamt neun Kategorien für die FVG-Forschung von Interesse: „hat Akk./Dativ-Objekt" und „hat Präpositionalgruppe":

---

5 https://www.dwds.de/wp.

Von der Frequenz zur Affinität: Funktionsverbgefüge für fortgeschrittene Lernende —— 79

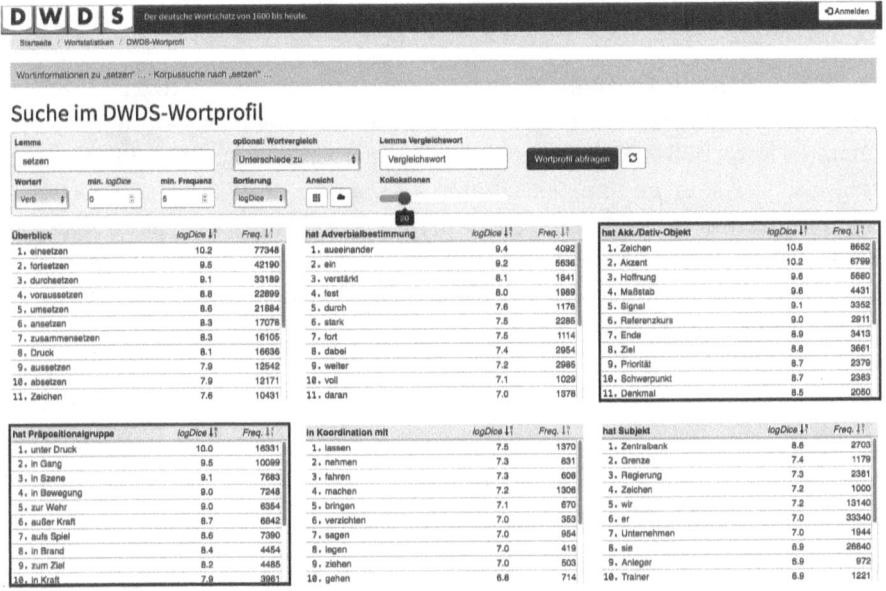

Abb. 1: Ergebnisse der lemmatisierten Suche nach „setzen" im DWDS-Wortprofil [Stand August 2018]

Hier werden die jeweils 20 beliebtesten Kookkurrenzen nach logDice aufgelistet. Interessant ist an dieser Stelle, dass das DWDS-Wortprofil neben dem logDice-Indiz auch die Frequenz angibt und die Sortierung der Belege nach diesem Kriterium ermöglicht (Button oben rechts). Nach Frequenz geordnete Ranglisten sähen aber zum Teil anders aus: Zwar würden in beiden Kategorien die ersten drei Kookkurrenzpartner – und somit die ersten drei FVG mit und ohne Präpositionalgruppe – unverändert bleiben, doch stiege beispielsweise das an Nummer 7 gesetzte *aufs Spiel setzen* auf Platz 4, während umgekehrt *sich zur Wehr setzen* von Rang 5 auf Platz 7 fiele. Wesentlich bedeutender wären die Änderungen allerdings in der Kategorie „hat Akk./Dativ-Objekt", da eine Sortierung nach Frequenz hier völlig neue Partner in die oberen Ränge fördern würde: So kämen neu die – für unsere Untersuchung irrelevanten – Pronomina *sie* auf Nummer 4, *ihn* auf 6 und *es* auf 10 (zu den Vorteilen des logDice für lexikographische Zwecke vgl. Rychlý 2008).

Werden beide Listen kompiliert und nach absteigender Affinität der nominalen Elemente zum Funktionsverb sortiert, kann eine Tabelle mit den 25 wichtigsten FVG mit *setzen* zusammengestellt werden (s. unten Tab. 1).

3.2 Deutsches Referenzkorpus (DeReKo)

Im DeReKo[6] wurde ebenfalls eine lemmatisierte Suche mit „setzen" durchgeführt. Um die erzielten Ergebnisse möglichst breit abzustützen, wurden alle verfügbaren Korpora des Archivs der geschriebenen Sprache berücksichtigt (neben zahlreichen Zeitungen und Zeitschriften also auch z. B. Wikipedia, Belletristik und Wendekorpora), so dass die Suche in rund 42 Milliarden Tokens erfolgte. Die Kookkurrenzanalyse im DeReKo liefert eine ausführliche Liste von nach Log-Likelihood-Wert (LLR) sortierten Kookkurrenzen, gepaart mit weiteren Angaben zu den syntagmatischen Mustern:

#	LLR	kumul.	Häufig	Kookkurrenzen	syntagmatische Muster
1	430962	772	772	Akzente spielerische	53% spielerische [...] Akzente [zu] setzen
		1006	234	Akzente Führungsschulung	100% in der Führungsschulung andere Akzente setzen
		1136	130	Akzente farbliche	24% farbliche Akzente [...] setzen
		1325	189	Akzente städtebauliche	52% städtebauliche [...] Akzente [zu] setzen
		1351	26	Akzente Farbliche	57% Farbliche Akzente [...] setzen
		1555	204	Akzente Musikalische	27% Musikalische Akzente [...] setzen die ...
		54096	52541	Akzente	41% Akzente [... zu] setzen
2	262715	54102	6	Zeichen deutliches sichtbares	50% ein deutliches [und ...] sichtbares Zeichen [zu] setzen
		54110	8	Zeichen deutliches Fremdenhass	50% sie ein deutliches gegen Fremdenhass setzen und mit
		54114	4	Zeichen deutliches ökumenisches	100% ein deutliches ökumenisches [...] Zeichen [...] setzen
		57174	3060	Zeichen deutliches	41% ein deutliches [...] Zeichen [... zu] setzen
		57176	2	Zeichen sichtbares Fremdenhass	100% sichtbares Zeichen gegen ... Fremdenhass [...] setzen
		57177	1	Zeichen sichtbares symbolisches	100% sichtbares symbolisches Zeichen ... setzen
		57909	732	Zeichen sichtbares	56% ein sichtbares [...] Zeichen [... zu] setzen
		58044	135	Zeichen Fremdenhass	42% ein Zeichen gegen Fremdenhass [und zu] setzen
		58142	98	Zeichen symbolisches	66% ein symbolisches [...] Zeichen [... zu] setzen
		58189	47	Zeichen ökumenisches	25% aufgerufen ein Zeichen für ein lebendiges ökumenisches Miteinander zu setzen
		124094	65905	Zeichen	54% ein Zeichen [... zu] setzen
3	242542	202091	77997	Druck	32% unter Druck [zu] setzen
4	220091	202092	1	Szene wirkungsvoll effektvoll	100% wirkungsvoll ... Szene gesetzt ... effektvoll
		202094	2	Szene wirkungsvoll Mitspieler	100% setzte seine Mitspieler immer wieder wirkungsvoll in Szene
		202096	1	Szene wirkungsvoll Mitspielerinnen	100% setzte ... Mitspielerinnen ... wirkungsvoll ... Szene

Abb. 2: Kookkurrenzanalyse für „&setzen" im DeReKo [Stand Oktober 2017]

Darauf, dass gerade die syntagmatischen Muster für den DaF-Unterricht von großem Nutzen sein können, soll weiter unten nochmals eingegangen werden.

---

6 https://cosmas2.ids-mannheim.de/cosmas2-web/.

3.3 Wortschatz Leipzig

Die dritte verwendete Ressource ist das Wortschatz-Portal der Universität Leipzig. Das deutsche Nachrichten-Korpus[7], basierend auf im Jahr 2011 gecrawlten Texten, umfasst rund 426 Millionen Tokens, verteilt auf etwas über 26 Millionen Sätze. Insofern ist dieses Korpus mit Abstand das kleinste unter den drei hier konsultierten. Ein wesentlicher Nachteil der Abfragetools besteht darin, dass diese keine lemmatisierte Suche, sondern nur Suchen nach einzelnen Wortformen erlauben. Um diesem Problem beizukommen, wurden als Ausweichmöglichkeit zwei getrennte Suchen mit zwei verschiedenen Wortformen gestartet, *setzen* (als finite und infinite Form) und *gesetzt*, den mit Abstand häufigsten Wortformen im Paradigma des Verbs *setzen*[8]. In beiden Fällen haben wir unser Augenmerk ausschließlich auf die Kategorie „signifikante linke Nachbarn" gerichtet, was die Erkennung von FVG wie *ein Ziel gesetzt* oder *in Szene gesetzt* ermöglichte.

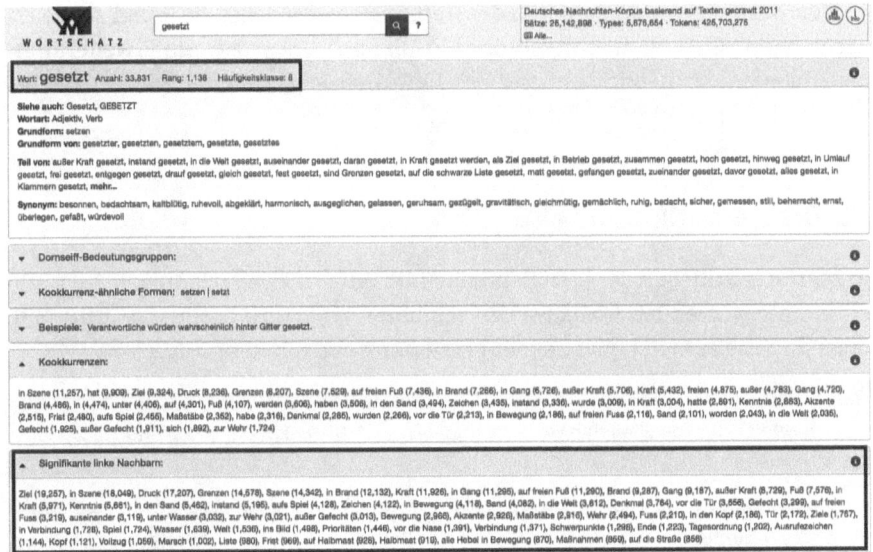

Abb. 3: Ergebnisse der Suche nach *gesetzt* in Wortschatz Leipzig [Stand August 2018]

---

7 http://corpora.uni-leipzig.de/de?corpusId=deu_newscrawl_2011.
8 Im *Spiegel*-Korpus (Kamber 2008: 77) entfallen 31,7% aller Belege auf *setzen* und 22,1% auf *gesetzt*.

Anschließend wurden die Ergebnisse beider Suchen kompiliert und nach absteigendem Log-Likelihood-Wert sortiert (da die Kookkurrenzen in den allermeisten Fällen in beiden Suchen vorkommen, ist jeweils der höchste von beiden für die Reihenfolge bestimmend).

4 Frequenz vs. Affinität: ein gegensätzliches Paar?

Es stellt sich natürlich die Frage, ob und inwiefern solch unterschiedliche Verfahren in Korpora mit unterschiedlicher Zusammensetzung, Größe und Abfragemöglichkeiten, zudem unter Berücksichtigung unterschiedlicher Klassifikationskriterien, zu vergleichbaren Ergebnissen führen – und inwiefern diese mit denjenigen aus dem *Spiegel*-Korpus übereinstimmen.

Überprüft werden soll anhand des Verbs *setzen* zunächst die Rangliste der 25 „wichtigsten" FVG, dann anhand des FVG *unter Druck setzen* die Erweiterungsmöglichkeiten, schließlich anhand des FVG *Grenzen setzen* die Präferenzen bei der Komplementierung.

4.1 Die „wichtigsten" FVG

Ein zentrales Anliegen der Fremdsprachendidaktik ist zweifelsohne die Auswahl der zu unterrichtenden lexikalischen Einheiten (vgl. z. B. Europarat 2001: 113). Folgende Tabelle bietet eine Gegenüberstellung der vier Ranglisten:

Tab. 1: Vergleich der Top 25 in den vier Korpora *Spiegel*, DWDS, DeReKo und Wortschatz Leipzig

#	*Spiegel*-Korpus (Frequenz)	DWDS (logDice)	DeReKo (LLR)	Wortschatz Leipzig (LLR)
1	jn unter Druck setzen	ein Zeichen setzen	Akzente setzen	ein Ziel setzen
2	etw. in Gang setzen	Akzente setzen	ein Zeichen setzen	in Szene setzen
3	etw. außer Kraft setzen etw. in Kraft setzen	unter Druck setzen	unter Druck setzen	unter Druck setzen
4	sich zur Wehr setzen	Hoffnungen setzen	in Szene setzen	Grenzen setzen

#	*Spiegel*-Korpus (Frequenz)	DWDS (logDice)	DeReKo (LLR)	Wortschatz Leipzig (LLR)
5	etw. aufs Spiel setzen	Maßstäbe setzen	den Schlusspunkt setzen	in Brand setzen
6	etw./jn in Bewegung setzen	in Gang setzen	in Gang setzen	in Kraft setzen
7	Maßstäbe setzen	in Szene setzen	Prioritäten setzen	in Gang setzen
8	etw./jm Grenzen setzen	ein Signal setzen	Maßstäbe setzen	Akzente setzen
9	jm ein Denkmal setzen	in Bewegung setzen	sich zur Wehr setzen	ein Zeichen setzen
10	etw./jn in Szene setzen	sich zur Wehr setzen	Grenzen setzen	außer Kraft setzen
11	jn an die Spitze setzen	ein Ende setzen	in Bewegung setzen	sich zur Wehr setzen
12	etw./jn in die Welt setzen	ein Ziel setzen	Schwerpunkte setzen	aufs Spiel setzen
13	etw. in Brand setzen	außer Kraft setzen	in Verbindung setzen	in Kenntnis setzen
14	etw. ein Ende setzen	Schwerpunkte setzen	instand setzen	in den Sand setzen
15	ein Signal setzen	Prioritäten setzen	ein Denkmal setzen	instand setzen
16	jn vor die Tür setzen	aufs Spiel setzen	sich ein Ziel/ zum Ziel setzen	in Verbindung setzen
17	Akzente setzen	einen Fuß setzen	Hoffnungen setzen	in Bewegung setzen
18	ein Zeichen setzen	ein Denkmal setzen	in Brand setzen	in die Welt setzen
19	(sich) ein <best.> Ziel setzen	in Brand setzen	ein Signal setzen	ein Denkmal setzen
20	jn/etw. auf eine <best.> Liste setzen	eine Frist setzen	außer Gefecht setzen	vor die Tür setzen
21	etw. in Stand setzen	zum Ziel setzen	ein Ausrufezeichen setzen	Prioritäten setzen
22	etw. außer Betrieb setzen etw. in Betrieb setzen	Grenzen setzen	einen Akzent setzen	außer Gefecht setzen
23	eine <best.> Marke setzen	den Schlusspunkt setzen	Ziele setzen	Maßstäbe setzen
24	jn/etw. außer Gefecht setzen	in Kraft setzen	Impulse setzen	in den Kopf setzen

#	*Spiegel*-Korpus (Frequenz)	DWDS (logDice)	DeReKo (LLR)	Wortschatz Leipzig (LLR)
25	jn in Kenntnis setzen	auf die Tagesordnung setzen	auf die Tagesordnung setzen	Ziele setzen

Aus den vier Ranglisten geht eine bemerkenswerte Stabilität der Ergebnisse hervor, deren Deckungsgrad insgesamt als hoch einzuschätzen ist. Geht man vom 20 Jahre alten, verhältnismäßig sehr kleinen und ausschließlich nach dem Kriterium der Frequenz untersuchten *Spiegel*-Korpus aus, so darf behauptet werden, dass die Relevanz von nicht weniger als 22 darin aufgeführten FVG[9] weitgehend bestätigt wird:
- 12 FVG kommen in allen vier Korpora unter den Top 25 vor: *unter Druck setzen, in Gang setzen, sich zur Wehr setzen, in Bewegung setzen, Maßstäbe setzen, Grenzen setzen, ein Denkmal setzen, in Szene setzen, in Brand setzen, Akzente setzen, ein Zeichen setzen* und *ein Ziel setzen*.
- 6 FVG kommen im *Spiegel*-Korpus und in zwei weiteren Korpora vor: *außer Kraft setzen, in Kraft setzen, aufs Spiel setzen, ein Signal setzen, in Stand setzen* und *außer Gefecht setzen*.
- 4 FVG sind im *Spiegel*-Korpus und in einem weiteren Korpus zu finden: *in die Welt setzen, ein Ende setzen, vor die Tür setzen* und *in Kenntnis setzen*.

Ebenfalls anzumerken ist, dass das im *Spiegel*-Korpus auf Rang 1 stehende *unter Druck setzen* nie schlechter abschneidet als Rang 3, und dass nur 4 FVG in den anderen Korpora gar nicht unter den Top 25 vorkommen (*an die Spitze setzen, auf eine <best.> Liste setzen, außer/in Betrieb setzen, eine <best.> Marke setzen*). Am Beispiel der FVG mit *setzen* lassen sich die vermeintlichen Unzulänglichkeiten des Frequenzkriteriums also kaum bestätigen (für eine ausführlichere Kritik der frequenzorientierten Kollokationsforschung vgl. Bahns 1996: 25–28).

In einem Fall dagegen werden die Nachteile des geringen Umfangs des *Spiegel*-Korpus offensichtlich: bei *Prioritäten setzen*, das in allen drei großen Korpora vorkommt. Hier erweist sich, dass dieses FVG mit 5 Belegen im *Spiegel*-Korpus nur knapp den Sprung auf Platz 25 verpasst. Hier scheint tatsächlich der Grundsatz „More data is better data" (Church & Mercer 1993) zu greifen, dass Ergebnisse zuverlässiger sind, wenn die Auswirkungen des Zufallsprinzips korrigiert wer-

---

9 In Kamber (2008) wurden die Paare *außer Kraft setzen/in Kraft setzen* und *außer Betrieb setzen/in Betrieb setzen* zusammengenommen, so dass von 27 FVG auszugehen ist.

den. Darüber hinaus stehen 5 weitere FVG in zwei Korpora unter den Top 25, jedoch nicht im *Spiegel*-Korpus: *Hoffnungen setzen, Schwerpunkte setzen, den Schlusspunkt setzen, auf die Tagesordnung setzen* und *in Verbindung setzen*.

Der Vergleich der Ranglisten legt die Schlussfolgerung nahe, dass die automatisierte Suche in umfangreichen Korpora bei viel geringerem Aufwand und unabhängig der zur Verfügung stehenden statistischen Messinstrumente zu durchaus vergleichbaren Ergebnissen führt als das mühsame und zeitraubende manuelle Exzerpieren nach dem Frequenzkriterium. Der Eindruck der Stabilität wird noch bestärkt, wenn man berücksichtigt, dass sowohl das DWDS-Wortprofil als auch das DeReKo trotz erheblicher Unterschiede bezüglich des Umfangs der Korpora, der Bandbreite an Textsorten und der statistischen Tests dieselben ersten drei FVG aufführen, wenn auch die ersten beiden in umgekehrter Reihenfolge.

Die Ergebnisse zur Erweiterbarkeit und Komplementierung sollen im Folgenden anhand je eines FVG mit dem Verb *setzen* – eines mit Präpositionalgruppe und eines mit Nominalgruppe im Akkusativ – exemplifiziert werden.

4.2 Erweiterbarkeit

Für *jn/etw. unter Druck setzen* liefert das *Spiegel*-Korpus 69 Belege. Dieses FVG wird immer mit derselben Präposition ohne Artikel verwendet und nur in zwei Fällen erweitert: einmal durch ein Vorderglied (*unter Zeitdruck setzen*) und einmal durch ein Adjektiv (*unter politischen Druck setzen*).

Dieses recht monolithische Erscheinungsbild kann dank der drei konsultierten Korpora differenzierter dargelegt werden. Zunächst erlaubt ein Blick in die vom DeReKo gelieferten Suchergebnisse, das Bild in Bezug auf die Komposita zwar zu bestätigen, aber auch zu verfeinern und zu vervollständigen:

Tab. 2: Vorderglieder in einem Kompositum mit *-druck* (Auszug aus der Kookkurrenzanalyse für „&setzen" im DeReKo)

#	LLR	kumul.	Häufig	Kookkurrenzen	syntagmatische Muster
3	242542	202091	77997	*Druck*	32% unter Druck [zu] setzen
136	3333	1121687	1583	*Zeitdruck*	54% nicht unter Zeitdruck [...] setzen lassen
385	809	1480615	158	*Dauerdruck*	35% und setzte die Gäste unter Dauerdruck und
426	713	1511637	324	*Erfolgsdruck*	29% unter Erfolgsdruck [...] gesetzt

#	LLR	kumul.	Häufig	Kookkurrenzen	syntagmatische Muster
625	390	1618759	142	Handlungsdruck	30% unter Handlungsdruck [...] gesetzt
813	274	1696141	266	Leistungsdruck	31% Zeit unter Leistungsdruck [zu] setzen
1267	153	1818266	38	Entscheidungsdruck	60% keinesfalls unter Entscheidungsdruck [zu] setzen lassen
1310	146	1826363	60	Rechtfertigungsdruck	33% setzt den Staat ... einen|unter ... Rechtfertigungsdruck
3359	45	2029397	16	Aufwertungsdruck	43% unter Aufwertungsdruck setzen
3450	43	2033083	35	Reformdruck	28% unter Reformdruck [zu] setzen

Dank des Umfangs des Korpus wird deutlich, dass das Vorderglied *Zeit-* zwar gleichzeitig das häufigste und dasjenige mit der größten Affinität ist, aber auch, dass daneben noch andere, weniger prominente Vorderglieder auftreten können.

In der Analyse des *Spiegel*-Korpus aus Mangel an Belegen nicht berücksichtigt, jedoch von großem Interesse ist ferner die Benutzung von Adverbien und Modalverben. In Bezug auf Adverbialien lassen sich bei genauerem Betrachten der Belege recht mühelos interessante Erkenntnisse gewinnen, wie folgender Auszug aus dem DWDS-Wortprofil zeigt:

(1) Wir haben uns *permanent* unter Druck gesetzt, Leistung zu bringen.
(2) Bisher neigen Sie dazu, Ihren Partner etwas zu genau zu betrachten – er hat sich dadurch *leicht* unter Druck gesetzt gefühlt.
(3) Da setzt man sich selbst gerne *noch etwas mehr* unter Druck.
(4) Sie alle werden jetzt *verstärkt* unter Druck gesetzt werden können.
(5) Ich halte deshalb nichts davon, China *öffentlich* unter Druck zu setzen.
(6) Ich glaube, er setzt sich selbst *am meisten* unter Druck.
(7) Man muss Energie 90 Minuten *permanent* unter Druck setzen, dann machen sie Fehler.
(8) Um die Bayern aber *dauerhaft* unter Druck zu setzen, machten sie zu viele Fehler.

Unter den vorkommenden Modaladverbien drücken vier den Grad oder die Intensivierung des Vorgangs aus (2, 3, 4 und 6: *leicht, noch etwas mehr, verstärkt, am meisten*); drei sind Zeitadverbien, die eine durative Aktionsart unterstreichen (1, 7 und 8: *permanent, dauerhaft*); eines schließlich enthält im Kontext der internationalen Beziehungen neben einer modalen Komponente wohl auch eine graduierende (5: *öffentlich*).

Aber auch über den breiteren Verwendungskontext liefern die Korpora wertvolle Informationen. So macht folgender Ausschnitt aus Wortschatz Leipzig die Bedeutung der Modalverben im Zusammenhang mit dem FVG deutlich:

Wort: unter Druck setzen   Anzahl: 885   Rang: 30,100   Häufigkeitsklasse: 14
Teilwörter: setzen, Druck
Signifikante rechte Nachbarn: lassen (1.152), . (743), , (211), zu (61), und (44), lasse (44), wollen (38), können (37), könnte (36), würde (35), liessen (29), lässt (28), kann (23), will (20), ? (19), konnte (17), werde (16), ! (16), wollten (15), " (14), dürfte (14), könnten (11), » (11), wollte (10), soll (9.2), oder (9.1)

Abb. 4: Teilergebnisse für *unter Druck setzen* in Wortschatz Leipzig (Auszug)[10] [Stand August 2018]

Welchen Platz Modalverben einnehmen und welche Kombinationsmöglichkeiten sie bieten, veranschaulichen folgende zwölf Belege aus demselben Korpus:

(9)   Die hohen Staatsschulden jenseits des Atlantiks *könnten* den Dollar dann unter Druck setzen.
(10) Federer *dürfte* sich nun aber kaum unter Druck setzen *lassen* und sich alle Optionen offenhalten wollen.
(11) Der Spitzenreiter *will* wieder in die Erfolgsspur zurückfinden und die Konkurrenten unter Druck setzen.
(12) Allzu sehr *möchte* der berühmte Daddy seinen Kleinen allerdings nicht unter Druck setzen.
(13) Das Agrarministerium in Hannover *will* sich jedoch nicht unter Druck setzen *lassen*.
(14) Wir *wollen* die Bauunternehmen nicht mit Terminen unter Druck setzen.
(15) Dies ist auch die richtige Institution dafür, von der unverbindlichen Resolution des Europarats *sollte* sich die Schweiz demgegenüber nicht unter Druck setzen *lassen*.
(16) Denn umso länger sie dran bleiben, desto mehr *können* sie die Gastgeberinnen unter Druck setzen.
(17) *Lass* dich nicht unter Druck setzen!
(18) Ehud Olmert *lässt* sich nicht unter Druck setzen.
(19) Keine Sorge, ich *lasse* mich von niemandem unter Druck setzen, ich bin noch am Überlegen.

---

10 http://corpora.uni-leipzig.de/de/res?corpusId=deu_newscrawl_2011&word=unter+Druck+setzen.

(20)   Ein Außenministerium, das sich dermaßen unter Druck setzen *lässt*, ist korrupt.

Zu erkennen sind zunächst die aufgeführten Kookkurrenzpartner *können* (9, 16), *wollen* (11, 13, 14) *sollen* (15) und *dürfen* (10), darüber hinaus das in Abb. 4 nicht erwähnte *möchten*[11] (12).

Interessanter ist jedoch die besondere Stellung, die das – als erster signifikanter rechter Nachbar genannte – modalverbähnliche, in der Bedeutung ‚erlauben' hier stets reflexiv verwendete *lassen* einnimmt. Ob in Verbindung mit einem anderen Modalverb – wobei es bei der Wahl dieses Partners keine Restriktionen zu geben scheint, wie die Belege 10, 13 und 15 zeigen – oder nicht, lässt dieses Verb ein klares Grundmuster erkennen: Man lässt sich *nicht* unter Druck setzen (mit den Varianten *kaum* (10) und *von niemandem* (19)). Der einzige Beleg ohne Negationswort (20) drückt eine negative Wertung aus, dürfte außerdem Seltenheitswert besitzen.

4.3 Komplementierung

Das FVG *etw./jm Grenzen setzen* wird im *Spiegel*-Korpus 22-mal belegt. In 17 Fällen ist das Dativobjekt ein [+Abstr], wobei *Phantasie* mit 5 Belegen der häufigste Kollokator ist (jeweils mit Negation: *keine Grenzen* oder *kaum Grenzen*); 4 weitere Belege enthalten ein [+Hum], einer schließlich weist kein Dativobjekt auf[12]. An der Subjektstelle kommen 3 Abstrakta, 2 Menschen und 1 Kollektivbegriff vor. Auffallend hoch ist jedoch der Anteil von *sein*-Passiv-Formen ohne Nennung des Agens (16 Belege).

Auch hier gilt es zu hinterfragen, ob die drei großen Korpora das entstandene Bild korrigieren bzw. weitere nützliche Elemente zur Komplementierung liefern können. DeReKo bestätigt die dominante Stellung des Kollokators *Phantasie*:

---

11 Zur Diskussion über *möchten* als eigenständiges Modalverb vgl. Näf (2011).
12 *Er schüchtert nicht ein, droht nicht mal – und setzt trotzdem Grenzen.*

Tab. 3: Privilegierte Dativobjekte (Auszug aus der Kookkurrenzanalyse für „Grenze? &setzen" im DeReKo)

#	LLR	kumul.	Häufig	Kookkurrenzen	syntagmatische Muster
2	37358	16123	752	Fantasie	99% Der|der Fantasie [... waren|der keine] Grenzen gesetzt
3	21645	16634	511	Phantasie	98% der|Der Phantasie [... der|waren keine] Grenzen gesetzt
4	20517	17200	566	Kreativität	98% der|Der Kreativität [... der|waren keine] Grenzen gesetzt
7	3491	18814	85	Einfallsreichtum	100% Dem|dem Einfallsreichtum der waren ... keine Grenzen gesetzt
11	1841	20012	24	Ideenreichtum	100% dem|Dem Ideenreichtum der scheinen ... keine Grenzen gesetzt
16	1112	21040	29	Ideen	96% den ... Ideen [... keine] Grenzen gesetzt ...
18	733	21185	14	Gestaltung	100% der kreativen Gestaltung [werden|von Straßen Plätzen und keine] Grenzen gesetzt
19	683	21202	17	Vielfalt	100% Der|der Vielfalt [... keine] Grenzen gesetzt|setzen
20	654	21509	307	Kindern	88% Kindern [...] Grenzen setzen ...
22	615	21540	5	Erfindungsreichtum	100% Dem Erfindungsreichtum ... keine ... Grenzen gesetzt ...

Unter den 10 ersten Dativobjekten dominieren die Abstrakta auf erdrückende Weise; einzige Ausnahme sind die *Kinder*, denen Grenzen gesetzt werden müssen. Neben *Phantasie* in alter und neuer Rechtschreibung und *Kreativität* nehmen drei Komposita mit dem Hinterglied *-reichtum* in einem unter dem Motto der Erfindungskraft stehenden Themenkomplex eine prominente Stelle ein.

Ferner stellt sich die Frage, ob der einzige Beleg ohne Dativobjekt aus dem *Spiegel*-Korpus eine Art Ausreißer darstellt oder im Gegenteil als repräsentativ anzusehen ist. In diesem Fall gibt das DWDS-Wortprofil bei nur geringem Aufwand Antwort. In 10 von 20 automatisch aufgeführten Beispielsätzen wird das FVG nämlich ohne verwendet:

(21) Sie können hier auch *eine zeitliche Grenze* setzen und dabei den Wert Ihrer Leistung erhöhen.
(22) Man soll Grenzen setzen und gleichzeitig will man das Kind nicht beschränken.

(23) Die Banken hätten schon viel früher Nein sagen und *eine Grenze* setzen können.
(24) Die Grenzen *von Humor* sollte man nicht zu eng setzen.
(25) „Und helfen heißt, Grenzen zu setzen, Druck zu machen, das Kind mit seinem Verhalten zu konfrontieren", erklärt Eidenbenz.
(26) Sie sollten *deutliche Grenzen* setzen, und sie dürfen sich nicht um ernste Gespräche drücken, in denen sie ihren Kindern klarmachen, wieso das Trinken schädlich ist.
(27) Sie ist streng wie meine Tochter, da muss man Grenzen setzen.
(28) Darüber sind wir uns ebenfalls einig, so dass wir auch hier *diese Grenze* gesetzt haben.
(29) Ich bewundere, dass er Grenzen setzt und auch mal „Nein" sagt.
(30) Deisler setzt jetzt selbst *die Grenzen*; er bestimmt, wie nah er die Öffentlichkeit an sich heranlässt; er ist, auf seine ganz persönliche Art, souverän geworden.

Während in Beleg 24 die Rolle des Präpositionalattributs Anlass zur Diskussion bieten könnte (*Die Grenzen von Humor sollte man nicht zu eng setzen* könnte möglicherweise auch in *Man sollte dem Humor die Grenzen nicht zu eng setzen* umformuliert werden), liefert 30 ein Musterbeispiel für einen „absoluten" Gebrauch des FVG: Im prägnanten Kontext *Deisler setzt die Grenzen* kommt zum Ausdruck, dass es um alle von dem Subjekt definierten Begrenzungen und Schranken geht, dass diese für jeden von ihm bestimmten Bereich gelten und dass sie jeder zu respektieren hat.

Es sei hier noch angemerkt, dass die Belege neben dem Ausbleiben des Argumentes ans Licht bringen, dass *Grenze* sehr wohl auch im Singular auftreten kann (21, 23 und 28); außerdem wird der Nominalteil zweimal – sowohl im Singular als auch im Plural – von einem Adjektiv erweitert (21 und 26).

Schließlich fragt sich, ob der im *Spiegel*-Korpus festgestellte hohe Anteil von *sein*-Passiv-Formen auch in einem größeren Umfang zu beobachten ist. Darauf liefert DeReKo eine eindeutige Antwort:

Tab. 4: *Sein*-Passiv (Auszug aus der Kookkurrenzanalyse für „Grenze? &setzen" im DeReKo)

#	LLR	kumul.	Häufig	Kookkurrenzen	syntagmatische Muster
1	41967	15371	15371	*sind*	86% sind [... der|keine] Grenzen gesetzt

Als erste Kookkurrenz führt DeReKo *sind* auf. Nimmt man die syntagmatischen Muster der weiteren Partner hinzu (vgl. Tab. 3), so kommt zum Ausdruck, dass das *sein*-Passiv den Normalfall darstellt.

Zusammenfassend kann festgehalten werden, dass DWDS, DeReKo und Wortschatz Leipzig frühere Beobachtungen größtenteils bestätigen, dabei aber den wesentlichen Vorteil haben, dass sie zusätzliches, auch für die Fremdsprachendidaktik nützliches Material liefern.

5 Fremdsprachendidaktische Implikationen

In den Übungsgrammatiken Deutsch als Fremdsprache wird dem Thema FVG unterschiedlich viel Platz eingeräumt, vom eigenen Kapitel (Dreyer & Schmitt 2009, Rug & Tomaszewski 2011, Buscha, Szita & Raven 2013) bis hin zu knapp gehaltenen und auf mehrere Kapitel verteilten Erläuterungen (Hall & Scheiner 2001, Fandrych 2012).

All diesen Lehrwerken gemeinsam ist aber die Art der damit zusammenhängenden Übungen. Bevorzugt werden diejenigen, die sich mit der Struktur der Nomen-Verb-Verbindungen selbst befassen, in denen es also darum geht, entweder das passende Verb oder – seltener – das passende Nomen einzusetzen (*in Verbindung [...]; in [...] bringen* usw.). Ebenfalls beliebt sind solche, in denen ein einfaches Verb durch ein FVG ersetzt werden soll und umgekehrt, auch unter Berücksichtigung der Modifizierung der Aktionsart (vgl. dazu Fandrych 2012: 131). Nur selten dagegen befassen sie sich mit den Kombinationsmöglichkeiten des FVG; geschieht dies, besteht die Aufgabe dann einzig darin, die richtige Präposition einzusetzen (*Wir legen besonderen Wert [...] die Loyalität unserer Mitarbeiter*, vgl. Buscha, Szita & Raven 2013: 85; ferner Dreyer & Schmitt 2009: 344–345). Zum weiteren Verwendungskontext findet sich nichts.

Auch online zugängliche Übungen zu den FVG zeichnen sich nicht gerade durch Originalität aus. In der überwiegenden Mehrheit der zur Verfügung gestellten Materialien oder interaktiven Aufgaben geht es darum, das passende Verb einzufügen oder die Bedeutung von FVG herauszufinden bzw. zu umschreiben[13]. Für Deutschlernende muss die Situation also insgesamt als unbefriedigend bezeichnet werden.

---

13 Als Beispiele für das – durchaus löbliche! – Teilen solcher Ressourcen seien hier folgende Plattformen zitiert:
https://de.islcollective.com; https://deutschegrammatik20.de; www.deutschkurse-passau.de; https://www.grammatiktraining.de; https://www.schubert-verlag.de.

Heutzutage können aber viele digitale Korpora frei und meist sogar ohne Voranmeldung konsultiert werden, sodass sie jedem, ob Sprachwissenschaftler, Sprachinteressierter oder eben Lernender, jederzeit zur Verfügung stehen. Und auch die Abfragetools sind inzwischen so benutzerfreundlich, dass deren Bedienung auch Nicht-Spezialisten zugänglich ist. Warum also sollte man sich das nicht im Fremdsprachenunterricht zunutze machen? Bereits vor über zwanzig Jahren wollte Johns (1997: 101) konsequent die Methoden der Korpuslinguistik in den Sprachunterricht einbringen und damit den Unterricht grundlegend erneuern: „The central metaphors embodying the approach are those of the learner as ‚linguistic researcher', testing and revising hypotheses, or as a ‚language detective', learning to recognise and interpret clues from context (‚Every student a Sherlock Holmes')." Auch wenn sein Vorhaben etwas radikal erscheinen mag, so scheint doch die Zeit gekommen zu sein, sowohl innerhalb als auch außerhalb des Klassenraums die statistischen Abfragetools zur Erhebung von sprachlichen Daten im Sinne des „Data-driven learning" (DDL) einzusetzen und die Lernenden vermehrt in die Interpretation der Ergebnisse einzubinden. Dies soll als zusätzliches Mittel des Unterrichts geschehen:

> The aim here is to show that the learner-as-researcher approach (Johns 1988) inherent in DDL may rather be viewed as an extension of ordinary practice insofar as it builds on many aspects of existing language teaching and learning methodology. We go on to discuss these uses, arguing that, although in some ways they appear to be quite different from conventional DDL activities, they can be conceived within a general ‚language-data-for-learning' framework, focusing on certain methodological aspects underpinning corpus linguistics. (Boulton & Tyne 2013: 107)

Im Folgenden sollen ein paar Beispiele für einen praktischen Einsatz von Daten und Ressourcen aufgezeigt werden. In unseren Überlegungen orientieren wir uns an Chambers' Dreistufenmodell (2010: 349): (1) Arbeiten mit von der Lehrperson erstellten Konkordanzausdrücken, um sich mit dem induktiven Prozess vertraut zu machen, (2) Konsultation benutzerfreundlicher Online-Ressourcen und (3) unabhängige Korpuskonsultation.

5.1 Fall Nummer 1: *Akzente setzen* vs. *ein Zeichen setzen*

Viele FVG haben quasi-synonymischen Charakter, so dass es für Nicht-Muttersprachler nahezu unmöglich ist, sie zu unterscheiden und in ihrer Textproduktion einzusetzen. Ein Beispiel dafür ist das Paar *Akzente setzen* vs. *ein Zeichen setzen*[14].

Um dieses Problem zu beheben, schlagen wir eine „sanfte" Form des DDL vor, die dem Lernenden bloß einen indirekten, vom Lehrer „gefilterten" Zugang zu einer überschaubaren Menge von Daten gewährt. Auch die vertraute Papierform soll dazu dienen, einen bekannten und sicheren Rahmen zu wahren (Kerr 2013). Die Übung besteht in der Beobachtung zweier Listen von ausgesuchten Belegen[15]:

Aufgabe 1:
Beobachten Sie folgende Sätze. Wer setzt was für Akzente?
1. Beide Mannschaften konnten kaum spielerische Akzente setzen.
2. Wir sind ein sozialistischer Verband, der in den Protesten eigene Akzente setzen will.
3. In der Kommunalpolitik konnte er Akzente setzen.
4. Neue Akzente setzen sie nicht.
5. Im letzten Spiel konnte aber auch Inler keine Akzente setzen.
6. In der Offensive dagegen konnte der Aussenseiter nur wenig Akzente setzen.
7. Auch Lukas Podolski konnte keine Akzente setzen.
8. Die Kandidatin wolle sich von der Bevormundung befreien und eigene politische Akzente setzen.
9. Mit dieser inneren Distanz kann sie auch im Parteivorstand Akzente setzen.
10. Nach seinem Debüt in der Nationalmannschaft konnte der Mainzer Lewis Holtby in der Bundesliga nur noch wenige Akzente setzen.

Aufgabe 2:
Beobachten Sie folgende Sätze. Wer setzt was für ein Zeichen?
1. Er wolle dort ein Zeichen setzen für ein friedliches Miteinander.
2. Erklärtes Ziel ist es, ein Zeichen gegen Rechts zu setzen.
3. Die Unterzeichner wollten ein Zeichen für den Euro setzen, hieß es.
4. Mit dem Preis für den Iran setzte die Jury ein deutliches politisches Zeichen.
5. Und schon in den ersten Tagen im neuen Amt hat er Zeichen gesetzt.
6. Und da will der deutsche Meister heute gleich ein Zeichen setzen.

---

14 Diesem Paar könnten im Übrigen weitere FVG mit ähnlicher Bedeutung hinzugefügt werden, wie *ein Exempel setzen, ein Fanal setzen, Gewichte setzen, Glanzpunkte setzen, eine Marke setzen, Maßstäbe setzen, einen Meilenstein setzen, ein Signal setzen* und *einen Standard setzen* (vgl. Kamber 2008: 100).

15 Eine Liste wurde in Wortschatz Leipzig, die andere im DWDS ausgewählt. Für eine solche Zusammensetzung eignen sich beide Korpora ausgezeichnet.

7. Es geht vor allem darum, ein politisches Zeichen zu setzen.
8. Weil Reden allein aber oft nicht hilft, wollte der Manager ein Zeichen setzen.
9. Wenn es der wirklich ernst ist, dann muss sie in Köln ein klares Zeichen setzen.
10. „Wir wollten damit bewusst ein symbolisches Zeichen setzen", formulierte er.

Dem Lernenden dürfte rasch klar werden, dass die Verwendungskontexte beider FVG neben Gemeinsamkeiten auch eindeutige Unterschiede aufweisen. Fasst man die Ergebnisse zusammen, ergeben sich folgende Strukturtypen[16]:

(a) Eine Mannschaft/Ein Sportler/Ein Fußballspieler —— kann —— keine/kaum/nur (noch) wenig(e) —— spielerische —— Akzente setzen.
(b) Ein Politiker/Eine Partei —— kann/will —— neue/eigene (politische) —— Akzente setzen.
(c) [Menschen] setzen ein —— klares/deutliches/politisches/symbolisches —— Zeichen —— für/gegen [Werte/Ideale/Ideologien].

Es fällt zunächst auf, dass das FVG *Akzente setzen* eine starke Präsenz im Bereich der Sportberichterstattung markiert (a). In diesem Zusammenhang stechen insbesondere die Negationswörter hervor, welche das Unvermögen der Beteiligten zum Ausdruck bringen.

Als konkurrierende Formen erscheinen beide FVG dagegen auf dem Gebiet der Politik (b und c), wenngleich *Akzente setzen* „profiliertere" Kookkurrenzpartner an der Subjektstelle aufweist. Interessant sind darüber hinaus die teils unterschiedlichen Adjektiv-Erweiterungen sowie die Möglichkeit eines Präpositionalattributs bei *ein Zeichen setzen*.

5.2 Fall Nummer 2: *mettre en lumière*

Digitale Korpora erlauben es bekanntlich aber auch, kontrastiv zu arbeiten[17] und somit die Muttersprache der Lernenden einzubeziehen. Hier soll aus der Perspektive von französischsprachigen Deutschlernenden der Frage nachgegangen werden, wie französische FVG ins Deutsche zu übersetzen sind. Um einschlägige französische FVG zu selektieren, erweist sich Scientext[18], eine 5 Millionen Wortformen umfassende Datenbank mit wissenschaftlichen Texten, als besonders hilfreich. Gibt man den Suchbegriff „mettre" (das Pendant zu *setzen*) als Lemma

---

16 Zum Übergang vom syntagmatischen Muster zum Strukturtyp vgl. Taborek in diesem Band.
17 Zur sprachübergreifenden FVG-Forschung vgl. Schafroth in diesem Band.
18 http://scientext.msh-alpes.fr/scientext-site/spip.php?article9.

ein, werden nach absteigender Affinität von Nomen und Verb sortierte FVG aufgeführt.

Tab. 5: Die 12 ersten FVG mit „mettre" in Scientext und ihre deutschen Übersetzungen in Leo

#	Französische FVG (Scientext)	Übersetzung (Leo)
1	mettre en évidence	hervorheben/herausstellen
2	mettre en œuvre	[tout mettre en œuvre: alle Hebel in Bewegung setzen]
3	mettre en place	etw. einrichten/anbringen/einsetzen
4	mettre en jeu	[Forum: (leichtfertig) aufs Spiel setzen]
5	mettre à/au jour	auf den neuesten Stand bringen; zutage/zu Tage fördern
6	mettre en scène	inszenieren
7	se mettre en scène	sich in Szene setzen
8	mettre en relation	Leute zusammenbringen; etw. mit etw. in Zusammenhang bringen
9	mettre en lumière	etw. ans Licht bringen [fig.]; auf etw. aufmerksam machen; auf etw. hinweisen
10	mettre en valeur	herausstellen; hervorheben; zur Geltung bringen
11	mettre en cause	in Frage stellen
12	mettre en relief	hervorheben; herausstellen
13	mettre en exergue	als Motto voranstellen; besonders betonen; herausstellen

Da Sprachlernende meist als Erstes ein online-Wörterbuch konsultieren[19], präsentiert Tab. 5 die FVG mit ihren in Leo[20] aufgeführten deutschen Entsprechungen. Naturgemäß werden öfters mehrere Übersetzungsvorschläge gemacht, sowohl in Form von FVG als auch von einfachen Verben. Ein interessantes Beispiel ist in dieser Hinsicht Nummer 8 *mettre en lumière* mit den Übersetzungen *etw. ans Licht bringen, auf etw. aufmerksam machen* und *auf etw. hinweisen*. Folgende Aufgabe verfolgt das Ziel, Lernende auf die Vielfalt der möglichen Sprachmittel aufmerksam zu machen:

---

19 Ausführlicheres zu lexikographischen Aspekten und zur Wörterbuchbenutzung bei Mollica in diesem Band.
20 https://dict.leo.org/französisch-deutsch/.

Aufgabe 3:
Gehen Sie auf die Internetseite https://www.linguee.fr/allemand-francais. Geben Sie den Suchbegriff mettre en lumière *ein. Was fällt Ihnen bei den Übersetzungen auf?*

Zwar gibt Linguee[21] (Stand August 2018) oben auf der Seite zunächst die beiden Übersetzungen *ans Licht bringen* und *zu Tage fördern* an, doch in den Belegen kommen beide nicht vor, sondern eine ganze Reihe von einfachen Verben: *verweisen auf, schärfen, deutlich machen,* ebenso *sich herausstellen, hervorgehen* usw. FVG erscheinen einzig in den Varianten *ans Licht heben* und *zum Licht bringen.* Lernende sollten also nicht davon ausgehen, dass FVG in der Zielsprache geradezu automatisch als bestgeeignete Entsprechungen dienen, sondern vielmehr den gesamten Kontext differenziert berücksichtigen.

5.3 Fall Nummer 3: *mettre en évidence/en valeur/en relief/en exergue*

In Tabelle 5 fällt ferner auf, dass nicht weniger als 4 französische FVG mit quasi-synonymischem Charakter zum Teil gleich übersetzt werden: *mettre en évidence, mettre en valeur, mettre en relief* und *mettre en exergue* durch *herausstellen* und/oder *hervorheben*. Um in Erfahrung zu bringen, ob die eine oder andere Entsprechung beliebter ist als die anderen, kann die Datenbank Emolex[22] nutzbringend eingesetzt werden. Sie enthält in Form von Parallelkorpora syntaktisch annotierte journalistische und literarische Texte zu fünf europäischen Sprachen – darunter Deutsch und Französisch – und bietet geradezu ideale Voraussetzungen für den Vergleich.

Damit die teils relativ komplexe Bedienung dieser Ressource für die Lernenden nicht zur unüberwindlichen Hürde wird, müssen möglichst genaue Anweisungen gegeben werden:

Aufgabe 4:
Gehen Sie auf die Internetseite http://persan.rom.uni-koeln.de/emolex/emoBase/ und klicken Sie auf „EmoConc".
Unter dem Tab „Sélection du corpus" wählen Sie „Corpus parallèle", „Langue d'interrogation: fr", „Langue alignée: de" und „direction indifférente".

---

21 Linguee ist im Gegensatz zu Leo kein traditionelles Wörterbuch, sondern funktioniert in Kombination mit einer Suchmaschine, die den Zugriff auf zweisprachige, übersetzte Satzpaare aus dem World Wide Web ermöglicht. Insofern eignet sich diese Datenbank u. E. bestens, um die Sprachbewusstheit der Lernenden zu fördern.
22 http://persan.rom.uni-koeln.de/emolex/emoBase/.

Von der Frequenz zur Affinität: Funktionsverbgefüge für fortgeschrittene Lernende —— 97

Unter dem Tab „Requête" führen Sie die Einstellungen wie im Bildschirm unten aus.

Klicken Sie anschließend auf „Lexicogrammmes". Auf der darauffolgenden Seite klicken Sie auf „valeur_N". Beobachten Sie die Belege. Welche Übersetzungen finden Sie für „mettre en valeur"? Sind sie je nach Kontext unterschiedlich?

Die 81 parallel auftretenden Belege in beiden Sprachen zeigen, dass es bei gleichbleibender Satzstruktur eine eindeutige Vorliebe für *zur Geltung bringen* als Entsprechung für *mettre en valeur* gibt. Das Verb *hervorheben* kommt nur zweimal, *herausstellen* gar nicht vor:

Tab. 6: *zur Geltung bringen* als deutsche Entsprechung für *mettre en valeur* (Auszug aus Emolex)

Inquiète, dans un petit salon dont les baies ouvrent vers le grand large, Anne Pépin demi-nue a étalé sur un sofa les vêtements qu'elle est censée porter pour	mettre	en valeur sa trentaine épanouie: [...].	s124613 In einem kleinen Salon, dessen Fenster zum Meer zeigen, hat Anne Pépin gerade, halb nackt und etwas nervös, auf einem Sofa die Garderobe ausgelegt, die sie zu tragen gedenkt, um ihre voll erblühten dreißig Jahre richtig *zur Geltung zu bringen*, wie man es von ihr erwartet: [...].
Je me souviens du ravissant spectacle, ici	mettait	en valeur tous vos ors.	s125079 „Ich erinnere mich noch gut an das Schauspiel

même, à Noël, de votre miniature noire de douze ans, de qui le buste dénudé, plein et lisse				ihrer kleinen zwölfjährigen Schwarzen, hier zu Weihnachten, deren entblößte, volle, glatte Brüste ihre Juwelen so vorteilhaft *zur Geltung brachten.*"
- Je ne suis pas si jeune, dit Alise en se redressant sur la banquette capitonnée pour	mettre	en valeur sa poitrine provocante.		s17021 „So jung bin ich gar nicht", sagte Alise und reckte sich auf der gepolsterten Bank in die Höhe, um ihren herausfordernden Busen *zur Geltung zu bringen.*

Der Umgang mit Parallelkorpora ermöglicht es dem Lernenden, vom Bekannten ausgehend auf eigener Faust seinen Blick für den kontextbedingten Gebrauch von sprachlichen Einheiten wie FVG zu schärfen und auf deren syntagmatische Bedeutungsbeziehungen zu achten.

6 Zukunftsperspektiven

Wie sich herausgestellt hat, führen Frequenz und Affinität im Bereich der FVG-Forschung nicht zu gegensätzlichen Ergebnissen, sondern bestätigen einander weitgehend. Die wichtigste Erkenntnis dieser Untersuchung aber ist, dass große, auf Kookkurrenzanalyse basierende Korpora, unabhängig von Abfragetools und Art der statistischen Berechnungen bei weit geringerem Aufwand heutzutage in der Lage sind, eine Vielzahl von Ergebnissen und Belegen zu liefern, die eine wesentlich feinere Beschreibung des Phänomens ermöglichen – sowohl für die interne als auch für die externe Valenz.

Der Zeitpunkt scheint nun gekommen, diese Forschungsergebnisse auch gewinnbringend in die Fremdsprachendidaktik einzubringen. Damit die Lernenden aber den notwendigen Zugang zu diesen Informationen erhalten, müssen auf drei Ebenen alle Akteure mitmachen: zunächst die Sprachwissenschaftler selbst, dann aber auch die Didaktiker und Lehrbuchautoren sowie schließlich die Lehrpersonen (vgl. Surcouf & Giroud 2017: 61). Während die Kookkurrenzanalyse heute in der (seriösen) Linguistik zum Grundwerkzeug zählt, gestaltet sich die Aufnahme von Forschungsergebnissen in die Lehrwerke als schwieriger, wie die

Auswertung neuerer Übungsgrammatiken gezeigt hat.[23] Gerade hier könnte das „Data-driven learning" einen Beitrag leisten: indem es den Weg von den Daten zu den Lernenden verkürzt.

Wenn man ein solches datenbasiertes Lernen nicht wie früher als radikale Alternative zu den traditionellen Unterrichtsformen darstellt, sondern als zusätzliches Mittel für die Gewinnung und Vermittlung von Inhalten, kann man wohl auch Lehrpersonen die Angst davor nehmen, welche im erklärenden Diskurs den Lernenden komplexe Sachverhalte vermitteln müssen, mit solchen Analysemustern aber nicht oder nur wenig vertraut sind (Tyne 2013). So sollen bei Dozierenden und Lernenden zugleich einerseits neue kognitive Strategien geschult, andererseits die Autonomie gefördert werden, welche die digitalisierte Gesellschaft von uns allen verlangt.

Literatur

Bahns, Jens (1996): *Kollokationen als lexikographisches Problem: Eine Analyse allgemeiner und spezieller Lernerwörterbücher des Englischen*. Tübingen: Niemeyer.

Boulton, Alex & Henry Tyne (2013): Corpus linguistics and data-driven learning: a critical overview. *Bulletin suisse de linguistique appliquée* 97, 97–118.

Boulton, Alex & Henry Tyne (2014). *Des documents authentiques aux corpus: démarches pour l'apprentissage des langues*. Paris: Didier.

Buscha, Anne, Szilvia Szita & Suzanne Raven (2013): *C-Grammatik: Übungsgrammatik Deutsch als Fremdsprache*. Leipzig: Schubert.

Chambers, Angela (2010): What is data-driven learning? In Anne O'Keeffe & Michael McCarthy (Hrsg.), *Routledge Handbook of Corpus Linguistics*, 345–358. London: Routledge.

Church, Kenneth W. & Robert L. Mercer (1993): Introduction to the Special Issue on Computational Linguistics. Using Large Corpora. *Computational Linguistics* 19/1: 1–24.

De Knop, Sabine (im Druck): Eine konstruktionsbasierte Beschreibung deutscher Kollokationen mit Positions- und Lokalisierungsverben. In Carmen Mellado Blanco, Fabio Mollica & Elmar Schafroth (Hrsg.), *Konstruktionen zwischen Lexikon und Grammatik: Phrasemkonstruktionen im Deutschen, Italienischen und Spanischen*. Berlin, Boston: De Gruyter.

Dreyer, Hilke & Richard Schmitt (2009): *Lehr- und Übungsbuch der deutschen Grammatik – aktuell*. Ismaning: Hueber.

Europarat (2001): *Gemeinsamer europäischer Referenzrahmen für Sprachen: lernen, lehren, beurteilen*. Berlin: Langenscheidt.

Fandrych, Christian (Hrsg.) (2012): *Klipp und klar: Übungsgrammatik Mittelstufe B2/C1*. Stuttgart: Klett.

---

23 Als Gegenbeispiel vgl. Heine (2008), die detaillierte morphosyntaktische und semantische Informationen zur Argumentstruktur von FVG liefert.

Hall, Karin & Barbara Scheiner (2001): *Übungsgrammatik Deutsch als Fremdsprache für Fortgeschrittene*. Ismaning: Hueber.
Heine, Antje (2008): *Funktionsverbgefüge richtig verstehen und verwenden. Ein korpusbasierter Leitfaden mit finnischen Äquivalenten*. Frankfurt am Main: Peter Lang.
Helbig, Gerhard & Wolfgang Schenkel (⁷1983): *Wörterbuch zur Valenz und Distribution deutscher Verben*. Leipzig: VEB Bibliographisches Institut.
Heringer, Hans Jürgen (1968): *Die Opposition von 'kommen' und 'bringen' als Funktionsverben*. Düsseldorf: Schwann.
Johns, Tim (1988): Whence and whither classroom concordancing? In Theo Bongaerts, Pieter de Haan, Sylvia Lobbe & Herman Wekker (Hrsg.), *Computer Applications in Language Learning*, 9–27. Dordrecht: Foris.
Johns, Tim (1997): Contexts: the background, development and trialing of a Concordance-based CALL program. In Anne Wichmann, Steven Fligelstone, Tony McEnery & Gerald Knowles (Hrsg.), *Teaching and Language Corpora*, 100–115. Harlow: Addison Wesley Longman.
Kamber, Alain (2008): *Funktionsverbgefüge – empirisch. Eine korpusbasierte Untersuchung zu den nominalen Prädikaten des Deutschen*. Tübingen: Niemeyer.
Kerr, Betsy (2013): Grammatical description and classroom application. Theory and practice in data-driven learning. *Bulletin suisse de linguistique appliquée* 97, 17–39.
Kleiber, Georges (1993): *Prototypensemantik. Eine Einführung*. Tübingen: Gunter Narr.
Näf, Anton (2011): *Möchten ist nicht mögen: ein siebtes Modalverb im Deutschen*. *Travaux neuchâtelois de linguistique* 55, 111–137.
Rug, Wolfgang & Andreas Tomaszewski (2011): *Grammatik mit Sinn und Verstand*. Stuttgart: Klett.
Rychlý, Pavel (2008): A Lexicographer-Friendly Association Score. In Petr Sojka & Aleš Horák (Hrsg.), *Recent Advances in Slavonic Natural Language Processing*, RASLAN 2008, 6–9. Brno: Masaryk University.
Surcouf, Christian & Anick Giroud (2017): L'usage exclusif de l'API dans l'enseignement et l'apprentissage de la morphologie verbale en FLE : un défi insurmontable? *Bulletin suisse de linguistique appliquée* 105, 59–76.
Tyne, Henry (2013): Corpus et apprentissage-enseignement des langues. *Bulletin suisse de linguistique appliquée* 97, 7–15.

Jörg Didakowski und Nadja Radtke
Verwendung der deutschen Stützverbgefüge mit Adjektiven und ihre Ermittlung mithilfe des DWDS-Wortprofils

1 Einleitung

Kritik üben, Entscheidung treffen, Verwendung finden und *in Verbindung bringen* spielen als Verb-Nomen-Verbindungen bei der Vermittlung des Deutschen als Fremdsprache (DaF) eine wichtige Rolle (vgl. Heine 2006 und Kamber 2008). Bereits ein kurzer Blick in ein beliebig ausgewähltes DaF-Lehrwerk lässt die Vorgehensweise bei der Vermittlung solcher Verbindungen gut erkennen. So werden die Verb-Nomen-Verbindungen in der Regel in einem Grammatikteil eines solchen Lehrwerkes wie z. B. im Lehrbuch *Aspekte I neu* für die Mittelstufe (Niveau C1) eingeführt und kurz beschrieben (vgl. Koithan et al. 2017b: 188). In einem dazugehörigen Arbeitsbuch befindet sich oft wie hier im Arbeitsbuch *Aspekte I neu* für die Mittelstufe (Niveau C1) eine Liste ausgewählter (wichtiger) Verb-Nomen-Verbindungen (vgl. Koithan et al. 2017a: 180–182), auf die bereits im Grammatikteil des Lehrbuches verwiesen wird und die zum anschließenden Lernen bzw. Nachschlagen vorgesehen ist. Die Schreib- und Stilratgeber der deutschen Sprache schenken den Verb-Nomen-Verbindungen ihrerseits ebenfalls ihre Beachtung, indem sie mit solchen Verbindungen eher kritisch umgehen, von ihrer Verwendung häufig abraten und nur selten auf mögliche Motive zur Verwendung der Verb-Nomen-Verbindungen (u. a. Differenzierung des zeitlichen Verlaufs der Handlung wie z. B. in der *Praktischen Stillehre der deutschen Gegenwartssprache* von Sanders (2009: 77–79)) hinweisen. Die Verwendung der Verb-Nomen-Verbindungen mit Adjektiven ist für die grammatische und stilistische Beschreibung dabei von großer Bedeutung und von besonderem Interesse. Beispiele hierfür sind *klaren Ausdruck finden* oder *scharfe Kritik üben.* Jedoch wird auf diese Verwendung sowohl in Lehrwerken als auch in Schreib- und Stilratgebern eher nicht gezielt eingegangen.

In unserem Beitrag wenden wir uns den Verb-Nomen-Verbindungen zu, die wir als Stützverbgefüge bezeichnen, und schauen uns gezielt ihre Verwendung mit attributiven Adjektiven an. Zunächst legen wir in Kapitel 2 fest, was wir unter solchen Verbindungen, also unter Stützverbgefügen, verstehen. Im Weiteren erläutern wir in Kapitel 3, inwiefern die Verwendung der Stützverbgefüge mit Adjektiven relevant und auch interessant ist. In Kapitel 4 stellen wir ein Analysewerkzeug – das DWDS-Wortprofil – vor, das uns ermöglicht, die Stützverbgefüge und die dabei verwendeten Adjektivattribute zu ermitteln und somit auf die Verwendung der Stützverbgefüge mit Adjektiven gezielter eingehen zu können. Zudem führen wir die dem DWDS-Wortprofil zugrunde liegenden Textkorpora ein. In Kapitel 5 steht die Verwendung der deutschen Stützverbgefüge mit Adjektivattributen im Mittelpunkt. Wir beschäftigen uns damit, ob und mit welchen Adjektivattributen ein Stützverbgefüge verwendet werden kann, wie typisch seine Verwendung mit einem bestimmten Adjektiv ist und wieweit die Verwendung der Stützverbgefüge mit Adjektivattributen motiviert werden kann.

2 Stützverbgefüge des Deutschen: ihre Bezeichnung und ihr Gegenstand

Die Verbindungen aus einem Nomen und einem Verb vom Typ *Kritik üben* oder *in Verbindung bringen* stellen seit Jahrzehnten ein interessantes und immer wieder strittiges Forschungsfeld dar. Den sogenannten nominalen Umschreibungen und ihren wichtigen Leistungen wendet sich Daniels bereits 1963 intensiv zu. Mit Sorgfältigkeit entdecken von Polenz (1963), Engelen (1968) und Klein (1968) das spannende Feld der vielfältigen Verb-Nomen-Verbindungen und führen diese zunächst als Funktionsverbformeln/Funktionsverbgefüge ein. In Bezug auf die Bezeichnung der Verbindungen herrscht jedoch bis heute noch keine Einigkeit (vgl. Langer (2009)). Über ihren Gegenstand wird heutzutage ebenfalls noch vielseitig diskutiert und ihre Existenz wird sogar immer noch in Frage gestellt (vgl. Van Pottelberge 2001 und Winhart 2005)[1].

Bezüglich der Bezeichnung der Verbindungen gehen wir in unserem Beitrag von den Ausführungen in Langer (2009: 41–45 und 64–70) aus und bezeichnen die Verb-Nomen-Verbindungen wie z. B. *Entscheidung treffen* oder *zum Ausdruck bringen* als Stützverbgefüge (SVG), die aus einer nominalen Komponente (Nominal- oder Präpositionalgruppe), die von uns in Anlehnung an Storrer (2006a: 149) als prädikatives Nomen (PN) wie hier *Entscheidung* bzw. *Ausdruck* bezeichnet wird, und einer verbalen Komponente, die wir als Stützverb (SV) wie hier *treffen*

---

[1] So argumentiert etwa Winhart (2005: 193–195) in ihrer Arbeit, die Verb-Nomen-Verbindungen „als reguläre Konstruktionen zu analysieren".

bzw. *bringen* benennen, bestehen. SV sind innerhalb eines SVG in ihren Bedeutungen verblasst und können je nach SV innerhalb eines SVG einen eigenen Bedeutungsbeitrag leisten. So können z. B. mit dem SV *bringen* kausative SVG bzw. SVG mit zeitlicher Differenzierung gebildet werden.[2] PN können von einem Verb, das wir als Basisverb bezeichnen, abgeleitet werden, wie hier das PN *Entscheidung* von dem Verb *entscheiden* und das PN *Ausdruck* von dem Verb *ausdrücken*. SVG als Bezeichnung halten wir für sinnvoll, da sie alle Typen der Verbindungen abdeckt und nicht nur ihre Teilmenge, wie es häufig bei den Bezeichnungen *Funktionsverbgefüge*[3] und *Streckverbgefüge*[4] der Fall ist. Von der von von Polenz (1987) eingeführten Bezeichnung *Nominalisierungsverbgefüge*[5] nehmen wir aufgrund dessen, dass es sich bei den PN der SVG nicht immer um eine Nominalisierung handelt, ebenfalls Abstand. Die Verbreitung und die Geläufigkeit der Bezeichnung *Funktionsverbgefüge* im Gegensatz zum Nicht-Durchsetzen der Bezeichnung *Nominalisierungsverbgefüge* (vgl. Langer 2009: 68–70) nehmen auf unsere terminologische Festlegung keinen Einfluss. Wir entscheiden uns für die Bezeichnung *Stützverbgefüge* und nicht für *Stützverbkonstruktion*[6], um einerseits Missverständnisse zu vermeiden, dass es sich dabei um eine Übertragung aus der angelsächsischen und französischen Literatur (*light verb construction/support verb construction* und *construction à verbe support*) handelt, bei der die Fokussierung der Forschung auf dem Konstruktionstyp mit einer nominalen Komponente im Akkusativ liegt, wie z. B. bei *Entscheidung* in *Entscheidung treffen* (vgl. Storrer 2006b: 275–277). Andererseits finden wir, dass das Gefüge in der Bezeichnung *Stützverbgefüge* besonders treffend ist, da sie eine zusammenhängende Gesamtheit mit einem bestimmten Aufbau – einer bestimmten Struktur – hervorhebt und

---

[2] Siehe dazu Seifert (2004: 73–91).
[3] Die Bezeichnung *Funktionsverbgefüge* steht einerseits für eine Teilmenge der Verbindungen (siehe z. B. von Polenz 1987 und Zifonun et al. 1997: 701–705) und andererseits für ihre Gesamtmenge (siehe z. B. Duden 2016: 425–433, Helbig & Buscha 2001: 68–94 und Kamber 2008).
[4] Storrer (2006b) führt für ihre Untersuchungen die Bezeichnung *Streckverbgefüge* als Komplementärmenge für Funktionsverbgefüge ein, bei der sie sich an der Terminologie von von Polenz (1987) und Zifonun et al. (1997) orientiert und diese basierend auf der terminologischen Unterscheidung von Heringer (1988), der zwischen Streckverbindungen vom Typ *in Anspruch nehmen* und *Entscheidung treffen* (vgl. Heringer 2001: 106–107) und zwischen Funktionsverbgefügen vom Typ *zum Ausdruck bringen* (vgl. Heringer 2001: 109–113) unterscheidet, erweitert (vgl. Storrer 2006b: 275–278); daraufhin lehnt sich Hoffmann (2016) in seinen Ausführungen an von Polenz (1987) und Storrer (2006b) an (vgl. Hoffmann 2016: 262–266).
[5] Siehe ebenfalls von Polenz (1987), Storrer (2006b) und Zifonun et al. (1997).
[6] Trotz der Tatsache, dass wir generell bei SVG von Verbindungen bzw. synonym von Konstruktionen sprechen.

analog zu den Bezeichnungen *Funktionsverbgefüge* und *Nominalisierungsverbgefüge* ist.

Bei der Bestimmung des Gegenstandes der SVG lehnen wir uns an die Ausführungen in Seifert (2004: 53–71) an, der verschiedene Typen von Verb-Nomen-Verbindungen bestimmt, indem er für diese charakteristische Merkmale festlegt und prototypische Vertreter der Konstruktionen aufführt. Wir grenzen die Verb-Nomen-Verbindungen von anderen Konstruktionen ab, die ebenfalls aus einer nominalen und einer verbalen Komponente bestehen. Einerseits sind es freie Konstruktionen wie z. B. *ins Krankenhaus bringen*, *Job finden*, *Freund treffen* oder *Spagat üben*[7] und andererseits Idiome wie z. B. *etwas auf den Punkt bringen* („etwas genauer zum Ausdruck bringen'), *jemanden auf die Palme bringen* („jemanden wütend machen') oder *Schulterschluss üben* („gemeinsam eine Meinung vertreten'). Wir legen folgende Typen der SVG[8] fest.

2.1 SVG mit einem PN als Präpositionalgruppe (Typ 1)

1a.
Das PN des jeweiligen SVG ist ein Abstraktum (Nomen actionis), das entweder deverbal wie in *in Verbindung bringen* (als Basisverb *verbinden*) oder deadjektivisch wie hier *sicher* in *in Sicherheit bringen* gebildet ist. Das jeweilige SVG kann leicht paraphrasiert werden.

(1)   Wir können diese Informationen nicht mit Personen *in Verbindung bringen* und werden diese Informationen nicht an Dritte übertragen. (http://campino2k.de/datenschutz/ 01.12.2013)[9]

---

[7] Die Gesamtbedeutung solcher Konstruktionen ist aus ihren einzelnen Komponenten ableitbar; dabei sind die jeweiligen Komponenten durch bedeutungsgleiche Ausdrücke ersetzbar; morphosyntaktisch sind freie Konstruktionen flexibel.

[8] Seifert (2004) bezeichnet in seiner Arbeit die von ihm zu beschreibenden Konstruktionen als Funktionsverbgefüge; bei einem Konstruktionstyp weicht er jedoch von dieser Bezeichnung ab, indem er die Konstruktionen, bei denen die Nominalisierung als Subjekt wie z. B. in *die Zahlung erfolgt* auftritt, als Nominalisierungsverbgefüge bezeichnet (vgl. Seifert 2004: 69–70). Diesen Typ der Konstruktionen betrachten wir nicht als SVG. Bei der Festlegung der Typen der SVG übernehmen wir die Darstellung und die Ausführungen von Didakowski & Radtke (2018: 125–127).

[9] Die Beispielbelege stammen aus den Korpora des DWDS (siehe dazu Kapitel 4.1). Die SVG (das jeweilige SV und das jeweilige PN mit der ggf. dazugehörigen Präposition) haben wir in den jeweiligen Belegen kursiv hervorgehoben; die dabei vorliegende Rechtschreibung haben wir beibehalten.

(2)   Wenn wir eine Aktion beendet hatten, *brachten* wir gewöhnlich die Geretteten *in Sicherheit* und flogen schnell wieder weg.
(Moers, Walter (1999): *Die 13 1/2 Leben des Käpt'n Blaubär*. Frankfurt am Main: Eichborn, 104)

1b.
Das PN des jeweiligen SVG ist ein Abstraktum, das unikal oder synchron als Nomen actionis wie in *auf den Markt bringen* nicht bzw. schwierig zu analysieren ist. Es liegt eine übertragene Bedeutung wie in *ins Rollen bringen* vor oder es handelt sich dabei um ein Fremdlexem wie hier *Konflikt* in *in Konflikt bringen*.

(3)   Und Lego hat Erwachsene auch schon länger als Zielgruppe entdeckt und *bringt* daher auch immer wieder schöne Sets für Sammler wie mich *auf* den *Markt*.
(http://www.spitzohr.de/2013/05/22/geburtstag/ 22.05.2013)
(4)   Eine andere Phase *brachten* die wissenschaftlichen Kuratoren der zwei Berliner Tiergärten *ins Rollen*.
(Der Tagesspiegel, 03.04.2005)
(5)   Sie fragte uns nicht, was wir erlauscht hätten; darum schwiegen auch wir darüber, um sie nicht mit sich selbst und ihren Stammespflichten *in Konflikt* zu *bringen*.
(May, Karl (1993 [1910]): *Winnetou IV*. Berlin: Neues Leben, 267)

1c.
Das PN des jeweiligen SVG ist wie bei 1b. ein Abstraktum, das jedoch mit der dazugehörigen Präposition wie in *zustande bringen* verschmolzen ist. Die jeweilige Konstruktion kann ausschließlich diachron analysiert werden.

(6)   Doch er *brachte* keine kontrollierte Bewegung *zustande*.
(Düffel, John von (2004): *Houwelandt*. Köln: DuMont Literatur und Kunst Verlag, 13)

2.2 SVG mit einem PN im Akkusativ (Typ 2)

2a.
Das PN des jeweiligen SVG ist ein Abstraktum (Nomen actionis), das entweder deverbal wie in *Verwendung finden* (als Basisverb *verwenden*) und wie in *Entscheidung treffen* (als Basisverb *entscheiden*) oder deadjektivisch wie hier *gerecht*

in *Gerechtigkeit üben* gebildet ist. Das jeweilige SVG kann leicht paraphrasiert werden.

(7) Das kommt oft vor, und oft *findet* dieser Satz *Verwendung*, wenn Mann und Frau miteinander sprechen.
(Braun, Marcus (2003): *Hochzeitsvorbereitungen*, Berlin: Berlin Verlag, 135)

(8) Es geschieht also etwas in unserem Hirn, lange bevor wir eine *Entscheidung* bewusst *treffen*.
(Zeit Magazin, Nr.44, 26.10.2017)

(9) Ich habe bei Übernahme meines Amtes zugesagt, meine Pflichten gewissenhaft zu erfüllen und *Gerechtigkeit* gegen jedermann zu *üben*.
(Die Zeit, 15.12.2011 [online])

2b.
Das PN des jeweiligen SVG ist ein Abstraktum, das unikal oder synchron als Nomen actionis wie in *Maßnahmen treffen* nicht bzw. schwierig zu analysieren ist. Es liegt eine übertragene Bedeutung wie in *Widerhall finden* vor oder es handelt sich dabei um ein Fremdlexem wie hier *Revanche* in *Revanche üben*.

(10) Bei kleineren Störungen kann man vielleicht partiell noch *Maßnahmen treffen*.
(http://blog.greenpeace.de/blog/2011/03/22/was-ist-radioaktive-strahlung-und-wie-wirkt-sie/ 22.03.2011)

(11) Auch in den anderen Zeitungen *fand* die deutsche Diskussion kaum *Widerhall*.
(Die Zeit, 05.01.2015 [online])

(12) Der hatte ihn beim Lauf blamiert, nun war es an ihm, *Revanche* zu *üben*.
(Berliner Zeitung, 17.02.2001)

3 Stützverbgefüge und ihre Verwendung mit Adjektiven

Schaut man sich die Verwendung der SVG im Textzusammenhang an, stellt man fest, dass in einem Satz, in dem ein SVG vorkommt, nicht selten ein oder mehrere Adjektive vorhanden sind, die mit dem jeweiligen SVG in Beziehung stehen. Dabei können die Adjektive adverbial verwendet werden, wie z. B. in (13) das adverbial verwendete Adjektiv *scharf* bei *Kritik üben*. Oder sie können attributiv an das jeweilige PN angeschlossen werden, wie z. B. bei *Kritik üben* in (14) das Adjektivattribut *scharfe*.

(13)   Vom volkswirtschaftlichen Standpunkt aus lässt sich dagegen natürlich ***scharf*** *Kritik üben*.
       (Pariser Tageblatt, 09.02.1935)[10]
(14)   Sie *übt* eine ***scharfe*** *Kritik* am gegenwärtigen politischen Leben.
       (Berliner Tageblatt (Morgen-Ausgabe), 05.03.1907)

Die an das jeweilige PN eines SVG angeschlossenen Adjektivattribute ziehen besondere Aufmerksamkeit auf sich. Die zwischen freien Konstruktionen und Idiomen[11] platzierten SVG weisen im Vergleich mit freien Konstruktionen morphosyntaktische Restriktionen auf und sind im Vergleich mit Idiomen morphosyntaktisch eher flexibel. Zu dieser Beschränkung oder Flexibilität der SVG zählt u. a. der Gebrauch eines an das PN des SVG angeschlossenen Adjektivattributs.[12] Ob ein SVG morphosyntaktisch flexibel ist und somit durch ein Adjektivattribut näher charakterisiert werden kann, hängt davon ab, inwieweit das SVG als Verbindung lexikalisiert bzw. idiomatisiert ist. In Bezug auf die Vermittlung der SVG im DaF-Unterricht ist es wichtig, zu wissen, ob ein SVG durch ein Adjektivattribut näher bestimmt werden kann oder ob das Anschließen eines Adjektivattributs nicht möglich ist. Wird ein SVG durch Adjektivattribute modifiziert, ist es im Weiteren ebenfalls relevant, festzuhalten, ob die jeweiligen PN kollokative Präferenzen für bestimmte Adjektive aufweisen oder nicht.[13] Kommt ein

---

10 In den folgenden Beispielbelegen wurden die mit SVG verwendeten Adjektive von uns kursiv und fett hervorgehoben.
11 Zu den Beispielen als freie Konstruktionen und Idiome siehe Kapitel 2.
12 Ebenfalls zur morphosyntaktischen Beschränkung oder Flexibilität der SVG gehören u. a. der Gebrauch der PN in Singular und Plural, der Artikelgebrauch, der Gebrauch weiterer Pronomina und der Negation mit *kein* bei PN sowie der Gebrauch der an PN angeschlossenen weiteren Attribute (der Genitivattribute, der Präpositionalattribute und der attributiven Relativsätze); siehe dazu u. a. Helbig & Buscha (2001: 87–92) sowie Storrer (2006a: 152–153) und Storrer (2007:167–168).
13 Storrer (2006b) stellt bereits in ihren Fallstudien zum Status der nominalen Komponente der Konstruktionen fest, dass z. B. die nominale Komponente der Verbindung *in Kontakt treten* kollokative Präferenz zum Adjektiv *direkt* und die nominale Komponente der Verbindung *Kontakt halten* kollokative Präferenz zum Adjektiv *eng* haben (vgl. Storrer 2006b: 287).

SVG mit mehreren verschiedenen Adjektiven vor, kann es im Rahmen einer stilkritischen Betrachtung interessant sein, zu hinterfragen, ob durch die Verwendung der SVG mit Adjektivattributen generell weitere bzw. neue Ausdrucksmöglichkeiten eröffnet werden. Des Weiteren kann hinterfragt werden, ob es ein Motiv dafür ist, SVG als Konstruktionen zu verwenden und diese nicht den einfachen Verben, die auch in ihrer Verwendung adverbial näher bestimmt werden können, gleichzusetzen und sogar diese zu bevorzugen.[14] SVG mit attributiv verwendeten Adjektiven können wie z. B. in (14) auf den ersten Blick unproblematisch durch ein einfaches Verb wie hier *kritisieren* und durch das dazugehörige Adjektiv in adverbialer Verwendung wie hier *scharf* in (14a) paraphrasiert werden.

(14a)   Sie *kritisiert* **scharf** das gegenwärtige politische Leben.[15]

Bei der Verwendung der SVG mit Adjektivattributen können die jeweiligen Adjektive gesteigert wie in (15), (16) und (17) sowie beliebig wie in (18) koordiniert werden. Die Paraphrasierung mit einem einfachen Verb und den dazugehörigen jeweiligen Adjektiven in adverbialer Verwendung wie in (15a), (16a), (17a) sowie wie in (18a) ist dabei oft möglich.

(15)   Bedenken erregt aber der Versuch, Kunstgeschichte und Wirtschaftsgeschichte *in so* **enge** *Verbindung* miteinander zu *bringen*.
        (*Jahresberichte für deutsche Geschichte* (1930), 284)
(15a)   Bedenken erregt aber der Versuch, Kunstgeschichte und Wirtschaftsgeschichte so **eng** miteinander zu *verbinden*.

---

14 Bereits Daniels (1963) weist bei seinem Ausblick auf syntaktische und stilistische Leistungen der nominalen Umschreibungen auf die Möglichkeit der näheren Bestimmung durch Adjektive hin (siehe Daniels 1963: 230–232). Helbig & Buscha (2001) führen ebenfalls unter semantischen und kommunikativen Leistungen der Konstruktionen die Möglichkeit der näheren Charakterisierung durch Adjektivattribute auf (vgl. Helbig & Buscha 2001: 93–94). Storrer (2013) vergleicht exemplarisch im Rahmen ihrer Studien zur Verwendung der Konstruktionen im Textzusammenhang das SVG *Entscheidung treffen* mit dem einfachen Verb *entscheiden* – die beiden Ausdrucksmöglichkeiten haben als Paarung keine unterschiedliche Bedeutung im Gegensatz zu solchen Paarungen wie z. B. das SVG *zum Rollen bringen* und das einfache Verb *rollen* – und diskutiert dabei u. a. die Möglichkeit der Erweiterung der Konstruktionen durch Adjektivattribute (vgl. Storrer 2013: 198–206).
15 In den umformulierten Beispielbelegen wurden von uns das jeweilige einfache Verb kursiv und das dazugehörige Adjektiv in adverbialer Verwendung kursiv und fett hervorgehoben.

(16)   Dagegen glaube ich, daß es wohl möglich sein wird, diese Organisationen mit den Handelskammern *in **engere** Verbindung* zu *bringen*.
        (Berliner Tageblatt (Morgen-Ausgabe), 01.03.1907)
(16a)   Dagegen glaube ich, daß es wohl möglich sein wird, diese Organisationen **enger** mit den Handelskammern zu *verbinden*.
(17)   Nachdem ich derjenige war, der die ganze Sache ans Tageslicht gebracht hat, *bringen* Sie mich *in* die **engste** *Verbindung* damit.
        (Reichspost, Nr. 18. Wien, 22.01.1901)
(17a)   Nachdem ich derjenige war, der die ganze Sache ans Tageslicht gebracht hat, *verbinden* Sie mich damit **am engsten**.
(18)   Er hatte an Lassalle eine **scharfe** und manchmal **boshafte** *Kritik geübt*.
        (Blos, Wilhelm (2004 [1914]): Denkwürdigkeiten eines Sozialdemokraten Band 1. In Oliver Simons (Hrsg.), *Deutsche Autobiographien 1690–1930*, Berlin: Directmedia Publ., 9516)
(18a)   Er hatte Lassalle **scharf** und manchmal **boshaft** *kritisiert*.

Nicht selten ist aber der Fall, dass sich eine Paraphrasierung nicht unproblematisch gestaltet. Wird ein mit einem PN attributiv verwendetes Adjektiv durch ein SVG bzw. durch ein entsprechendes einfaches Verb mit einem adverbial verwendeten Adjektiv ersetzt, wird eine Bedeutungsverschiebung erkennbar.[16] Um solche semantische Verschiebungen festzuhalten, orientieren wir uns an den Ausführungen von Ernst (1980) und unterscheiden bei der Verwendung der SVG mit Adjektiven zwischen einer externen wie in (14) und (15) und einer internen Adjektivmodifikation wie in (19) und (20).[17]

---

16 Storrer (2006a) und Storrer (2007) demonstriert beim Ersetzen der Konstruktion *einen tschechischen Unterricht erteilen* durch das Verb *unterrichten* mit *tschechisch* als Adverbiale die entstehenden Bedeutungsunterschiede: Aus den jeweiligen Beispielen wird deutlich, dass einerseits der Unterrichtsgegenstand und andererseits die Unterrichtsprache gemeint sind (siehe Storrer 2006a: 170 und Storrer 2007: 176).
17 Ernst (1980) unterscheidet insgesamt drei Typen der Modifikation: external, internal und conjunction modification. In Bezug auf die SVG schließen wir den letzten Typ der Modifikation aus. Die Modifikation dieses Typs ist dem zweiten Typ der Modifikation ähnlich und verbindet zusätzlich die idiomatische und wörtliche Bedeutung. Die Typen der Modifikation nach Ernst (1980) sind von den in der Phraseologieforschung gemeinten Typen der Modifikation wie nach Burger (2007: 160–170) zu unterscheiden.

(19) Sie sah ihm ganz danach aus, als ob sie an seinen Werken nicht nur kein Gefallen finden würde, sondern sich auch nicht genieren würde, **ungeschminkte** Kritik daran zu üben.
(Duncker, Dora (2001 [1900]): Großstadt. In *Deutsche Literatur von Frauen*. Berlin: Directmedia Publ., 17609)

(20) Das Gutachten unterstreicht, daß die beiden Kernprobleme der deutschen Wirtschaft, die Sicherstellung der Ernährung und die Wiederbelebung der Produktion, nur lösbar seien, wenn Deutschland aus dem gegenwärtigen Stadium der Abgeschlossenheit wieder *in eine* **lebendige** **Verbindung** *mit der Wirtschaft anderer Nationen gebracht* werde.
(o. A. (2000 [1986]): 1946. In Manfred Overresch & Friedrich Wilhelm Saal (Hrsg.), *Deutsche Geschichte von Tag zu Tag 1918–1949*, Berlin: Directmedia Publ., 14078)

Bei einer externen Modifikation modifizieren die Adjektivattribute die gesamte Konstruktion – das gesamte Geschehen. Die Paraphrasierung durch ein adverbial verwendetes Adjektiv ist dabei mit keinem semantischen Unterschied wie in (14a) und (15a) verbunden.

Bei einer internen Modifikation modifizieren die Adjektivattribute nur eine Komponente der gesamten Konstruktion – die nähere Charakterisierung bezieht sich ausschließlich auf das jeweilige PN. Die Paraphrasierung durch ein adverbial verwendetes Adjektiv ist dabei mit einem semantischen Unterschied wie in (19a) und (20a) verbunden.

(19a) Sie sah ihm ganz danach aus, als ob sie an seinen Werken nicht nur kein Gefallen finden würde, sondern sich auch nicht genieren würde, **ungeschminkt** daran *Kritik* zu *üben*.
bzw. [...] **ungeschminkt** daran zu *kritisieren*.

(20a) [...] wenn Deutschland aus dem gegenwärtigen Stadium der Abgeschlossenheit wieder **lebendig** *in* eine *Verbindung* mit der Wirtschaft anderer Nationen *gebracht* werde.
bzw. [...] **lebendig** mit der Wirtschaft anderer Nationen *verbunden* werde.

Die Beispielbelege (19) und (20) motivieren die Verwendung der SVG exemplarisch und befürworten deutlich ihre Verwendung im Rahmen einer stilkritischen Betrachtung.

4 DWDS-Wortprofil und die zugrunde liegenden Textkorpora

Das DWDS-Wortprofil ist Teil des Wortauskunftssystems des Digitalen Wörterbuches der Deutschen Sprache (DWDS)[18] und ermöglicht die Abfrage von statistisch signifikanten Kookkurrenzen innerhalb unterschiedlicher grammatischer Relationen. Beispiele für solche typischen Verbindungen sind Attribut-Nomen-Verbindungen innerhalb der Adjektivattributrelation wie *schöne Bescherung* oder *scharfe Kritik*, Verb-Nomen-Verbindungen innerhalb der Akkusativ-/Dativobjektrelation wie *Flasche entkorken* oder *Kritik üben* oder Verb-Nomen-Verbindungen innerhalb einer Präpositionalgruppenanbindung wie *auf dem Tisch stehen* oder *in Verbindung bringen*.

Bei einer Wortprofil-Abfrage wird stets von einem Abfragelemma ausgegangen. Zu diesem werden die statistisch signifikanten Kookkurrenzpartner für jede syntaktische Relation separat in Tabellenform angezeigt. Diese bilden zusammen mit dem Abfragelemma eine Menge von typischen Verbindungen. Für die Kookkurrenzpartner wird hierbei die Wortform angezeigt, die in den Korpora in der entsprechenden grammatischen Relation am häufigsten auftritt. Für jede grammatische Relation sind die typischen Verbindungen neben der reinen Frequenz auch nach dem statistischen logDice-Maß bewertet, das auf dem Dice-Koeffizienten (siehe dazu Rychlý 2008) basiert. Dieses Assoziationsmaß wird für die Modellierung der Verbindungsstärke der Kookkurrenzen herangezogen, wobei hohe Werte starke statistische Signifikanz anzeigen. Innerhalb der Tabellen können die Kookkurrenzpartner nach diesem Assoziationsmaß sortiert werden. In Abbildung 1 ist ein Beispiel für eine Wortprofil-Tabelle gegeben, wobei die Präpositionalgruppenanbindungsrelation betrachtet und von dem Abfragelemma *bringen* ausgegangen wird. Über die Wortformen der Kookkurrenzpartner kann im Weiteren direkt auf die Texttreffer zugegriffen werden. Somit bleibt über die Verlinkungen die Recherchierbarkeit der Verbindungen gewahrt. Ein Beispiel für eine solche Verlinkung ist in Abbildung 2 für die typische Verbindung *zum Ausdruck bringen* gegeben. Bei den einzelnen Texttreffern werden auch stets die jeweiligen Metadaten aufgeführt.

---

18 Siehe Didakowski & Geyken (2013); nähere Informationen zum DWDS siehe unter www.dwds.de.

hat Präpositionalgruppe	logDice ↓
1. zum Ausdruck	9.4
2. auf Markt	8.9
3. auf Weg	8.8
4. in Verbindung	8.7
5. in Sicherheit	8.5
6. ins Spiel	8.1
7. an Börse	8.1
8. auf Punkt	8.0
9. ins Gespräch	8.0
10. ins Krankenhaus	7.9

Abb. 1: Ein Ausschnitt der Wortprofil-Tabelle für das Abfragelemma *bringen*

Berliner Zeitung, 09.02.2005
Das habe der Antrag nicht stark genug **zum Ausdruck gebracht**.
Berliner Zeitung, 30.08.2004
Jetzt darf man ihn aber nicht mehr **zum Ausdruck bringen**.
Berliner Zeitung, 28.02.2004
Ich bin sehr dafür und werde das auch so **zum Ausdruck bringen**.
Der Tagesspiegel, 24.12.2003
Dieses Vorhaben **brachte** er in allem, was er tat, **zum Ausdruck**.
Die Zeit, 27.12.2010 (online)
Es ist mein gutes Recht, Freude darüber **zum Ausdruck** zu **bringen**!

Abb. 2: Ein Ausschnitt der Texttreffer für die typische Verbindung *zum Ausdruck bringen*

4.1 Textkorpora

Für die Erstellung des DWDS-Wortprofils wurden die grammatischen Kookkurrenzen vollautomatisch auf Grundlage einer sehr großen Textbasis ermittelt. Diese beinhaltet für die aktuelle Version das DWDS-Kernkorpus, das DWDS-Blog-Korpus sowie verschiedene Zeitungen und umfasst etwa 2,7 Milliarden Token.

Das DWDS-Kernkorpus ist das Hauptreferenzkorpus des DWDS. Es ist ein nach Textsorten und zeitlich über das gesamte 20. Jahrhundert ausgewogenes Korpus im Umfang von etwas über 100 Millionen Token. Es besteht aus den vier

Textsortenbereichen *Belletristik*, *Zeitung*, *Wissenschaft* und *Gebrauchsliteratur*.[19] Das Korpus ist auf der DWDS-Projektseite größtenteils frei zugänglich.

Das DWDS-Blog-Korpus als Vertreter des Textsortenbereiches der internetbasierten Kommunikation enthält Beiträge und Kommentare, die auf Blogs veröffentlicht worden sind, und umfasst ca. 100 Millionen Token. Die Beiträge und Kommentare stammen aus den Jahren von ca. 2004 bis 2014.[20] Das Blog-Korpus ist auf der DWDS-Projektseite ebenfalls frei zugänglich.

Die Zeitungskorpora umfassen Texte größerer Zeitungen wie z. B. *Die ZEIT*, die *Welt*, *BILD*, *Süddeutsche Zeitung*, der *Tagesspiegel* oder die *Berliner Zeitung*, die entweder online oder im Print erschienen sind. Ein Teil aller Zeitungskorpora des DWDS sind ohne Anmeldung frei zugänglich, ein weiterer ist erst nach Anmeldung einsehbar und der dritte verbleibende ist ausschließlich in Auszügen indirekt über die Werkzeuge des DWDS wie z. B. über das DWDS-Wortprofil öffentlich verfügbar.

Allgemein ist die Zusammenstellung der Textbasis für unsere Untersuchungen ausreichend, stellt jedoch ein Kompromiss zwischen Ausgewogenheit und Größe dar. Wünschenswert wäre ein ausgewogenes Textkorpus als Grundlage, ähnlich zu dem DWDS-Kernkorpus, das den Textsortenbereich der internetbasierten Kommunikation mit einbezieht und im Größenbereich von über eine Milliarde Token liegt. Jedoch existiert ein solches Korpus in dieser Größenordnung für das Deutsche leider noch nicht.

4.2 Erstellung des DWDS-Wortprofils

Für die Erstellung des DWDS-Wortprofils ist die vollautomatische Extraktion von grammatischen Kookkurrenzen grundlegend. Für diese wird der robuste regelbasierte Parser *SynCoP* herangezogen (Syntactic Constraint Parser, siehe Didakowski 2008a und 2008b), der im Sinne von Grefenstette (1998) eine Approximierung einer vollständigen syntaktischen Satzanalyse ist. Der Parser basiert auf der TAGH-Morphologie (siehe Geyken & Hanneforth 2006), die eine hohe Abdeckung aufweist. Es werden also reiche morphosyntaktische Informationen beim Parsing einbezogen. Subkategorisierungsinformationen werden hingegen nicht berücksichtigt, da diese von der TAGH-Morphologie nicht unterstützt werden. Der Parser setzt voraus, dass die Korpora vorweg tokenisiert, in Sätze aufgespal-

---

19 Zum genauen Aufbau des DWDS-Kernkorpus siehe Geyken (2007).
20 Für weitere Details zur Erstellung des DWDS-Blog-Korpus siehe Barbaresi & Würzner (2014).

ten und mit Wortarten getaggt vorliegen. Sowohl das Tokenisieren und Aufspalten in Sätze als auch das Wortartentagging werden mithilfe des statistischen Werkzeugs *Moot* vollzogen (siehe dazu Jurish 2003 und Jurish & Würzner 2013). Der Parser stützt sich jedoch nicht vollständig auf die von dem Tagger zugewiesenen Wortarten. Dieses Vorgehen obliegt der Beobachtung, dass das Wortartentagging eine erhebliche Fehlerquelle in einer Verarbeitungskette sein kann (siehe Kilgarriff et al. 2004). Aufsetzend auf den Analysen, die der Parser zurückgibt, werden die grammatischen Kookkurrenzen extrahiert. Die syntaktische Analyse ist sozusagen das Rückgrat der Kookkurrenzextraktion. Des Weiteren wird über die extrahierten Kookkurrenzen eine Schwellwertberechnung durchgeführt, um einige unsichere Kookkurrenzen herauszufiltern. Dies ist notwendig, da der Parser manchmal systematische Fehler macht. Ausgehend von den extrahierten Kookkurrenzen kann für eine Menge an gewünschten grammatischen Relationen ein Wortprofil erstellt werden. Hierbei werden Satzdubletten nicht in die Wortprofilberechnung mit einbezogen. Letztlich wird eine Datenbank erstellt, die alle statistisch bewerteten Kookkurrenzen enthält, die einen bestimmten Frequenz- und Statistikschwellwert nicht unterschreiten. Solche Schwellwerte werden einbezogen, damit die Datenbank nicht zu groß wird. Über die aktuelle DWDS-Wortprofil-Version sind so auf der Basis von 140.000 Lemmaformen ca. 20 Millionen verschiedene typische Verbindungen abfragbar (siehe auch Geyken et al. 2017: 337–338).

4.3 DWDS-Wortprofil-Erweiterung: mehrstellige typische Verbindungen

Zur Unterstützung der lexikographischen Arbeit wird innerhalb des DWDS-Projektes eine Wortprofil-Erweiterung genutzt, die das Abfragen mehrstelliger typischer Verbindungen ermöglicht. Die mehrstelligen Verbindungen können sukzessive aus bereits erfragten Verbindungen ermittelt werden. Diese erweiterte Funktionalität ist analog zu den Multiword-Sketches innerhalb der Sketch Engine.[21] So können z. B. auf Grundlage einer konkreten Verb-Nomen-Verbindung in der Akkusativ-/Dativobjektrelation die Adjektivattribute ermittelt werden, die typischerweise mit dem Nomen innerhalb dieser Verbindung auftreten. In Abbildung 3 ist zu dem Abfragelemma *üben* eine Tabelle mit den Kookkurrenzpartnern in der Akkusativ-/Dativobjektrelation gegeben. Über das Superskript *MWE* des

---

21 Siehe Kilgarriff et al. (2012); nähere Informationen zur Sketch Engine siehe unter www.sketchengine.eu.

Kookkurrenzpartners *Kritik* können hier z. B. dreistellige Verbindungen über die Adjektivattributrelation erfragt werden. Die entsprechende Tabelle ist in Abbildung 4 gegeben. Die erhaltenen Adjektive beziehen sich dabei auf das Nomen *Kritik* innerhalb der typischen Verbindung *Kritik üben*. In dieser Tabelle kann z. B. die dreistellige typische Verbindung *scharfe Kritik üben* abgelesen werden, die hier die höchste statistische Signifikanz[22] aufweist.

hat Akk./Dativ-Objekt	logDice ↓
1. Kritik[MWE]	12.3
2. Zurückhaltung[MWE]	9.8
3. Selbstkritik[MWE]	9.6
4. Vergeltung[MWE]	8.8
5. Schulterschluß[MWE]	8.0
6. Solidarität[MWE]	8.0
7. Nachsicht[MWE]	7.5
8. Verzicht[MWE]	7.3
9. Verrat[MWE]	7.3
10. Umgang[MWE]	7.3

Abb. 3: Ein Ausschnitt der Tabelle für das Abfragelemma *üben* mit den entsprechenden Kookkurrenzpartnern in der Akkusativ-/Dativobjektrelation

Kritik hat Adjektivattribut	logDice ↓
1. scharf[MWE]	10.0
2. harsch[MWE]	9.3
3. heftig[MWE]	9.0
4. massiv[MWE]	7.4
5. deutlich[MWE]	7.1
6. herb	6.3
7. vernichtend	6.0
8. hart	5.7
9. konstruktiv	5.4
10. verhalten	5.4

Abb. 4: Ausschnitt der Tabelle für die Adjektivattribute zu dem Nomen *Kritik*

---

22 Ausführlich dazu siehe Kapitel 5.2.2.

Zu der oben beschriebenen Abfrageform wurde auch eine direkte Abfrage der mehrstelligen typischen Verbindungen, wie sie innerhalb der Sketch Engine z. B. für das Englische angeboten wird, implementiert. Bei dieser Abfrageform werden über eine Liste von Lemmaformen mehrstellige typische Verbindungen erfragt. Hierbei wird über die Lemmareihenfolge auf die grammatischen Abhängigkeiten der Lemmata untereinander innerhalb der Liste geschlossen. Mit der grundlegenden Verbstellung [Subjekt-Verb-Objekt] im Deutschen lässt sich beispielsweise die Lemma-Aneinanderreihung: *Mann, üben, Kritik* in eine entsprechende Wortprofilabfrage überführen, da klar ist, dass das Nomen *Mann* das Subjekt und das Nomen *Kritik* das Objekt bzw. das PN zum Prädikat *üben* ist. Abfolgesensitive Abfragen dieser Form sind jedoch sehr eingeschränkt und mitunter sehr unintuitiv, gerade bei einer Sprache mit relativ freier Wortstellung und reichhaltiger Morphologie wie das Deutsche. Daher ist diese Erweiterung nicht online verfügbar. Nichtsdestotrotz erwies sich diese Abfrageform für die systematische Ermittlung von Adjektivattributen zu gegebenen SVG als sehr hilfreich.

5 Studien zur Verwendung der deutschen Stützverbgefüge mit Adjektivattributen

Unsere Studien zur Verwendung der deutschen SVG mit Adjektivattributen unterteilen sich in zwei Abschnitte. Wir legten im ersten Abschnitt fest, welche SVG von uns analysiert werden, und ermittelten diese mithilfe des DWDS-Wortprofils. Im zweiten Abschnitt erhoben wir die Adjektivattribute zu den festgelegten und ermittelten SVG und schauten uns die vorgekommenen Adjektivattribute genauer an.

5.1 Festlegen und Ermitteln der zu untersuchenden Stützverbgefüge

Bei der Ermittlung der SVG entschieden wir uns zunächst für die vier Verben *bringen*, *finden*, *treffen* und *üben*. Wichtig war für uns dabei, dass die von uns ausgewählten Verben als SV verschiedenartig sind: So kommt das SV *bringen* mit einer nominalen Komponente als Präpositionalgruppe vor und bildet mit ihr u. a. ein kausatives[23] SVG wie z. B. *zum Ausdruck bringen* oder *in Verbindung bringen*. Das

---

23 Siehe dazu Seifert (2004: 73–80).

SV *finden* bildet dagegen mit einer nominalen Komponente im Akkusativ ein SVG mit passivischer Bedeutung[24] wie z. B. *Verwendung finden*. Die SV *treffen* und *üben* kommen ebenfalls mit einer nominalen Komponente im Akkusativ vor und bilden SVG wie z. B. *Entscheidung treffen* oder *Kritik üben*, bei denen sie als SV keinen eigenen Bedeutungsbeitrag[25] leisten.

Zur Ermittlung potenzieller SVG zu den von uns ausgewählten Verben nutzten wir das DWDS-Wortprofil (zum generellen Vorgehen bei der Ermittlung siehe Didakowski & Radtke 2014). Dabei wurden alle dem DWDS-Wortprofil zur Verfügung stehenden Korpora[26] in die Ermittlung der potenziellen SVG mit einbezogen. Die minimale Frequenz lag dabei auf fünf, die Anzahl der Verbindungen wurde auf Maximum 100 eingestellt und das logDice-Maß wurde für die Sortierung der Kookkurrenzpartner herangezogen.[27] Für das Verb *bringen* wählten wir die grammatische Relation der Präpositionalgruppenanbindung und für die Verben *finden*, *treffen* und *üben* die grammatische Relation des Akkusativ-/Dativobjekts.

Ausgehend von den ermittelten potenziellen SVG trafen wir die Entscheidung, ob es sich bei diesen um SVG oder um weitere Verb-Nomen-Verbindungen (freie Konstruktionen oder Idiome) handelt. Dabei nutzten wir die von uns festgelegten Typen der SVG[28] und stützten uns bei der Entscheidung auf die jeweiligen Texttreffer. Abgesehen von den klaren Fällen wie z. B. *zum Ausdruck bringen* oder *Kritik üben* mussten wir bei solchen Verb-Nomen-Verbindungen wie z. B. *Anwendung finden* oder *Lösung finden* entscheiden, ob wir diese als SVG für unsere Studien aufnehmen oder nicht. Knifflig sind diese Fälle aus dem Grund, weil solche Verb-Nomen-Verbindungen im Textzusammenhang sowohl SVG als auch freie Konstruktionen sein können. So kann das Verb *finden* mit der nominalen Komponente im Akkusativ wie hier *Anwendung* bzw. *Lösung* sowohl ein SVG wie in (21) und (22) als auch eine freie Konstruktion wie in (23) und (24) bilden.

---

24 Siehe dazu ebenfalls Seifert (2004: 91–96).
25 Unsere Wahl der zwei SV ohne Bedeutungsbeitrag war absichtlich, da genau die SVG mit solchen SV besonders häufig im Rahmen einer stilkritischen Betrachtung kritisiert werden und auf den ersten Blick insgesamt als Konstruktionen überflüssig erscheinen.
26 Siehe dazu Kapitel 4.1.
27 Siehe dazu Kapitel 4.
28 Siehe dazu Kapitel 2.

(21) Die Stiftwalze hat ihre erste *Anwendung* zum Hervorbringen automatischer Musik vermutlich im 14. Jh. *gefunden*.
(Quoika, Rudolf & Albert Protz (1960): Mechanische Musikinstrumente. In *Die Musik in Geschichte und Gegenwart* Band 8. Kassel: Bärenreiter, 49988)

(22) Bis dahin werden viele dieser Fragen eine *Lösung finden*, die nicht notwendigerweise die beste sein wird.
(o. A. (1945): Außenpolitik. Wirtschaft. Innenpolitik. WELTKRIEG II. Kriegsziele. [...]. In *Archiv der Gegenwart* 15, 375)

(23) Denn, wie selten *findet* man die bewußte *Anwendung* der suggestiven Möglichkeiten, die ich einleitend erwähnte.
(Teuber-Ost (1923): Die Reklame des kleinen Kaufmanns. In *V.D.R.-Handbuch der Reklame*. Berlin: Francken & Lang, 70)

(24) Lisa sucht und *findet* die *Lösung*.
(Dieckmann, Dorothea (1996): Es besser haben. In Die Zeit, 15.11.1996, Nr. 47, 58)

Bezüglich der Anzahl der zu untersuchenden SVG entschieden wir uns bei dem Verb *bringen* für die ersten 20 Verb-Nomen-Verbindungen, bei dem Verb *finden* für die ersten 15 und bei den Verben *treffen* und *üben* jeweils für die ersten 10 Verbindungen, die wir als SVG bestimmt haben.

Die Tabelle 1 zeigt exemplarisch das genaue Vorgehen an den 15 PN mit dem Verb *finden*. Diese wurden von uns als SVG bestimmt und weisen die höchste statistische Signifikanz auf. In der Tabelle sind sie nach dem logDice-Maß sortiert. Die entsprechenden Angaben zur Frequenz der einzelnen SVG sind ebenfalls dabei aufgeführt.

Tab. 1: PN zu dem SV *finden*

Nr.	Akkusativ-/Dativobjekt mit SV *finden*	logDice-Maß	Frequenz der SVG
1.	Ende	8,4	7.437
2.	Gefallen	7,7	4.372
3.	Zustimmung	7,7	4.432
4.	Ausdruck	7,7	4.261
5.	Beachtung	7,4	3.520
6.	Anklang	7,4	3.441
7.	Unterstützung	7,3	3.654
8.	Gehör	7,3	3.286

Nr.	Akkusativ-/Dativobjekt mit SV *finden*	logDice-Maß	Frequenz der SVG
9.	*Tod*	7,3	3.345
10.	*Verwendung*	7	2.685
11.	*Anwendung*	7	2.643
12.	*Anerkennung*	6,8	2.367
13.	*Niederschlag*	6,7	2.220
14.	*Echo*	6,7	2.141
15.	*Beifall*	6,6	2.070

Anzumerken ist dabei, dass die mit dem DWDS-Wortprofil ermittelten Angaben zur Frequenz der SVG mit Vorsicht zu betrachten sind. So ist davon auszugehen, dass z. B. bei der Frequenzberechnung zum SVG *Anwendung finden* mit 2.643 Texttreffern sowohl Verb-Nomen-Verbindungen als SVG wie in (21) als auch Verb-Nomen-Verbindungen als freie Konstruktionen wie in (23) Texttreffer gezählt wurden. Um die sogenannten blinden Frequenzen zu vermeiden, müssten also alle Texttreffer zu den jeweiligen SVG manuell überprüft werden, was mit einem immensen zeitlichen Aufwand verbunden ist.

Um die Entscheidung der Auswahl der zu untersuchenden SVG zu untermauern, schauten wir uns daher auf der Grundlage einer kleineren Textbasis alle Texttreffer zum SVG *Anwendung finden* sowie alle Texttreffer zum SVG *Lösung finden* an. Hierzu zogen wir ein kleineres DWDS-Wortprofil heran, das auf Basis des DWDS-Kernkorpus[29] erstellt wurde. Das SVG *Lösung finden* ist in der Tabelle 1 nicht aufgeführt. Wir schlossen es aufgrund der punktuell angeschauten Texttreffer von Anfang an aus unseren Studien aus, da wir dabei den Eindruck gewonnen haben, dass die Verb-Nomen-Verbindung *Lösung finden* überwiegend als freie Konstruktion vorkommt und somit ihr Aufnehmen als SVG zur weiteren automatischen Ermittlung der Adjektivattribute auf der Basis aller Treffer im Rahmen unserer Studien nicht sinnvoll ist.[30] Von insgesamt 503 mithilfe des kleineren DWDS-Wortprofils ermittelten Texttreffern zu der Verb-Nomen-Verbindung *Anwendung finden* bestimmten wir 496 Treffer als SVG, derer prozentualer Anteil 98,61% betrug. Somit hielten wir das Aufnehmen der Verbindung *Anwendung finden* als SVG in unsere Studien als berechtigt und die blinde Frequenzangabe für unsere Studien als ausreichend. Im Gegensatz dazu kam die Verb-Nomen-Verbindung *Lösung finden* von 453 Treffern nur in 63 Beispielbelegen als SVG vor.

---

29 Siehe dazu Kapitel 4.1.
30 Generell halten wir jedoch das Aufnehmen der Verb-Nomen-Verbindung *Lösung finden* als SVG für sinnvoll.

Aufgrund des eher niedrigen prozentualen Anteils von 13,91% war es ebenfalls aus unserer Sicht berechtigt, die Verbindung *Lösung finden* als SVG in unsere Studien nicht aufzunehmen und zu dieser anschließend keine Adjektivattribute zu ermitteln.

5.2 Ermitteln und Untersuchen der Adjektivattribute

Zur Ermittlung der Adjektivattribute zu den von uns festgelegten und ermittelten SVG nutzten wir das DWDS-Wortprofil und die Funktionalität der mehrstelligen typischen Verbindungen.[31] Dabei wurden alle dem DWDS-Wortprofil zur Verfügung stehenden Korpora[32] einbezogen. Bei der Ermittlung der Adjektivattribute legten wir eine Minimalfrequenz fest. Das bedeutet, dass ein Adjektivattribut nur dann berücksichtigt wird, wenn dieses mit einem SVG mindestens fünfmal vorgekommen ist. Diese Entscheidung trafen wir in Hinblick auf die Vermittlung der SVG im DaF-Unterricht und in Betracht ihrer stilkritischen Beschreibung in Schreib- und Stilratgebern, bei denen eher die häufigeren – charakteristischen – Verwendungen der SVG mit Adjektiven im Mittelpunkt stehen sollten.[33] Gesteigerte Adjektivattribute wie z. B. in (16) und (17) wurden in unseren Studien bei der Ermittlung der Adjektivattribute berücksichtigt, da das DWDS-Wortprofil auf Grundlage von Lemmaformen erstellt wird und dadurch gesteigerte und nicht gesteigerte Formen zusammengefasst werden. Auch koordinierte Adjektivattribute wie z. B. in (18) sind über das DWDS-Wortprofil bei der Ermittlung der Adjektivattribute in unsere Studien eingegangen.[34]

Zur Überprüfung der Verlässlichkeit des Vorgehens schauten wir uns ebenfalls exemplarisch auf der Grundlage einer kleineren Textbasis – auf der Basis

---

31 Zu mehrstelligen typischen Verbindungen siehe Kapitel 4.3.
32 Siehe ebenfalls dazu Kapitel 4.1.
33 Dabei war es uns bewusst, dass einzelne – mit Sicherheit interessante Verwendungen – wie z. B. *ungeschminkte Kritik üben* aufgrund des Vorhandenseins ausschließlich einzelner Beispielbelege in unsere Studien vermutlich keinen Eingang finden würden.
34 Es existieren andere Analysewerkzeuge, mit denen Mehrwortausdrücke untersucht werden können. Hier sei das Analysewerkzeug *lexpan* (Lexical Pattern Analyzer; nähere Informationen dazu siehe unter http://uwv.ids-mannheim.de/lexpan/) genannt. Dieses ermöglicht, die explorative Untersuchung von Mehrwortausdrücken innerhalb von KWIC-Zeilen anhand von Suchmustern in Form von regulären Ausdrücken. Das DWDS-Wortprofil besitzt jedoch den Vorteil, dass keine Suchmuster formuliert werden müssen und dass die statistischen mehrstelligen Kookkurrenzen bereits über eine große Korpusbasis berechnet sind.

des DWDS-Kernkorpus[35] – die mithilfe des DWDS-Wortprofils automatisch ermittelten Adjektivattribute zu der Verb-Nomen-Verbindung *Anwendung finden* an. Die Anzahl der automatisch ermittelten Adjektivattribute betrug 103 Treffer. Im Gegensatz dazu bestimmten wir manuell 94 Treffer als richtige Treffer mit Adjektivattributen innerhalb eines SVG, indem wir uns jeden Treffer auf das Vorhandensein der Adjektivattribute angeschaut haben. Die Differenz betrug 9 Treffer, wobei 4 davon den Treffern mit der Verbindung *Anwendung finden* als freie Konstruktionen zuzuordnen waren. Bei den 5 weiteren Treffern handelte es sich um eine fehlerhafte Kookkurrenzextraktion. Festzustellen waren dabei die Treffer mit den Zahlen wie z. B. in (25), die zwar vor dem jeweiligen PN stehen, sich jedoch auf dieses nicht beziehen, oder die Treffer wie z. B. in (26), bei denen kein Adjektivattribut vorhanden ist.

(25)   Er ist der Meinung, daß man von starken Morphinisten wohl sagen könne, daß auf sie der § 51 *Anwendung finden* müsse.
(Vossische Zeitung (Abend-Ausgabe), 06.03.1923)

(26)   Niemand wird Einspruch erheben, wenn das Gesetz in seiner Strenge *Anwendung findet*.
(Vossische Zeitung (Morgen-Ausgabe), 04.03.1931)

Aufgrund der insgesamt 91,26% mithilfe des DWDS-Wortprofils automatisch richtig ermittelten Adjektivattribute zu der Verb-Nomen-Verbindung *Anwendung finden* gingen wir in Bezug auf die Ermittlung der Adjektivattribute mithilfe des DWDS-Wortprofils im Rahmen unserer Studien von mehr als ausreichenden Ergebnissen aus und hielten das DWDS-Wortprofil für die Ermittlung der SVG mit Adjektiven generell für verlässlich.

5.2.1 Vorkommen der Stützverbgefüge mit Adjektivattributen

Die Tabellen 2 bis 5 zeigen die vier SV mit den dazugehörigen PN und stellen das mithilfe des DWDS-Wortprofils ermittelte Vorkommen der SVG mit und ohne Adjektivattribut im Überblick dar. Die einzelnen Tabellen sind primär nach dem prozentualen Anteil der SVG mit Adjektivattribut sortiert und zweitrangig nach der Frequenz der SVG.

---

[35] Siehe dazu Kapitel 4.1.

Tab. 2: SVG mit dem SV *bringen* mit Adjektivattribut

Nr.	Präpositionalgruppe mit SV *bringen*	Frequenz der SVG	Frequenz der SVG mit Adjektivattribut	prozentualer Anteil der SVG mit Adjektivattribut	Anzahl der verschiedenen Adjektivattribute
1.	in Bedrängnis	3.170	433	13,66%	13
2.	in Zusammenhang	3.121	206	6,60%	14
3.	in Gefahr	3.545	218	6,15%	9
4.	unter Kontrolle	7.036	138	1,96%	10
5.	in Ordnung	4.522	48	1,06%	6
6.	in Verbindung	10.475	75	0,72%	5
7.	zur Geltung	2.594	10	0,39%	1
8.	in Einklang	4.651	17	0,37%	2
9.	in Stellung	3.017	11	0,36%	1
10.	ins Gespräch	6.759	14	0,21%	2
11.	auf Markt	15.725	0	0,00%	0
12.	zum Ausdruck	15.623	0	0,00%	0
13.	in Sicherheit	11.365	0	0,00%	0
14.	in Führung	7.843	0	0,00%	0
15.	zu Fall	6.213	0	0,00%	0
16.	in Gang	4.947	0	0,00%	0
17.	ins Rollen	2.939	0	0,00%	0
18.	zur Sprache	2.749	0	0,00%	0
19.	zum Schweigen	2.491	0	0,00%	0
20.	in Schwung	2.430	0	0,00%	0

Tab. 3: SVG mit dem SV *finden* mit Adjektivattribut

Nr.	Akkusativ-/Dativobjekt mit SV *finden*	Frequenz der SVG	Frequenz der SVG mit Adjektivattribut	prozentualer Anteil der SVG mit Adjektivattribut	Anzahl der verschiedenen Adjektivattribute
1.	Echo	2.141	819	38,25%	32
2.	Ende	7.437	1.803	24,24%	47
3.	Anklang	3.441	794	23,07%	17
4.	Ausdruck	4.261	913	21,43%	62

Nr.	Akkusativ-/Dativobjekt mit SV *finden*	Frequenz der SVG	Frequenz der SVG mit Adjektivattribut	prozentualer Anteil der SVG mit Adjektivattribut	Anzahl der verschiedenen Adjektivattribute
5.	Beachtung	3.520	652	18,52%	24
6.	Anerkennung	2.367	435	18,38%	22
7.	Zustimmung	4.432	785	17,71%	25
8.	Unterstützung	3.654	613	16,78%	30
9.	Beifall	2.070	302	14,59%	13
10.	Anwendung	2.643	269	10,18%	19
11.	Verwendung	2.685	159	5,92%	12
12.	Niederschlag	2.220	116	5,23%	14
13.	Gefallen	4.372	161	3,68%	5
14.	Tod	3.345	56	1,67%	6
15.	Gehör	3.286	51	1,55%	7

Tab. 4: SVG mit dem SV *treffen* mit Adjektivattribut

Nr.	Akkusativ-/Dativobjekt mit SV *treffen*	Frequenz der SVG	Frequenz der SVG mit Adjektivattribut	prozentualer Anteil der SVG mit Adjektivattribut	Anzahl der verschiedenen Adjektivattribute
1.	Maßnahme	3.699	1.635	44,20%	62
2.	Entscheidung	33.472	10.371	30,98%	230
3.	Aussage	1.479	458	30,97%	31
4.	Wahl	2.537	711	28,03%	24
5.	Vorbereitung	2.328	567	24,36%	23
6.	Vorkehrung	2.248	470	20,91%	27
7.	Vereinbarung	2.857	565	19,78%	34
8.	Absprache	898	175	19,49%	15
9.	Auswahl	1.361	155	11,39%	13
10.	Vorsorge	1.961	135	6,88%	11

Tab. 5: SVG mit dem SV *üben* mit Adjektivattribut

Nr.	Akkusativ-/ Dativobjekt mit SV *üben*	Frequenz der SVG	Frequenz der SVG mit Adjektivattribut	prozentualer Anteil der SVG mit Adjektivattribut	Anzahl der verschiedenen Adjektivattribute
1.	*Kritik*	14.271	7.091	49,69%	43
2.	*Zurückhaltung*	825	136	16,48%	8
3.	*Solidarität*	263	20	7,60%	3
4.	*Selbstkritik*	632	7	1,11%	1
5.	*Vergeltung*	370	0	0,00%	0
6.	*Verzicht*	165	0	0,00%	0
7.	*Nachsicht*	148	0	0,00%	0
8.	*Gerechtigkeit*	135	0	0,00%	0
9.	*Verrat*	131	0	0,00%	0
10.	*Selbstjustiz*	113	0	0,00%	0

Zu allen SVG mit dem SV *finden* (insgesamt 15) und *treffen* (insgesamt 10) konnten Adjektivattribute ermittelt werden. Beim SV *bringen* hingegen konnten Adjektivattribute nur für 10 von 20 SVG und beim SV *üben* nur für 4 von 10 SVG erhoben werden.

Das Nicht-Vorhandensein der Adjektivattribute bei solchen SVG wie z. B. *zum Ausdruck bringen* oder *ins Rollen bringen* war aufgrund der vorliegenden Verschmelzung von der Präposition und dem bestimmten Artikel sowie aufgrund eines höheren Grades der Lexikalisiertheit zu erwarten und konnte durch die Ermittlung der Adjektivattribute in unseren Studien ausschließlich bestätigt werden. Bei solchen SVG wie z. B. *Verzicht üben* konnten in unseren Studien keine häufigen (mindestens fünfmal vorgekommen) Verwendungen des SVG mit Adjektivattributen festgestellt werden. Trotz dieses Ergebnisses darf jedoch hierbei nicht behauptet werden, dass das SVG *Verzicht üben* mit Adjektivattributen generell nicht verwendet wird. An dieser Stelle ist eine punktuelle Recherche über die Suchabfrage in Textkorpora des DWDS zu empfehlen. Diese ermöglicht, einzelne Texttreffer zum SVG *Verzicht üben* zu sichten und z. B. die Beispielbelege mit solchen Adjektivattributen wie *beruflich* in (27) oder *echt* in (28) zu erhalten.

(27) Die einen bleiben wegen der Kinder ganz oder teilweise zuhause und *üben* damit **beruflichen** *Verzicht*.
(Der Tagesspiegel, 05.10.2002)

(28)   Nieding fordert die Manager deshalb auf, **echten** Verzicht zu üben: „Angestellte Manager wie Ron Sommer tragen doch persönlich überhaupt kein Risiko", findet der Aktionärsschützer.
(Berliner Zeitung, 06.07.2002)

Insgesamt konnten wir in unseren Studien festhalten, dass die von uns ermittelten SVG unterschiedlich häufig mit Adjektivattributen verwendet werden. Die am häufigsten durch Adjektivattribute näher bestimmten SVG sind das SVG *in Bedrängnis bringen* (13,66%) bei dem SV *bringen*, das SVG *Echo finden* (38,25%) bei dem SV *finden*, das SVG *Maßnahme treffen* (44,20%) bei dem SV *treffen* und das SVG *Kritik üben* (49,69%) bei dem SV *üben*. Bei der grammatischen Beschreibung der SVG im DaF-Unterricht sollte demzufolge erkannt und aufgezeigt werden, dass es einerseits solche SVG gibt, die aufgrund ihrer Struktur und ihrer Semantik morphosyntaktisch eher beschränkt sind, und dass andererseits solche SVG vorhanden sind, die morphosyntaktische Flexibilität aufweisen, indem an ihre PN Adjektivattribute unterschiedlich häufig angeschlossen werden können.

5.2.2 Stützverbgefüge und ihre Verwendung mit verschiedenen Adjektivattributen

Neben dem Anteil der SVG mit Adjektivattribut ist ebenfalls aus den einzelnen Tabellen des vorherigen Kapitels die Anzahl der verschiedenen Adjektivattribute bei den jeweiligen SVG zu entnehmen. Die folgenden SVG weisen die meisten verschiedenen Adjektivattribute auf: das SVG *in Zusammenhang bringen* bei dem SV *bringen* mit 14 verschiedenen Adjektivattributen, das SVG *Ausdruck finden* bei dem SV *finden* mit 62 verschiedenen Adjektivattributen, das SVG *Entscheidung treffen* bei dem SV *treffen* mit 230 verschiedenen Adjektivattributen und das SVG *Kritik üben* bei dem SV *üben* mit 43 verschiedenen Adjektivattributen. In Bezug auf die stilistische Beschreibung der SVG ist dabei festzuhalten, dass je höher die Anzahl der verschiedenen Adjektivattribute bei einem SVG ist, desto vielfältiger ist die Verwendung des SVG.

Die einzelnen Adjektivattribute kommen ihrerseits unterschiedlich häufig vor. Die Tabelle 6 zeigt die ersten 10 am häufigsten vorgekommenen Adjektivattribute bei den SVG *in Zusammenhang bringen, Ausdruck finden, Entscheidung treffen* und *Kritik üben*.[36]

---

[36] Bei den SVG mit gleicher Frequenz der Adjektivattribute wurde alphabetisch sortiert.

Tab. 6: SVG mit verschiedenen Adjektivattributen

Nr.	SVG	Frequenz der SVG mit Adjektivattribut	Adjektivattribute	Frequenz der Adjektivattribute	prozentualer Anteil der Adjektivattribute
1.	in Zusammenhang bringen	240	1. direkt	51	21,25%
			2. neu	30	12,50%
			3. eng	22	9,17%
			4. ursächlich	16	6,67%
			5. groß	15	6,25%
			6. unmittelbar	15	6,25%
			7. sinnvoll	12	5,00%
			8. kausal	9	3,75%
			9. logisch	7	2,92%
			10. richtig	7	2,92%
2.	Ausdruck finden	913	1. sichtbar	88	9,64%
			2. deutlich	44	4,82%
			3. stark	40	4,38%
			4. angemessen	32	3,50%
			5. hoch	30	3,29%
			6. klar	26	2,85%
			7. sinnfällig	26	2,85%
			8. erst	25	2,74%
			9. eigen	23	2,52%
			10. politisch	22	2,41%
3.	Entscheidung treffen	10.371	1. richtig	1.419	13,68%
			2. endgültig	840	8,10%
			3. wichtig	659	6,35%
			4. falsch	393	3,79%
			5. politisch	378	3,64%
			6. eigen	343	3,31%
			7. gut	267	2,57%
			8. schwierig	256	2,47%
			9. notwendig	254	2,45%
			10. klar	247	2,38%

Nr.	SVG	Frequenz der SVG mit Adjektivattribut	Adjektivattribute	Frequenz der Adjektivattribute	prozentualer Anteil der Adjektivattribute
4.	Kritik üben	7.091	1. *scharf*	3.151	44,44%
			2. *heftig*	1.628	22,96%
			3. *massiv*	474	6,68%
			4. *deutlich*	469	6,61%
			5. *harsch*	426	6,01%
			6. *hart*	249	3,51%
			7. *offen*	66	0,93%
			8. *herb*	64	0,90%
			9. *schwer*	57	0,80%
			10. *grundsätzlich*	42	0,59%

Die kollokative Präferenz für bestimmte Adjektivattribute innerhalb der jeweiligen SVG ist dabei gut zu erkennen. So wird das SVG *in Zusammenhang bringen* mit dem Adjektivattribut *direkt* wie in (29) mit 21,25%, das SVG *Ausdruck finden* mit dem Adjektivattribut *sichtbar* wie in (30) mit 9,64%, das SVG *Entscheidung treffen* mit dem Adjektivattribut *richtig* wie in (31) mit 13,68% und das SVG *Kritik üben* mit dem Adjektivattribut *scharf* wie in (14) und (18) mit 44,44% am häufigsten verwendet.

(29) Doch wird es ihnen nie in den Sinn kommen, die geschichtlichen Erkenntnisse von gestern und vorgestern *in* einen **direkten** Zusammenhang zum politischen Heute und Morgen zu *bringen*.
(Die Zeit, Nr.29, 16.07.1965)

(30) Solange Karl V. lebt, *findet* das alles keinen **sichtbaren** *Ausdruck*.
(Elias, Norbert (1992 [1939]): *Über den Prozeß der Zivilisation – Soziogenetische und psychogenetische Untersuchungen* Band 2. Frankfurt am Main: Suhrkamp, 291)

(31) Und fügte nachdenklich hinzu: „Hoffentlich habe ich die **richtige** *Entscheidung getroffen.*"
(Die Zeit, Nr.40, 04.10.1963)

Diese kollokative Präferenz der PN für bestimmte Adjektive innerhalb der SVG sollte bei der Vermittlung der SVG im DaF-Unterricht ebenfalls thematisiert werden. So könnten die zu vermittelnden SVG im Rahmen einer grammatischen sowie stilistischen Beschreibung mit ihren bevorzugten Adjektivattributen aufgeführt werden. Solche Adjektivattribute wie z. B. *scharf* bei dem SVG *Kritik üben* könnten dabei sogar als besonders typische Adjektive angegeben und für die Lernenden zum „Sich-Merken" vorgeschlagen werden. Dass das Adjektiv *scharf* mit dem SVG *Kritik üben* überwiegend in attributiver und nicht in adverbialer Verwendung wie in (13) vorkommt und somit ein besonders geeignetes Beispiel für kollokative Präferenz für die Verwendung der Adjektivattribute mit dem SVG *Kritik üben* darstellt, bestätigt ebenfalls die Suche nach Beispielbelegen in frei recherchierbaren Textkorpora des DWDS[37]: Das Adjektiv *scharf* kommt mit dem SVG *Kritik üben* in adverbialer Verwendung wie in (13) nicht mehr als in 5 Beispielbelegen vor.

5.2.3 Externe und interne Adjektivmodifikation bei Stützverbgefügen

In Bezug auf externe und interne Adjektivmodifikation nahmen wir exemplarisch die Adjektivattribute bei dem SVG *Kritik üben* unter die Lupe, indem wir die einzelnen Texttreffer mit den jeweiligen Adjektivattributen (insgesamt 43 verschiedene Adjektive in 7.091 Texttreffern) auf die Paraphrasierbarkeit überprüft haben. Dabei ersetzten wir das jeweilige Adjektivattribut durch ein adverbial verwendetes Adjektiv bzw. wir ersetzten das ganze SVG durch das einfache Verb *kritisieren* mit dem dazugehörigen jeweiligen Adverbiale. Wir hielten fest, dass die vorliegende Paraphrasierung bei knapp der Hälfte der Adjektive jeweils mit einer Bedeutungsverschiebung verbunden war, wie es z. B. bei den Adjektiven *beißend, direkt, erst, gleich, groß, grundsätzlich, persönlich* und *schwer* wie in (32) und (33) der Fall ist.

(32)   Und niemand hat noch daran gedacht, an der psychologischen Vererbung die **gleiche** Kritik zu *üben*, die Locke an die angeborenen Ideen wenden mußte.
(Mauthner, Fritz (2000 [1910]): Wörterbuch der Philosophie. In Mathias Bertram (Hrsg.), *Geschichte der Philosophie*. Berlin: Directmedia Publ., 24913)

---

37 Zu den Textkorpora des DWDS siehe Kapitel 4.1.

(33)   Es steht mir nicht zu, **persönliche** *Kritik* zu *üben*.
       (Berliner Zeitung, 15.02.2003)

Auffallend war dabei einerseits, dass die am häufigsten vorgekommenen Adjektive wie z. B. *deutlich, harsch, hart, heftig, herb, massiv, offen* und *scharf* wie in (14), (34) und (35) eher extern modifiziert werden, was bei ca. 95% der Texttreffer der Fall ist.

(34)   Die Institute *üben* **deutliche** *Kritik* an der Euro-Krisenpolitik in Europa.
       (Die Zeit, 18.04.2012 [online])

(35)   **Massive** *Kritik* an „unverantwortllchen Einschränkungen" bei der SBahn seit dem Fahrplanwechsel hat der Berliner Fahrgastverband IGEB *geübt*.
       (Berliner Zeitung, 01.07.1994)[38]

Andererseits war die Anzahl der verschiedenen intern modifizierten Adjektivattribute so hoch, dass dies aus der stilkritischen Perspektive generell als klare Motivation für den aktiven Gebrauch der SVG zu betrachten ist.

6 Zusammenfassung

In unserem Beitrag beschäftigten wir uns mit SVG des Deutschen und wandten uns gezielt ihrer Verwendung mit Adjektivattributen zu, die sowohl für die Beschreibung der Konstruktionen im DaF-Unterricht als auch für ihre Betrachtung im Rahmen einer Stilkritik relevant und interessant ist.

Zentral war in unserem Beitrag das Aufzeigen der Möglichkeit der Ermittlung der SVG mit den dazugehörigen Adjektivattributen mithilfe des DWDS-Wortprofils. Das Ziel unseres Beitrags war hierbei, eine Vorgehensweise zum Zwecke der Beschreibung der Verwendung der SVG mit Adjektivattributen exemplarisch aufzuzeigen. Demzufolge verfolgten unsere Studien ausschließlich punktuelle Ergebnisse.

An dieser Stelle halten wir fest, dass das DWDS-Wortprofil als ein auf einer großen Textbasis basierendes Analysewerkzeug beim Untersuchen und Beschrei-

---

38 Die im Original vorfindliche Schreibung in „unverantwortllchen" wurde beibehalten.

ben der SVG eine enorme Hilfe leistet. Es ermöglicht, schnell und zuverlässig einen Überblick zu gewinnen, welche SVG es gibt, wie häufig diese vorkommen und ob ein SVG generell durch Adjektivattribute näher zu charakterisieren ist. Steht ein bestimmtes SVG und seine Verwendung mit Adjektivattributen im Weiteren im Mittelpunkt der Betrachtungen, ist es mithilfe des DWDS-Wortprofils ebenfalls möglich, die mit dem SVG konkret vorgekommenen Adjektive zu erheben, um sich anschließend z. B. mit der Vielfältigkeit der Adjektive bei dem SVG, mit der kollokativen Präferenz innerhalb des SVG für bestimmte Adjektive sowie mit der Ersetzbarkeit der Adjektivattribute zu beschäftigen. Ausschlaggebend und wichtig ist dabei auch, dass solche Untersuchungen auf authentischen Sprachdaten basieren und dass man sich bei der Beschreibung der Verwendung der SVG mit Adjektivattributen den authentischen Beispielbelegen bedient und diese anschließend für verfolgte Ziele nutzt.

Hervorzuheben ist hierbei, dass unsere Studien aufgrund der benötigten enormen Sprachdatenmenge ohne das DWDS-Wortprofil nicht zu realisieren gewesen wären.

Wünschenswert wäre aus unserer Sicht, dass das DWDS-Wortprofil nicht nur seitens der Sprachforschenden, sondern auch von DaF-Lehrenden sowie von Stilkritikerinnen und Stilkritikern zur Unterstützung bei der Vermittlung bzw. bei der Beschreibung der deutschen Sprache als Analysewerkzeug herangezogen würde, wobei diese Zielgruppen mit Sicherheit davon enorm profitieren würden.

Literatur

Barbaresi, Adrien & Kay-Michael Würzner (2014): For a fistful of blogs: Discovery and comparative benchmarking of republishable German content. In Michael Beißwenger & Torsten Zesch (Hrsg.), *Proceedings of the KONVENS 2014 workshop on Natural Language Processing for Computer-Mediated Communication/Social Media (NLP4CMC)*, 2–10. Hildesheim: Hildesheim University Press.

Burger, Harald (2007): *Phraseologie. Eine Einführung am Beispiel des Deutschen*. Berlin: Erich Schmidt.

Daniels, Karlheinz (1963): *Substantivierungstendenzen in der deutschen Gegenwartssprache. Nominaler Ausbau des verbalen Denkkreises*. Düsseldorf: Schwann.

Didakowski, Jörg (2008a): SynCoP – Combining Syntactic Tagging with Chunking Using Weighted Finite State Transducers. In Thomas Hanneforth & Kay Michael Würzner (Hrsg.), *Finite-State Methods and Natural language Processing, 6th International Workshop, FSMNLP 2007, Potsdam, Germany, September 14–16, revised papers*, 107–118. Potsdam: Potsdam University Press.

Didakowski, Jörg (2008b): Local Syntactic Tagging of Large Corpora using Weighted Finite State Transducers. In Angelika Storrer, Alexander Geyken, Alexander Siebert, Kay-Michael Würzner (Hrsg.), *Text Resources and Lexical Knowledge – Selected Papers from the 9th*

Conference on Natural Language Processing KONVENS 2008. *Text, Translation, Computational Processing*, 65–78. Berlin, New York: De Gruyter Mouton.

Didakowski, Jörg & Alexander Geyken (2013): From DWDS corpora to a German Word Profile – methodological problems and solutions. In Abel, Andrea & Lothar Lemnitzer (Hrsg.), *Network Strategies, Access Structures and Automatic Extraction of Lexicographical Information. 2nd Work Report of the Academic Network "Internet Lexicography"*, 43–52. Mannheim: Institut für Deutsche Sprache.

Didakowski, Jörg & Nadja Radtke (2014): Nutzung des DWDS-Wortprofils beim Aufbau eines lexikalischen Informationssystems zu deutschen Stützverbgefügen. In Andrea Abel, Chiara Vettori & Natascia Ralli (Hrsg.), *Proceedings of the XVI EURALEX International Congress: The User in Focus. 15–19 July 2014*, 345–353. Bolzano, Bozen: EURAC research.

Didakowski, Jörg & Nadja Radtke (2018): Deutsche Stützverbgefüge in Referenz- und Spezialkorpora: Vergleichsstudien mit dem DWDS-Wortprofil. In Eric Fuß, Marek Konopka, Beata Trawiński & Ulrich H. Waßner (Hrsg.), *Grammar and Corpora 2016*, 121–144. Heidelberg: University Publishing.

DUDEN. Band 4. Die Grammatik (2016). Berlin: Dudenverlag.

Engelen, Bernhard (1968): Zum System der Funktionsverbgefüge. *Wirkendes Wort* 18, 289–303.

Ernst, Thomas (1980): Grist for the Linguistic Mill: Idioms and "Extra" Adjectives. *Journal of linguistic research* 1/3, 51–68.

Geyken, Alexander & Thomas Hanneforth (2006): TAGH: A Complete Morphology for German based on Weighted Finite State Automata. In Anssi Yli-Jyrä, Lauri Karttunen & Juhani Karhumäki (Hrsg.), *Finite State Methods and Natural Language Processing*. Lecture Notes in Computer Science, Band 4002, 55–66. Berlin, Heidelberg: Springer.

Geyken, Alexander (2007): The DWDS corpus: A reference corpus for the German language of the 20th century. In Christiane Fellbaum (Hrsg.), *Idioms and Collocations. Corpus-based Linguistic and Lexicographic Studies*, 23–41. London, New York: Continuum.

Geyken, Alexander, Adrien Barbaresi, Jörg Didakowski, Bryan Jurish, Frank Wiegand & Lothar Lemnitzer (2017): Die Korpusplattform des „Digitalen Wörterbuchs der deutschen Sprache" (DWDS). *Zeitschrift für germanistische Linguistik* 45 (2), 327–344.

Grefenstette, Gregory (1998): The Future of Linguistics and Lexicographers: Will there be Lexicographers in the year 3000? In Thierry Fontenelle, Philippe Hiligsmann, Archibald Michiels, André Moulin & Siegfried Theissen (Hrsg.), *Proceedings of the 8th EURALEX International Congress*, 25–41. Liège, Belgien.

Heine, Antje (2006): *Funktionsverbgefüge in System, Text und korpusbasierter (Lerner-) Lexikographie*. Frankfurt am Main: Peter Lang.

Helbig, Gerhard & Joachim Buscha (2001): *Deutsche Grammatik. Ein Handbuch für den Ausländerunterricht*. Berlin u. a.: Langenscheidt.

Heringer, Hans Jürgen (1988): *Lesen lehren lernen: Eine rezeptive Grammatik des Deutschen*. Tübingen: Niemeyer.

Heringer, Hans Jürgen (2001): *Lesen lehren lernen: Eine rezeptive Grammatik des Deutschen*. Tübingen: Niemeyer.

Hoffmann, Ludger (2016*): Deutsche Grammatik. Grundlagen für Lehrerausbildung, Schule, Deutsch als Zweitsprache und Deutsch als Fremdsprache*. Berlin: Erich Schmidt.

Jurish, Bryan (2003): *A hybrid approach to part-of-speech tagging*. Technischer Bericht, Projekt „Kollokationen im Wörterbuch". Berlin: Berlin-Brandenburgische Akademie der Wissenschaften.

Jurish, Bryan & Kay-Michael Würzner (2013): Word and Sentence Tokenization with Hidden Markov Models. *Journal for Language Technology and Computational Linguistics* 28(2), 61–83.

Langer, Stefan (2009): *Funktionsverbgefüge und automatische Sprachverarbeitung*. München: LINCOM.

Kamber, Alain (2008): *Funktionsverbgefüge – empirisch. Eine korpusbasierte Untersuchung zu den nominalen Prädikaten des Deutschen*. Tübingen: Niemeyer.

Kilgarriff, Adam, Pavel Rychlý, Pavel Smrz & David Tugwell (2004): The Sketch Engine. In *Proceedings of the 11th EURALEX International Congress*, 105–116. Lorient, Frankreich.

Kilgarriff, Adam, Pavel Rychlý, Vojtěch Kovář & Vit Baisa (2012): Finding multiwords of more than two words. In Ruth Vatvedt Fjeld & Julie Matilde Torjusen (Hrsg.), *Proceedings of the 15th EURALEX International Congress*, 693–700. Oslo, Norwegen.

Klein, Wolfgang (1968): Zur Kategorisierung der Funktionsverben. *Beiträge zur Linguistik und Informationsverarbeitung* 13, 7–37.

Rychlý, Pavel (2008): A lexicographer-friendly association score. In Petr Sojka & Aleš Horák (Hrsg.), *Proceedings of the Second Workshop on Recent Advances in Slavonic Natural Languages Processing*, 6–9. Brno: Masaryk Universität.

Seifert, Jan (2004): *Funktionsverbgefüge in der deutschen Gesetzessprache (18.–20. Jahrhundert)*. Hildesheim u. a.: Georg Olms.

Storrer, Angelika (2006a): Funktionen von Nominalisierungsverbgefügen im Text. Eine korpusbasierte Fallstudie. In Kristel Proost & Edeltraud Winkler (Hrsg.), *Von Intentionalität zur Bedeutung konventionalisierter Zeichen. Festschrift für Gisela Harras zum 65. Geburtstag*, 147–178. Tübingen: Gunter Narr.

Storrer, Angelika (2006b): Zum Status der nominalen Komponenten in Nominalisierungsverbgefügen. In Eva Breindl, Lutz Gunkel & Bruno Strecker (Hrsg.), *Grammatische Untersuchungen, Analysen und Reflexionen. Festschrift für Gisela Zifonun*, 275–295. Tübingen: Gunter Narr.

Storrer, Angelika (2007): Corpus-based investigations on German support verb constructions. In Christiane Fellbaum (Hrsg.), *Idioms and Collocations. Corpus-based Linguistic and Lexicographic Studies*, 164–187. London, New York: Continuum.

Storrer, Angelika (2013): Variation im deutschen Wortschatz am Beispiel der Streckverbgefüge. In *Reichtum und Armut der deutschen Sprache. Erster Bericht zur Lage der deutschen Sprache. Herausgegeben von der Deutschen Akademie für Sprache und Dichtung und der Union der deutschen Akademien der Wissenschaften*, 171–209. Berlin, Boston: De Gruyter.

Van Pottelberge, Jeroen (2001): *Verbonominale Konstruktionen, Funktionsverbgefüge. Vom Sinn und Unsinn eines Untersuchungsgegenstandes*. Heidelberg: Universitätsverlag C. Winter.

von Polenz, Peter (1963): Funktionsverben im heutigen Deutsch. Sprache in der rationalisierten Welt. Beihefte zur Zeitschrift „Wirkendes Wort" 5. Düsseldorf: Schwann.

von Polenz, Peter (1987): Funktionsverben, Funktionsverbgefüge und Verwandtes. Vorschläge zur satzsemantischen Lexikographie. Zeitschrift für germanistische Linguistik 15, 169–189.

Winhart, Heike (2005): *Funktionsverbgefüge im Deutschen. Zur Verbindung von Verben und Nominalisierungen*. http://www.dart-europe.eu/full.php?id=89649 (07. Juni 2019).

Zifonun, Gisela, Ludger Hoffmann, Bruno Strecker u. a. (1997): *Grammatik der deutschen Sprache*. 3 Bände. Berlin, New York: De Gruyter.

Lehrwerke, Stillehren, Ressourcen und Analysewerkzeuge

DWDS. *Das Wortauskunftssystem zur deutschen Sprache in Geschichte und Gegenwart.* http://www.dwds.de (07. Juni 2019).

Koithan, Ute, Helen Schmitz, Tanja Sieber & Rolf Sonntag (2017a): *Aspekte I neu. Mittelstufe Deutsch. Arbeitsbuch mit Audio-CD. C1.* Stuttgart: Ernst Klett Sprachen.

Koithan, Ute, Helen Schmitz, Tanja Sieber & Rolf Sonntag (2017b): *Aspekte I neu. Mittelstufe Deutsch. Lehrbuch. C1.* Stuttgart: Ernst Klett Sprachen.

lexpan – *Lexical Pattern Analyzer.* http://uwv.ids-mannheim.de/lexpan/ (07. Juni 2019).

Sanders, Willy (2009): *Gutes Deutsch – besseres Deutsch. Praktische Stillehre der deutschen Gegenwartssprache.* Darmstadt: Wissenschaftliche Buchgesellschaft.

Sketch Engine. http://www.sketchengine.eu (07. Juni 2019).

Teil III: **Neue Wege für die Lexikographie und die interlinguale Analyse**

Fabio Mollica
Funktionsverbgefüge in ein- und zweisprachigen Wörterbüchern (für das Sprachenpaar Deutsch-Italienisch) aus der Perspektive der DaF-Benutzer

1 Einleitung

In der Fremdsprachendidaktik werden phraseologische Kenntnisse im weiteren Sinne als sehr wichtig für eine erfolgreiche Kommunikation erachtet, denn erst sie ermöglichen eine natürliche und spontane Interaktion innerhalb einer Sprachgemeinschaft (vgl. u. a. Aguado 2002: 43; Boers & Lindstromberg 2008: 7; Hallsteinsdóttir 2011: 4).[1] Insbesondere Kollokationen und Funktionsverbgefügen [FVG] (die als Untergruppe der Kollokationen betrachtet werden können, s. Abschnitt 2) kommt diesbezüglich innerhalb der Phraseologismen ein höherer Stellenwert zu. Wie Steyer (2000: 104) bemerkt, sind Kollokationskenntnisse unverzichtbar, weil Fremdsprachenlernende ohne kollokationelles Wissen häufig nicht im Stande wären, ihre Gedanken auszudrücken. Denn wie Hausmann (1984) im Titel seines mittlerweile sehr bekannten Aufsatzes sagt: „Wortschatzlernen ist Kollokationslernen". FVG üben in Fachsprachen und den damit verbundenen Kommunikationsgebieten eine wichtige Funktion aus. In vielen Bereichen (wie in akademischen, amtssprachlichen oder technischen Textsorten) stellen sie z. T. nicht entbehrliche Elemente des Wortschatzes dar, die in der Fachkommunikation verwendet werden und beherrscht werden müssen. Es liegt

---

1 Die vorliegende Untersuchung ist Teil eines umfangreichen Projektes, dessen Ziel es ist, die Benutzerfreundlichkeit von Wörterbüchern im Hinblick auf Phraseologismen (vor allem Kollokationen bzw. Funktionsverbgefüge) auf den Prüfstand zu stellen. Im Folgenden werden daher die theoretischen Ausführungen von Mollica (2017), die den Ausgangspunkt der vorliegenden Beschreibung bilden, teilweise wiedergegeben, zusammengefasst und erweitert. Eine zusätzliche Bereicherung erfährt der vorliegende Beitrag durch eine Analyse der Registrierung von FVG in ein- und zweisprachigen Wörterbüchern und durch eine empirische Untersuchung. Ich möchte mich an dieser Stelle bei den zwei anonymen Gutachtern und bei den Herausgeberinnen für die Anregungen und Kommentare bedanken.

also auf der Hand, dass gerade Wörterbücher nicht muttersprachlichen Nutzern[2] bei der Suche nach der richtigen Kollokation bzw. dem zutreffenden Funktionsverbgefüge sowohl in Rezeptions- als auch in Produktionssituationen eine große Hilfe leisten bzw. leisten sollten. Im Folgenden werde ich anhand einer kleinen empirischen Studie die Registrierung von Funktionsverbgefügen (im weiteren Sinne) in einsprachigen deutschen und zweisprachigen deutsch-italienischen Wörterbüchern auf ihre Benutzerfreundlichkeit hin untersuchen, wobei die Perspektive der Benutzer immer im Vordergrund steht. Der Aufsatz ist wie folgt strukturiert: Im folgenden Abschnitt 2 wird in Anlehnung an Kamber (2006, 2008) die meiner Analyse zugrunde liegende Definition von FVG angegeben, während Abschnitt 3 der Wörterbuchbenutzungsforschung und der Relevanz dieses neuen Richtungszweiges für die Lexikographie gewidmet ist. Das Thema ist umso relevanter, wenn man bedenkt, dass Studien, die die Benutzerfreundlichkeit von Wörterbüchern bei der Registrierung phraseologischer Einheiten untersuchen, – bis auf wenige Ausnahmen – für das Sprachenpaar Deutsch-Italienisch noch ein Forschungsdesiderat darstellen. Im Abschnitt 4 wird die Erfassung der FVG in ein- und zweisprachigen Wörterbüchern thematisiert. Die empirische Untersuchung, die in einer Analyse der Ergebnisse von Hin- und Herübersetzungen durch italophone L2-Lernende des Deutschen besteht, wird in Abschnitt 5 präsentiert. Eine kurze Zusammenfassung und einen Überblick bietet Abschnitt 6.

2 Was sind Funktionsverbgefüge?

Der Terminus „Funktionsverbgefüge" wurde 1968 von Engelen geprägt. Bei FVG handelt es sich um Mehrwortverbindungen, die meistens aus einem an lexikalischer Bedeutung armen Verb und einem Substantiv bestehen.[3] Das Substantiv ist oft ein Abstraktum, das aus einem Verb (oder auch aus einem Adjektiv) nominalisiert (Nomen actionis) wurde und das Träger der lexikalischen Hauptbedeutung ist (Heine 2008: 11; Helbig 2006: 166; Kamber 2008: 10). Die Verben dienen inner-

---

[2] Im Interesse einer besseren Lesbarkeit wird nicht ausdrücklich hinsichtlich geschlechtsspezifischer Personenbezeichnungen differenziert. Die Form (Be-)Nutzer schließt die weibliche Form ein.
[3] Im Italienischen sind diejenigen Erscheinungen, die eine ähnliche Funktion wie die FVG des Deutschen ausüben, eher unter dem Terminus „costruzioni a verbo supporto" bekannt. Vgl. hierzu u. a. Elia, D'Agostino & Martinelli (1985) und für einen Vergleich mit dem Deutschen Cantarini (2004).

halb der FVG vor allem der Aktionsartdifferenzierung (*in Kontakt bleiben/bringen/setzen/stehen*).[4] Dem Substantiv kann eine Präposition mit oder ohne Artikel vorangehen (*eine Entscheidung treffen* vs. *in Bewegung bringen*). Bustos Plaza (2015) weist auf die wechselseitige Beziehung zwischen Verb und Substantiv hin, die gemeinsam die „verbale Komponente des Prädikats" bilden:

> Beide Komponenten bringen bestimmte Eigenschaften in das Gefüge ein. Das Verb ist bedeutungsarmer, besitzt aber die kategoriale verbale Bedeutung, die dem Substantiv fehlt, und kann deswegen [...] Kategorien wie Tempus, Person, Modus usw. durch seine Morphologie zum Ausdruck bringen. Das Substantiv trägt seinerseits die spezifischere Bedeutung bei, die dem Verb fehlt. (Bustos Plaza 2015: 267)

Laut Burger (2010: 54) stellen FVG eine besondere Klasse von (Substantiv-Verb-)Kollokationen dar.[5] Andere Linguisten plädieren hingegen dafür, die FVG von den Kollokationen getrennt zu halten (vgl. Heine 2006; Helbig 2006; Steyer 2000; Wotjak 1994; Wotjak & Heine 2005). Im Folgenden werden FVG in Anlehnung an Burger (2010) als eine besondere Klasse von Kollokationen betrachtet; denn wie Kollokationen bereiten sie Lernenden aufgrund ihrer idiosynkratischen und fixierten Natur gewisse Schwierigkeiten und spielen wegen ihrer Frequenz in der Sprache eine wesentliche Rolle – vor allem bei fortgeschrittenen Lernenden – in der Fremdsprachenerlernung und -didaktik. So müssen italophone DaF-Lernende z. B. wissen, dass im Deutschen *eine Frage gestellt* (und nicht *gemacht*) und *etwas in Betracht gezogen* (und nicht *genommen*) wird. FVG bestehen aus so-

---

4 Bei den Funktionsverben unterscheidet man hinsichtlich der Aktionsart vor allem zwischen kausativ (*in Bewegung bringen*), inchoativ (*in Bewegung kommen*) und durativ (*in Bewegung sein*). Zur Aktionsart bei FVG vgl. Heine (2008: 145–248). Einige der aktionsartbezeichnenden Verben können eine passivische Bedeutung implizieren, andere dagegen drücken lediglich Passivität (*Anerkennung finden*) aus (von Polenz 1987: 174–175).
5 Unter dem Terminus „Kollokation" werden hier in Anlehnung an Hausmann (1985: 118) „halbfertige Produkte der Sprache" verstanden; es handelt sich um idiosynkratische, nicht vorhersehbare, i. d. R. semantisch transparente Kombinationen von meist zwei autosemantischen Wörtern (*eine Pflanze setzen, den Tisch decken, trockenes Haar* usw.). Es scheint, dass es vor allem durch Sprachkontrast möglich wird, eindeutigere Kriterien heranzuziehen, um zu definieren, was aus sprachkontrastiver bzw. lexikographischer Sicht als Kollokation zu gelten hat (vgl. hierzu auch Helbig 2006: 170; Herbst & Klotz 2003: 138–139; Konecny 2012: 300–301; Schafroth 2011: 75). An dieser Stelle kann nicht auf die mittlerweile sehr umfangreiche Literatur zu Kollokationen eingegangen werden (vgl. u. a. Bergenholtz 2008; Hausmann 1984, 2004, 2007; im Vergleich mit dem Italienischen Konecny 2010, 2011, 2012).

genannten *Funktionsverben* (FV) in Verbindung mit einem Akkusativ- oder Präpositionalobjekt (*Kenntnis bekommen, zur Geltung kommen*)[6]. In der Literatur herrscht jedoch kein Konsens darüber, wie viele und welche FV existieren und wie FVG schlussendlich zu definieren sind (Kamber 2008: 10–13). Charakteristisch für die FV ist nach Eisenberg (2013: 305), dass sie „eine lokale bzw. direktionale Grundbedeutung" aufweisen, auch wenn sie innerhalb der Fügung in der Regel eine abgeleitete Lesart bekommen. Als häufigste FV kommen dem Autor zufolge *kommen, bringen, stehen, geraten, setzen, stellen, halten, nehmen* in Frage, wobei *kommen* und *bringen* am frequentesten sind (Eisenberg 2013: 306). Als Präpositionen kommen vor allem *in* und *zu* in Betracht, wobei sporadisch auch *an, auf, unter* und *außer* auftreten (Eisenberg 2013: 306–307). Eisenberg schreibt über die Präpositionalgruppe innerhalb des FVG:

> Beim Funktionsverbgefüge nun bindet sich die Präposition nicht ans Verb, sondern an das Nominal der PrGR [= Präpositionalgruppe; Anmerkung des Verfassers]. Die entstehende Einheit (**in Schwung**) ist enger als bei der üblichen PrGR mit ihrer Rektionsbindung, sie kann bis zur Lexikalisierung führen. Die PrGr insgesamt tritt dann in eine syntaktische (und semantische) Beziehung zum Verb und bildet das Funktionsverbgefüge. (Eisenberg 2013: 306; Fettschrift wie im Original)

Unter FVG wird jedoch gemäß einiger Klassifizierungen z. T. eine breite Klasse von Verbindungen subsumiert, die sich lediglich aus einem semantisch armen Verb + (Präposition +) Nomen (Konkretum oder Abstraktum)[7] zusammensetzen (von Polenz (1987) nennt sie „Nominalisierungsverbgefüge"), wie *von Interesse für jdn. sein, vor Augen kommen, zu Papier bringen* (vgl. Fabricius-Hansen 2006; Kamber 2008: 10–11; Storrer 2006), so dass FVG eine sehr heterogene Gruppe bilden (können) und sich daher jeglichen Versuchs einer genauen Definition und Klassifikation entziehen.

In Anlehnung an Kamber (2006 und 2008) halte ich es für sinnvoll, den weiten Bereich der FVG mithilfe des Prototypenkonzepts zu analysieren. Auf diese Weise kann man die umfangreiche Klasse der FVG als um ein prototypisches Zentrum herum organisierte Kategorie gemäß dem von Rosch & Mervis (1975) vorgeschlagenen Prototypenmodell betrachten. Demzufolge kann man von prototy-

---

[6] Einige Linguisten rechnen auch Strukturen mit einem Dativobjekt wie *einem Irrtum unterliegen* zu den FVG (vgl. Helbig 2006).
[7] Aufgrund der Schwierigkeit bei der Klärung der Ableitungsrichtung plädiert Kamber (2008: 26–28) dafür, nicht nur abgeleitete (deverbale und deadjektivische), sondern auch sonstige Substantive zu den möglichen Bestandteilen von FVG zu rechnen.

pischen und weniger prototypischen Vertretern der Klasse der FVG sprechen. Eisenberg (2013: 305) betrachtet die Verbindung *FV + Präpositionalobjekt* als den Kernbereich dieser Gruppe. Kamber (2006 und 2008) zieht vier Kriterien heran, die solche prototypischen FVG überhaupt charakterisieren sollen. Der Autor sieht im *semantisch armen Verb* die Haupteigenschaft, die diese Gruppe ausmacht, wobei er auch die folgenden drei weiteren Kriterien (in dieser Reihenfolge) nennt (Kamber 2006: 112–114, 2008: 20–28):
– Präsenz eines Verbalabstraktums,
– Präsenz eines Bewegungs- bzw. Zustandsverbs (*nehmen, geben, bringen, kommen, setzen, stellen, stehen* usw.),
– Präsenz einer Präpositionalphrase in der Fügung.

Nach Kamber ist *zum Ausdruck kommen* ein prototypisches Mitglied der Klasse, da es über alle vier genannten Eigenschaften verfügt. *Stellung nehmen, in Besitz haben, zur Welt kommen* stehen dem Prototyp zwar nah, erfüllen jedoch nicht alle Kriterien: *Stellung nehmen* enthält keine Präpositionalphrase, *in Besitz haben* enthält kein Bewegungs- oder Zustandsverb und das Substantiv in *zur Welt kommen* ist kein Verbalabstraktum. *Ordnung schaffen, in Angst halten* und *Platz nehmen* seien dagegen etwas peripherer, da sie lediglich über zwei der Kriterien verfügen. *Lust haben* nehme dagegen eine ziemlich periphere Stelle ein, da es nur das Hauptkriterium des semantisch schwachen Verbs erfüllt. In meiner Studie gehe ich von Kambers Definition von FVG aus (siehe Helbig 2006 für weitere Kriterien zur Unterscheidung von FVG und Kollokationen).

Die Grenzen zwischen FVG, Kollokationen und Idiomen sind jedoch als fließend zu betrachten (Burger 2015: 57), wie die folgenden Phraseologismen mit den Verben *sitzen* und *(sich) setzen* deutlich zeigen:

(a) Idiome (*sich etw. in den Kopf setzen, jdn. ins Bild setzen, an der Quelle sitzen*),
(b) Kollokationen (*im Gefängnis/in Haft sitzen, seine/die Hoffnung auf jdn. setzen, in jdn./etw. Vertrauen setzen*),
(c) FVG (*etw. in Beziehung setzen, etw. in Kraft setzen*).

Vor allem eine strikte Trennung zwischen FVG und Kollokationen ist nicht immer praktikabel und für die lexikographische Erfassung nicht unbedingt erforderlich (ist z. B. *im Gefängnis/in Haft sitzen* eine Kollokation oder ein FVG?), so dass „verbnominale (phraseologische) Verbindungen vielfach als ein Kontinuum betrachtet werden" (Heine 2006: 66) können, auf dessen Pole sich prototypische Kollokationen und prototypische FVG in Kambers (2006 und 2008) Sinne positionieren. An dieser Stelle kann auf die Abgrenzung von FVG von anderen phraseologischen Einheiten nicht näher eingegangen werden. Es sei hier auf die einschlägige Literatur verwiesen (u. a. Heine 2008; Kamber 2008; Van Pottelberge 2001).

Kollokationen und FVG haben gemeinsam, dass Lernende ihre idiosynkratischen Eigenschaften erkennen und einlernen müssen, um sie korrekt zu verwenden bzw. zu verstehen. Kollokationen sind i. d. R. semantisch durchsichtig, daher werden sie bei der Sprachrezeption meistens ohne große Mühe verstanden. Für die Sprachproduktion stellen sie dagegen eine große Hürde dar. Aufgrund ihrer unauffälligen Form und ihrer semantischen Transparenz erscheinen sie den Fremdsprachenlernenden als reguläre freie Wortverbindungen und werden folglich nicht auf Anhieb als feste Einheiten betrachtet und als solche memorisiert (Targońska 2014: 130–131). Eine gewisse Regularität weisen auch FVG auf, bei denen das Verb in vielen Fällen über eine ziemlich reguläre (überwiegend eine Aktionsart-kennzeichnende) Bedeutung verfügt, die auch zu Generalisierungen bzw. Reihenbildungen führen kann (z. B. *in Bewegung/Erfahrung/Schwierigkeiten/Verlegenheit bringen*); diese Musterhaftigkeit hat jedoch keine uneingeschränkte Gültigkeit (**in Betracht/Frage bringen*). Es existieren außerdem FVG, die einen idiomatischen Charakter aufweisen und die bereits bei der Rezeptionsphase Schwierigkeiten bereiten können (vgl. u. a. *in Abrede stellen, in Fluss bringen*). Aus interlingualer Sicht können weiterhin Probleme aus der fehlenden Symmetrie zwischen den Sprachen entstehen. Es lassen sich überwiegend folgende drei Fälle unterscheiden:

– Sprachen realisieren ein unterschiedliches Verb innerhalb äquivalenter FVG (dt. *in Betracht ziehen* – it. *prendere in considerazione*),
– das FVG existiert nur in der einen Sprache (dt. *zum Vorschein kommen* – it. *comparire, emergere, apparire*),
– die Verwendung der FVG unterscheiden sich im Register (dt. *eine Frage stellen* – it. *porre una domanda*)[8]

Dabei sollten Wörterbücher gerade nicht-muttersprachlichen Benutzern sowohl bei der Rezeption als auch bei der Produktion als wichtige Hilfestellung dienen. Ob dies auch tatsächlich der Fall ist, wird in den nächsten Abschnitten diskutiert.

---

8 Da im Italienischen *porre/rivolgere una domanda* ziemlich gehoben wirkt, wird vielmehr die Verbindung *fare una domanda* verwendet. Zu den generischen Tätigkeitsverben *machen* und *fare* aus kontrastiver Sicht vgl. Hans-Bianchi (2012).

3 Die Wörterbuchbenutzungsforschung

Die *Wörterbuchbenutzungsforschung* ist eine relativ junge Subdisziplin innerhalb der Wörterbuchforschung (Müller-Spitzer 2014: 113; Wiegand 1998: 259), deren Ziel die „Erarbeitung von wissenschaftlichen Voraussetzungen für eine erfolgreiche Wörterbuchbenutzung" (Wiegand 1998: 259) ist. In den Mittelpunkt der lexikographischen Forschung sind vor allem in den letzten Jahren immer mehr die Wörterbuchbenutzer, ihre Bedürfnisse, ihre Erwartungen, ihre Handlungen[9] und ihre Fähigkeiten im Umgang mit Wörterbüchern gerückt. Dies betrifft sowohl die Print- als auch die elektronische Lexikographie (vgl. u. a. Bergenholtz, Nielsen & Tarp 2009; Bielińska 2012; Domínguez Vázquez 2015; Domínguez Vázquez, Mirazo Balsa & Vidal Pérez 2013; Domínguez Vázquez & Valcárcel Riveiro 2015; Mollica 2017; Wolfer et al. 2018), wobei überwiegend Online-Wörterbücher im Vordergrund des Interesses der Wörterbuchbenutzungsforschung stehen (vgl. u. a. Domínguez Vázquez, Mollica & Nied Curcio 2014; Müller-Spitzer 2014; Tiberius & Müller-Spitzer 2015). Ziel ist es, neue Wörterbücher oder neue Auflagen bereits existierender Wörterbücher „benutzeradäquater" (Wiegand 1998: 259) für eine erfolgreiche Konsultation zu gestalten (Kuchenreuther 2015: 50). Die Ergebnisse der Wörterbuchbenutzungsforschung betreffen sowohl elektronische als auch Printwörterbücher, ein- und zweisprachige Werke.

Wiegand (1998: 303–567) unterscheidet verschiedene Benutzungshandlungen, wobei die Wörterbuchkonsultation die prototypische ist.[10] Dabei werden vom Wörterbuchbenutzer Suchanfragen durchgeführt, um bestimmte Informationen zu erhalten.[11] Es ist jedoch nicht einfach, „den Wörterbuchbenutzer" zu charakterisieren; Wiegand (1977: 59) bezeichnet ihn als „bekannte[n] Unbekannte[n]" (zit. nach Püschel 1989: 128), da man wisse, dass er existiert, aber seine Handlungen, Bedürfnisse und/oder Schwierigkeiten bei der Wörterbuchkonsultation weitgehend unbekannt seien. In der Literatur werden überwiegend Studien präsentiert, die das Verhalten von Fremdsprachenlernenden bei der Wörterbuchbenutzung analysieren (vgl. Wiegand 1998: 264–265, vgl. auch die oben angeführte Literatur). Diese Studien zeigen, dass Fremdsprachenlernende zweisprachige Wörterbücher überwiegend sowohl in Rezeptions- als auch Produktionssituationen benutzen (vgl. Aktins & Knowels 1990; Aktins & Varantola

---

9 Zur Wörterbuchbenutzung als Handlung vgl. Wiegand (1998: 262, 293–296).
10 Zu den usuellen und nicht usuellen Benutzungshandlungen vgl. Wiegand (1998: 303–567).
11 Eine Wörterbuchbenutzungshandlung liegt auch vor, wenn man das Werk nicht im Rahmen einer bestimmten Suchanfrage konsultiert, sondern lediglich aus Interesse darin liest (Wiegand 1998: 350).

1998), und dass einsprachige Wörterbücher von ihnen vor allem in Rezeptionssituationen konsultiert werden. Faktoren wie der Grad des Fortgeschrittenseins und der Wörterbuchbenutzungsfähigkeit der Lernenden spielen für die Wahl des Werkes (einsprachig vs. zweisprachig) ebenfalls eine Rolle (vgl. Engelberg & Lemnitzer 2008: 70; Laufer & Melamed 1997). Es ist sehr wichtig, das Verhalten, die Bedürfnisse, die Erwartungen der Fremdsprachlernenden als Wörterbuchbenutzer und schließlich auch ihre Handlungen und Fähigkeiten im Umgang mit Wörterbüchern zu analysieren (vgl. Domínguez Vázquez, Mollica & Nied Curcio 2014: 186–187). Wörterbücher werden schließlich überwiegend für sie hergestellt. Neuere Studien bestätigen, dass die Benutzer großteils elektronische und Online-Wörterbücher (vgl. Domínguez Vázquez, Mirazo Balsa & Vidal Pérez 2013; Domínguez Vázquez & Valcárcel Riveiro 2015; Müller-Spitzer & Koplenig 2014) sowie die Verwendung von Apps (vgl. Domínguez Vázquez & Valcárcel Riveiro 2015; Nied Curcio 2014, 2015) vorziehen.

Wörterbücher werden von Fremdsprachenlernenden nicht nur in Produktions- oder Rezeptionssituationen, sondern auch außerhalb von Kommunikationssituationen verwendet. Dies geschieht z. B., wenn Lernende in Wörterbüchern nachschlagen, um ihren Wortschatz in der Fremdsprache zu erweitern, Wörterbücher also als Lernhilfsmittel betrachten, oder wenn Dozenten sie bei der Fehlerkorrektur von Lerneraufgaben als Stütze benutzen. Nichtkommunikative Konsultationsanlässe sind auch solche, in denen der Benutzer nach Informationen zur Herkunft eines Lexems sucht (vgl. Püschel 1989: 129). Nach Wiegand (1998: 266) müsste die Wörterbuchbenutzungsforschung folgende Bereiche und somit auch die entsprechenden Benutzertypen berücksichtigen:
- Wörterbuchbenutzung durch Laien
- Wörterbuchbenutzung durch Wissenschaftler
- Wörterbuchbenutzung durch Lexikographen bei der Wörterbucharbeit
- Wörterbuchbenutzung bei der Wörterbuchkritik.

Zur Datenerhebung und -analyse werden überwiegend empirische Methoden und Verfahren der Sozialforschung angewandt (vgl. Engelberg & Lemnitzer 2008: 69–70, Müller-Spitzer 2014; Wiegand 1998: 263, 569–584): schriftliche oder mündliche Befragung, direkte Beobachtung, Wörterbuchbenutzungsprotokolle, Tests (einschließlich der Eyetracking-Methode), Auswertung von Laien- und Kritikurteilen, Anfragen an Sprachberatungsstellen.[12]

---

12 Kuchenreuther (2015: 51) bemerkt zu Recht, dass bei der Auswertung von Laien- und Kritikurteilen und bei den Anfragen an Sprachberatungsstellen „eine wissenschaftlich gesicherte

Im Vordergrund der vorliegenden Untersuchung stehen die Wörterbuchkritik und die Wörterbuchbenutzung durch italophone DaF-Lernende. Dabei wird untersucht, ob und auf welche Weise FVG in ein- und zweisprachigen (Deutsch-Italienisch-)Wörterbüchern erfasst werden. Zwar hat die Erfassung von FVG in einsprachigen (auch unter Berücksichtigung der Lernerlexikographie) und zweisprachigen Wörterbüchern das Interesse der Forscher geweckt (vgl. u. a. Bustos Plaza 2015; Kamber 2008; Heine 2002, 2003, 2005; Persson 1992; von Polenz 1987, 1989; Reuther 1983; Taborek 2018), aber nur wenige empirische Studien analysieren explizit die Benutzerfreundlichkeit der Registrierung von FVG in den Wörterbüchern aus der Sicht der Benutzer, wobei sich einige neuere Publikationen mit der Thematik der Wörterbuchbenutzung seitens italophoner DaF-Lernender befassen (vgl. u. a. Domínguez Vázquez, Mollica & Nied Curcio 2014; Flinz 2014; Giacoma 2011; Nied Curcio 2013, 2014, 2015, im Druck; Mollica 2017; Wolfer et al. 2018).

Um einerseits die Erfassung von FVG (im weitesten Sinne) in den Wörterbüchern auf den Prüfstand zu stellen und andererseits die Fähigkeiten von DaF-Studierenden im Umgang mit Wörterbüchern und deren Handlungen hervorzuheben, wurden zwei Tests mit 74 Bachelor- und Master-Studierenden durchgeführt. Aber bevor die Studie präsentiert wird (s. Abschnitt 5), soll zunächst noch auf die lexikographische Darstellung von FVG in ein- und zweisprachigen Wörterbüchern eingegangen werden.

4 FVG in ein- und zweisprachigen Wörterbüchern

Für die Registrierung der FVG in Wörterbüchern[13] lässt sich Ähnliches wie auch für Substantiv-Verb-Kollokationen feststellen.[14] Damit Wörterbücher bei der Suche nach einer kollokationellen Verbindung bzw. nach einem FVG tatsächlich hilfreich sind, spielen die Stelle, an der die gesuchte Mehrwortverbindung aufgenommen wird, und die Form, in der sie verzeichnet wird, eine wesentliche Rolle

---

Feststellung der Variablen" fehlt, da wir wenig über die Handlungssituation, die Probanden usw. wissen.

13 Im Folgenden werden bei der Darstellung der FVG und Kollokationen Abkürzungen und Kursivschrift sowie Kapitälchen verwendet, so wie sie in den jeweils analysierten Wörterbüchern verwendet sind, auch wenn dadurch graphische Unterschiede innerhalb des Beitrags entstehen. Für die Liste der verwendeten Wörterbücher vgl. das Literaturverzeichnis.

14 Die hier präsentierten Ausführungen über die Buchung von Kollokationen und FVG in den Wörterbüchern basieren auf Mollica (2017).

(vgl. Herbst & Klotz 2003: 84–88). Auch die genaue Angabe der Valenzeigenschaften ist von Relevanz. Für zweisprachige Wörterbücher kommt noch die Problematik der Äquivalenz hinzu. Daher werde ich im Folgenden auf diese Aspekte anhand einsprachiger Wörterbücher des Deutschen und zweisprachiger Wörterbücher (Deutsch–Italienisch) näher eingehen.[15] Weitere makro- und mikrostrukturelle Fragen wie die Definition, Auswahl und Abgrenzung der FVG von anderen phraseologischen Einheiten innerhalb eines Wörterbuches, deren Bedeutungs- und Registerangaben sowie die Darstellung möglicher Beispielsätze stehen nicht im Vordergrund meiner Analyse und werden daher im Folgenden nicht berücksichtigt.

4.1 Stelle im Wörterbuch: Substantiv vs. Verb

FVG haben – wie Kollokationen – vor allem in einsprachigen Wörterbüchern keinen festen Platz in der Mikrostruktur; sie sind häufig ohne metasprachliche Kommentare, ohne Angabe über ihre Verwendung und ohne Beispiele zu finden (u. a. Heine 2006: 89–140; Steyer 2008). Da bei der vorliegenden Untersuchung FVG als eine Subklasse der (Substantiv-Verb-) Kollokationen betrachtet werden (s. Abschnitt 2), macht es Sinn, auch bei diesen zwischen Kollokator und Basis zu unterscheiden[16]: Das Substantiv stellt die Basis, das Funktionsverb wiederum den Kollokator dar.

Aus einer kognitiven Perspektive, die vor allem den Bedürfnissen der Fremdsprachenlernenden Rechnung tragen will, müsste ein Produktionswörterbuch Kollokationen notwendigerweise unter der Basis aufnehmen, da anzunehmen ist, dass vor allem diese den (fremdsprachlichen) Wörterbuchbenutzern bekannt sein dürfte (vgl. Hausmann 1985: 119; Herbst & Klotz 2003: 84). M. E. müssten

---

15 Bei den hier zur Analyse herangezogenen Wörterbüchern handelt es sich um die auch von den Studierenden bei der Durchführung der Tests verwendeten ein- und zweisprachigen Werke (vgl. Abschnitt 5). Ebenfalls wird hier auf die lexikographische Erfassung der in beiden Tests vorhandenen FVG (im weiteren Sinne) eingegangen. Es muss außerdem angemerkt werden, dass im Folgenden Kollokationen- und Fachwörterbücher außer Acht gelassen werden, da sie i. d. R. eher von einem Fachpublikum und nicht von „durchschnittlichen" Wörterbuchbenutzern bzw. von DaF-Lernenden konsultiert werden.
16 Nach Hausmann (1985: 2007) bestehen Kollokationen aus einer Basis und einem Kollokator. Hausmann (2007: 218) definiert beide Termini wie folgt: „Die Basis ist ein Wort, das ohne Kontext definiert, gelernt und übersetzt werden kann [...]. Der Kollokator ist ein Wort, das beim Formulieren in Abhängigkeit von der Basis gewährt wird und das folglich nicht ohne die Basis definiert, gelernt und übersetzt werden kann. [...]". Bei *einen Kurs belegen* ist somit *Kurs* die Basis und *belegen* der Kollokator.

auch FVG unter der Basis aufgenommen werden; denn das FV mag zwar das bekanntere Element darstellen, aber es wäre nicht gerade benutzerfreundlich, alle FVG unter dem jeweiligen Kollokator (unter dem FV) zu registrieren. Dies würde den Wörterbuchartikel vor allem bei polysemen Verben ziemlich unüberschaubar und die Suche aufgrund seiner Größe ziemlich mühsam machen. Bei Rezeptionswörterbüchern müssten FVG und Kollokationen zusätzlich auch unter dem Kollokator registriert werden (Hausmann 1985: 122; Heine 2003: 243; Schafroth 2003: 402), wobei dies vor allem für Printwörterbücher aus Platzgründen kaum realisierbar ist. Das Kriterium der Benutzerfreundlichkeit[17] hat hier den Vorrang, daher registrieren die meisten Wörterbücher FVG und Kollokationen unter der Basis. Die Registrierung dieser Einheiten unter dem Eintrag des Substantivs hat den Vorteil, dass die gesuchte Information schneller gefunden werden kann. Bei FVG ist diese Konvention noch leichter nachvollziehbar, weil das Verb bei solchen Strukturen mehr oder weniger desemantisiert ist und das Substantiv den semantischen Hauptgehalt in der Konstruktion trägt. Wie zu sehen sein wird, werden FVG de facto zwar meistens unter der Basis verzeichnet (vgl. Heine 2004: 354, 2005: 348, 2006), und die Wörterbuchbenutzer scheinen davon intuitiv auch auszugehen (vgl. hier vor allem die Ergebnisse des Tests 1; für eine ähnliche Studie zu Kollokationen vgl. Mollica 2017), es muss aber angemerkt werden, dass Wörterbücher manchmal nicht systematisch vorgehen.[18] So werden in Duden, Langenscheidt GWDaF, Langenscheidt PW2 und Wahrig FVG wie *etw. zum Stillstand bringen, etw. in Zweifel ziehen, jdm. eine Frage stellen, etw. in Erwägung ziehen* unter der Basis verzeichnet. Andere wie *bei jdm. Anerkennung finden* oder *etw. steht zur Debatte/Diskussion* werden in Duden, Langenscheidt GWDaF und Wahrig unter dem Substantiv aufgenommen, während sie in Langenscheidt PW unter dem Verb registriert sind. In anderen Fällen werden sie sowohl unter dem verbalen als auch unter dem nominalen Bestandteil verbucht (s. z. B. *jdm. eine Frage stellen* und *sich in Bewegung setzen* in Duden).

Dieses Problem könnte jedoch bei einsprachigen Wörterbüchern mit der Behandlung von Kollokationen und FVG auf eine benutzerfreundlichere und einheitliche Art, „mit einer doppelten Behandlung sowohl unter [der Basis] als auch unter [dem Kollokator] bzw. mit entsprechenden Querverweisen" (Steyer 2000: 107) gelöst werden (vgl. auch Heine 2005: 352).

---

17 Zu Lexikonparametern der Benutzerfreundlichkeit vgl. Herbst & Klotz (2003: 27).
18 Häufig wird in den Außentexten nicht einmal thematisiert, unter welchem Bestandteil eine Mehrwortverbindung zu finden sein sollte (Heine 2004: 353–257).

Bei zweisprachigen Wörterbüchern hat man unterschiedliche Möglichkeiten, wobei sich die Lexikographen nicht einig sind, ob es sinnvoll ist, „eine Kollokation nur in einem der vier möglichen Artikel zu verzeichnen und in den anderen drei Artikeln entsprechende Querverweise zu geben" (Herbst & Klotz 2003: 142), oder ob derartige Verweise nicht notwendig sind. Gerade bei solchen Fragestellungen kann die Wörterbuchbenutzerforschung von Nutzen sein, um festzustellen, unter welchem Lemma (Substantiv vs. Verb) und in welchem Teil Benutzer eines zweisprachigen Wörterbuchs bei Mehrwortverbindungen zuerst nachschlagen, um die gewünschte Information zu bekommen, und welche weiteren Konsultationshandlungen unternommen werden, falls die erste Suchaktivität nicht erfolgreich war. Solche Ergebnisse sind vor allem für die Herstellung von Printwörterbüchern relevant, da hier der Platz eine wichtige Rolle spielt. Bei elektronischen oder Online-Wörterbüchern wäre es denkbar, auf Mehrwortverbindungen durch Querverweise hinzuweisen, die durch Hyperlinks miteinander verbunden sind.

Auch in zweisprachigen Wörterbüchern werden Kollokationen und FVG normalerweise unter der Basis verzeichnet.[19] Prototypische FVG werden in Giacoma & Kolb i. d. R. unter dem nominalen Bestandteil verbucht. Eine Ausnahme stellt hier die Wendung it. *fare una domanda a qcn.* (dt. *jdm. eine Frage stellen*) dar, die in allen vier Artikeln (unter: *fare, domanda, Frage, stellen*) enthalten ist. Die Wendung *incontrare il favore del pubblico* hat unterschiedliche Äquivalente im Deutschen. In Giacoma & Kolb ist sie nur unter dem Substantiv *favore* registriert (*lo spettacolo ha incontrato il favore del pubblico*, die Vorstellung ist auf das Wohlwollen des Publikums gestoßen), während unter *incontrare* die italienische Kollokation durch eine Paraphrase mit *gefallen* wiedergegeben wird (*incontrare il favore del pubblico*, dem Publikum gefallen). Die Wortverbindungen it. *incontrare il favore del pubblico* und dt. *auf jds. Wohlwollen stoßen* sind aus interlingualer Sicht insofern interessant, als erstere eher als Kollokation zu betrachten ist, während die zweite sowohl eine Klassifizierung als Kollokation als auch als peripheres FVG zulässt. Bei DIT wird ein weiteres Äquivalent dieser Kollokation sowohl unter dem nominalen als auch unter dem verbalen Bestandteil (in Form eines Anwendungsbeispiels s. Abschnitt 4.2) angegeben, und zwar das FVG *bei jdm. (großen) Anklang finden*. Die italienische Wendung kann im Deutschen aber auch durch das FVG *bei jdm. Zustimmung/jds. Zustimmung finden* realisiert werden, das in DIT und Giacoma & Kolb (nur) unter dem Substantiv *Zustimmung* im

---

19 Für eine Beschreibung der zweisprachigen Wörterbücher aus dem Sprachenpaar Deutsch-Italienisch vgl. u. a. Giacoma (2015); Nied Curcio (2006). Zu den Lern- bzw. pädagogischen Wörterbüchern des Deutschen vgl. u. a. Schafroth (2011); Engelberg & Lemnitzer (2008: 26–28).

deutsch-italienischen Teil zu finden ist. Bei Sansoni und Garzanti ist dieses FVG nicht aufgenommen.

Bei DIT, Garzanti und Sansoni sind Mehrwortverbindungen manchmal nur unter dem Nomen und manchmal unter beiden Bestandteilen zu finden. Die italienische Wendung *subire l'influenza di qcn./qc.*, die ebenfalls als Kollokation gelten kann, während ihr deutsches Äquivalent *unter jds. Einfluss stehen* ein FVG ist, wird in Sansoni, Garzanti und DIT unter beiden Bestandteilen verbucht (in Giacoma & Kolb ist sie nicht vorhanden). *Portare a termine* wird in Sansoni (und in Giacoma & Kolb) unter dem Substantiv registriert, wobei es in Garzanti und DIT auch unter dem Kollokator zu finden ist. Das FVG *mettere in moto* wird in DIT und Garzanti unter beiden Bestandteilen registriert, während es in Sansoni (und in Giacoma & Kolb) nur unter der Basis steht.

Auch die Auswahl der im Wörterbuch enthaltenen FVG divergiert je nach Wörterbuch: So sind *jdm. zur Wahl stehen* und *sich bei jdm. in Erinnerung bringen* lediglich in Duden registriert. Nicht überall werden verbucht: *etw. in Angriff nehmen* (nicht vorhanden in Langenscheidt GWDaF), *in etw. Eingang finden* (nicht vorhanden in Duden), *etw. in den Dienst jds. stellen* (nicht vorhanden in Langenscheidt GWDaF und Langenscheidt PW) und *bei jdm. in Vergessenheit geraten/kommen* (nicht vorhanden in Wahrig und Langenscheidt PW). Es scheint, dass zweisprachige Wörterbücher etwas sorgfältiger bei der Registrierung der Kollokationen und FVG vorgehen. Alle Wörterbücher verbuchen: *etw. in Angriff nehmen* und *bei jdm. in Vergessenheit geraten/kommen*[20], wobei die Wendungen *jdm. zur Wahl stehen* und *in etw. Eingang finden* lediglich bei Giacoma & Kolb und DIT vorhanden sind. Auf der Suche nach *etw. in den Dienst jds. stellen* wird der Wörterbuchbenutzer lediglich im deutsch-italienischen Teil fündig. Dagegen wird die Wendung *bei jdm. in Erinnerung bringen* in keinem Wörterbuch aufgenommen. Außerdem ist überraschend, dass *essere in contatto con qcn.* in Sansoni nicht enthalten ist. Es sind vor allem Giacoma & Kolb und DIT, die die meisten von mir gesuchten Wendungen enthalten, Garzanti enthält am wenigsten. Dies liegt jedoch am gewählten Gesamtumfang des Werkes – es ist eher als kleines zweisprachiges Wörterbuch zu betrachten.

4.2 Erkennbarkeit von FVG

Aufgrund der Schwierigkeit, FVG von anderen phraseologischen Mehrwortverbindungen – vor allem von den Kollokationen – strikt zu trennen, kann man

---

[20] Nur in Giacoma & Kolb ist die Variante mit *kommen* registriert.

m. E. von Wörterbüchern kaum erwarten, dass sie in den Außentexten mögliche Kriterien zu ihrer Unterscheidung nennen und diese in den Artikeln konsequent anwenden.[21] Es ist jedoch wichtig, dass die lexikographische Darstellung der FVG – sowie auch der Kollokationen – die Wörterbuchbenutzer ihren idiosynkratischen Charakter erkennen lässt. Daher sollten diese Mehrwortverbindungen im Wörterbuch entweder graphisch hervorgehoben oder als Phraseologismen, also separat im phraseologischen Block, aufgelistet werden (vgl. Herbst & Klotz 2003: 86; Steyer 2008: 200).

Wörterbücher können in der Art und Weise, wie sie Mehrwortverbindungen registrieren, wesentlich voneinander divergieren. Zweisprachige Wörterbücher scheinen mehr Wert auf die Erkennbarkeit solcher Konstruktionen zu legen. In Giacoma & Kolb werden Kollokationen und FVG i. d. R. im Wörterbuchartikel der Basis erfasst (und mittels Fettdruck gekennzeichnet), wobei in geschweiften Klammern Informationen über häufige Substantive, die in Aktantenfunktion mit einem bestimmten Verb vorkommen können, angegeben werden. So findet man unter *Eingang: in etw. (akk) ~ finden* {IN HÖHERE KREISE}, avere accesso a qc, essere ammesso a qc; {MOTIV, THEMA IN EIN WERK}, entrare in qc; {ELEKTRONIK IN DIE INDUSTRIE}, trovare applicazione in qc.[22] Auch in DIT, Garzanti, Sansoni und Langenscheidt PW ist der phraseologische Charakter der Kollokationen und FVG (i. d. R. dank der Fettschrift) meistens zu erkennen, auch wenn sie nicht immer deutlich von den Anwendungsbeispielen getrennt werden.

In Duden und Wahrig werden FVG und Kollokationen typographisch i. d. R. nicht markiert.[23] Im Allgemeinen sollten jedoch Kollokationen, FVG sowie andere phraseologische Einheiten stets klar von den Anwendungsbeispielen unterschieden werden. Da dies aber in den Wörterbüchern nicht immer der Fall ist, dürfte die Differenzierung zwischen Beispielen und Kollokationen bzw. FVG für den (sprachwissenschaftlich nicht versierten) Benutzer nicht immer klar sein. Für *mettere in moto qc.* 'etw in Gang setzen' findet man in DIT z. B. folgende Angaben: *mettere in moto un motore* 'einen Motor in Gang bringen'; *mettere in moto le indagini* 'die Ermittlungen in Gang bringen'; das heißt, das Akkusativobjekt wird lexikalisch aktualisiert und nicht durch neutralisierte Strukturformeln wie qc. bzw. etw. angegeben. Ähnliches passiert u. a. auch in Sansoni bei *auf jds.*

---

[21] Versuche einer scharfen Kategorisierung wie in Langenscheidt GWDaF erscheinen mir als problematisch (vgl. Heine 2005: 348).

[22] Die elektronische Version dieses Werkes verwendet Farbmarkierungen, um diese Elemente voneinander graphisch besser zu unterscheiden.

[23] In Langenscheidt GWDaF werden FVG und Kollokationen uneinheitlich verbucht (vgl Heine 2003: 244; 2005: 254–255).

Wohlwollen stoßen (*il nuovo prodotto ha incontrato il favore del pubblico*, 'das neue Erzeugnis hat beim Publikum Anklang gefunden', unter dem italienischen Eintrag *favore*) oder in Langenscheidt GWDaF/Langenscheidt PW oder Wahrig mit *etw. zum Stillstand bringen* (*die Blutung zum Stillstand bringen*, bzw. *eine Blutung, eine Maschine zum Stillstand bringen*, unter *Stillstand*). Gelegentlich findet man dieses Vorgehen auch in Giacoma & Kolb: Unter *favore* werden die Wendungen it. *incontrare il favore di qcn.* – dt. *auf jds. Wohlwollen stoßen* wie Anwendungsbeispiele angegeben (*lo spettacolo ha incontrato il favore del pubblico*, 'die Vorstellung ist auf das Wohlwollen des Publikums gestoßen'). Ähnliches geschieht auch bei DIT sowohl unter *favore* (*incontrare il favore del pubblico, della critica*, 'beim Publikum, bei der Kritik (gut) ankommen' (o 'Anklang finden')) als auch unter *incontrare* (*incontrare il favore della critica*, 'Anklang bei der Kritik finden'). In Sansoni wird dieses FVG dagegen unter dem italienischen verbalen Bestandteil im phraseologischen Block als neutralisierte Struktur angegeben (*bei jdm Anklang finden*), während es unter *favore* (*il nuovo prodotto ha incontrato il favore del pubblico*, 'das neue Erzeugnis hat beim Publikum Anklang gefunden').

In Duden werden FVG unter den Substantiven i. d. R. nicht besonders hervorgehoben und innerhalb des Wörterbuches, manchmal auch innerhalb eines Wörterbuchartikels, nicht einheitlich behandelt. So wird unter dem Lemma *Frage* das FVG *jdm./an jdn. eine Frage stellen* bei den Beispielen ausgeführt, während andere FVG wie *außer Frage sein/stehen, jdn./etw. in Frage stellen (infrage), etw. in Frage stellen (infrage), in Frage kommen (infrage)* im phraseologischen Block „Wendungen, Redensarten, Sprichwörter" registriert sind. Auf dieselbe Weise findet man unter den Anwendungsbeispielen FVG wie *es stehen drei Dinge zur Wahl, den Motor zum Stillstand bringen, keine Anerkennung finden*; die Wendung *etwas in Angriff nehmen* wird dagegen im phraseologischen Block (unter *Angriff*) verbucht. Interessant ist bei Duden, dass einige FV wie *nehmen, setzen, stellen* eine Art phraseologischen Block mit dem Titel „in verblasster Bedeutung" enthalten, unter dem eine Liste von FVG mit dem jeweiligen Verb zu finden ist.

4.3 Darstellung der Valenzeigenschaften

Wörterbücher müssten Informationen über die interne und externe Valenz eines FVG sowohl auf morpho-syntaktischer als auch semantischer Ebene genau angeben.[24] Dies geschieht jedoch nicht immer konsequent. In Garzanti wird z. B. die

---

24 Zur internen und externen Valenz bei Phraseologismen vgl. Burger (2010: 20–21); zu den Valenzebenen Helbig (1982).

obligatorische Füllung des Akkusativobjekts (unter dem Lemma *moto*) nicht angegeben: *mettere in moto*, '[...] in Gang bringen' (*o* 'in Bewegung setzen'). Ähnliches geschieht auch bei Sansoni; in DIT wird die Aktualisierung des Objektes anhand zweier Beispiele verdeutlicht – *mettere in moto l'auto, das Auto anlassen; mettere in moto un motore, einen Motor in Gang bringen* –, wobei die lexikalische Füllung des Akkusativobjekts aber nicht nur auf Motoren beschränkt ist. In Giacoma & Kolb wird dies durch folgende Strukturformel deutlich gemacht: *mettere in moto qc auch fig., etw. in Gang setzen*.

Wichtig sind auch Angaben über die Valenzpotenz (Ágel 2000: 42) einer Wendung. So müssten Wörterbücher angeben, dass bei den FVG *mettere in moto* bzw. *in Gang setzen/in Bewegung bringen* als zusätzliche Ergänzung eine Präpositionalphrase möglich ist (*mettere in moto qc. in qcn.* bzw. *etw. bei/in jdm. in Gang setzen/in Bewegung bringen*). Ein weiteres Beispiel: Einige der konsultierten Wörterbücher verbuchen die Wendung *bei jdm./in etw. Anerkennung finden* wie folgt: *Anerkennung finden* (Duden und Wahrig), *(keine) Anerkennung finden* (Langenscheidt GWDaF) und *etwas findet Anerkennung* (Langenscheidt PW). Diese Informationen sind nicht nur unvollständig, die von Langenscheidt PW angegebenen Selektionsbeschränkungen (*etwas*) erweisen sich bei einer genaueren Korpusanalyse sogar als irreführend bzw. könnten als fehlerhaft interpretiert werden, denn das semantische Merkmal [+HUM] bei der Subjektposition stellt kein Randphänomen dar:

(1) *Die Radsprinterin* aus Cottbus hat auch *bei anderen Sport-Fans* schon *viel Anerkennung gefunden*. (DeReKo, NKU05/NOV.05313 Nordkurier, 30.11.2005; Die ersten Stimmen sind ausgezählt)

(2) Nur weil wir gemeinsam mit den Frauen- und Familienverbänden in Deutschland deutlich gemacht haben, dass *die Arbeit in der Familie* auch *bei der Rente ihre Anerkennung finden muss*. (DeReKo, PBT/W14.00230 Protokoll der Sitzung des Parlaments Deutscher Bundestag am 18.04.2002. 230. Sitzung der 14. Wahlperiode 1998–2002. Plenarprotokoll, Berlin, 2002)

(3) *Hawkings Arbeiten* über Schwarze Löcher und den Urknall haben *in der Fachwelt* schon lange *Anerkennung gefunden*. (DeReKo, E98/MAR.06046 Zürcher Tagesanzeiger, 12.03.1998, S. 48, Ressort: Wissen; Hypothese vom Anfang der Welt)

Wie die obigen Beispiele zeigen, weist die Konstituente in der Subjektposition das Merkmal [±HUM] auf (und nicht nur [-HUM], wie Langenscheidt PW suggeriert).

Außerdem kann das FVG durch eine Phrase mithilfe der Präpositionen *in* oder *bei* erweitert werden; die Präposition *in* ist jedoch auf [-HUM] beschränkt.

Wichtig sind auch Angaben über die Rektion von Präpositionen innerhalb einer Mehrwortverbindung. Für Nichtmuttersprachler sind Rektionsangaben unentbehrlich, und es wäre zu erwarten, dass solche Informationen gerade in zweisprachigen und Lerner-Wörterbüchern zu finden sind. Bei *in etw. Eingang finden* geben z. B. Langenscheidt GWDaF und Langenscheidt PW den Hinweis auf die Kasusrektion der Präposition, die im deutschen Sprachsystem potentiell sowohl den Akkusativ als auch den Dativ regieren kann. In Wahrig wird das FVG nur anhand eines Beispiels präsentiert, während es in Duden nicht vorhanden ist.

Es liegt auf der Hand, dass Valenzangaben vor allem bei der Textproduktion eine entscheidende Rolle spielen, da sie zur Bildung korrekter Sätze beitragen. Daher ist es wichtig, dass insbesondere der Teil L1 → L2 der zweisprachigen Wörterbücher die Idiosynkrasien der Wendungen akkurat verzeichnet.

4.4 Die Äquivalenz in zweisprachigen Wörterbüchern

Die Problematik der interlingualen Äquivalenz bei Phraseologismen – vor allem bei Idiomen – ist in der Literatur ein viel diskutiertes Thema und kann an dieser Stelle nicht ausführlich behandelt werden (vgl. u. a. Dobrovol'skij 2014; Mellado Blanco 2015; für einen Überblick Korhonen 2007, für einen deutsch-italienischen Vergleich Giacoma 2012). I. d. R. unterscheidet man zwischen Voll-, Teil- und Nulläquivalenz. In der Literatur werden außerdem unterschiedliche Ebenen der Äquivalenz postuliert (Dobrovol'skij 2014; Mellado Blanco 2015): auf der Ebene des Sprachsystems, auf der Textebene und auf lexikographischer Ebene. Bei der Äquivalenz auf der Ebene des Sprachsystems gehe es darum, Phraseologismen unterschiedlicher Sprachen zu finden, deren Bedeutung und lexikalische Strukturen ähnlich seien. Bei der Äquivalenz auf Textebene stehe im Vordergrund die Wiedergabe eines Phraseologismus der einen Sprache in der anderen in einem konkreten Fall bzw. Kontext. Die zwei Ebenen müssen jedoch nicht übereinstimmen: „Wenn das gegebene L1-Idiom ohne kontextuelle Umgebung ein absolutes L2-Äquivalent zu haben scheint, bedeutet das noch nicht, dass das betreffende ‚System-Äquivalent' in allen authentischen Kontexten als Übersetzungsäquivalent auftreten kann" (Dobrovol'skij 2014: 199). Daher schlägt Dobrovol'skij für die Erstellung zweisprachiger Wörterbücher das Konzept der funktionalen Äquivalenz vor:

Funktionale Äquivalente können als Einheiten definiert werden, die in sich in ihrer lexikalisierten Semantik und im Idealfall auch in ihrer bildlichen Bedeutungskomponente maximal ähnlich sind und die in analogen Situationstypen ohne Informationsverlust gebraucht werden können (Dobrovol'skij 2014: 207)

Ziel der lexikographischen Äquivalenz ist nach Mellado Blanco (2015: 155), den *prototypischen* Gebrauch der phraseologischen Einheiten zu beschreiben. Sie unterscheide sich von der Äquivalenz auf Systemebene, da sie Phraseologismen in ihrem Kontext beschreibt und im Gegensatz zur Äquivalenz auf Textebene ziele sie nicht darauf ab, alle möglichen Übersetzungsäquivalente eines Phraseologismus im lexikographischen Artikel zu registrieren.

Besonders relevant für die lexikographische Erfassung sind nach der Autorin die Beschreibung folgender Aspekte: der Semantik, konnotativ-pragmatischer Merkmale (einschließlich Register, Frequenz, Varietät) und der morphosyntaktischen und semantischen Valenz (Mellado Blanco 2015: 165–168).

Bei der Registrierung von FVG in zweisprachigen Wörterbüchern kann man folgende Hauptfälle unterscheiden:

– Beide Sprachen verfügen über ein in der lexikalisierten Bedeutung ähnliches FVG (dt. *etw. in Gang setzen/in Bewegung bringen* – it. *mettere in moto qc. in qcn.*). Dies schließt auch Fälle ein, bei denen FVG interlingual eine unterschiedliche Valenz aufweisen (dt. *bei jdm. Anerkennung finden* – it. *trovare approvazione da parte di qcn./ricevere apprezzamento da qcn.*

– Das FVG existiert nur in einer Sprache, das in der anderen einem einfachen Verb entspricht (dt. *zur Sprache kommen* – it. *affrontare, sollevare* (auch: *essere affrontato/sollevato*)).

– Die Verwendung der FVG unterscheidet sich im Register und/oder auch in der Frequenz, wie bei dem oben besprochenen Fall dt. *eine Frage stellen* – it. *porre/rivolgere/fare una domanda*). Dieser Aspekt, der ziemlich komplex ist, wird in den Wörterbüchern kaum berücksichtigt. Z. B. in Giacoma & Kolb wird dieses FVG im deutsch-italienischen Teil wie folgt aufgenommen: *eine Frage an jdn stellen/richten, porre/rivolgere/fare una domanda a qcn.* Die deutschsprachigen Benutzer werden also nicht explizit darauf hingewiesen, dass die Verben *porre* und *rivolgere* stilitisch markierter (gehobener und daher auch weniger häufig) sind und je nach Kontext *fare una domanda* die einzig angebrachte Möglichkeit darstellt.

– In einigen Fällen kann auch die bildliche Komponente oder die Aktionsart divergieren wie bei dt. *sich bei jdm. in Erinnerung bringen* – it. *farsi vivo con qcn./tornare in mente a qcn./ricordarsi di qcn./qc.* Es handelt sich jedoch um eine partielle Äquivalenz, denn bei den italienischen Wendungen fehlt der kausative Aspekt des „Bewirkens, dass sich jmd. an jdn. erinnert". Außerdem enthält das erste Äquivalent die Komponente des „sich Erinnerns" nicht.

5 Empirische Untersuchung

Im Folgenden werden die Ergebnisse zweier Tests diskutiert, die an 74 Studierenden des Studienfaches Deutsch als Fremdsprache (DaF) an der Università degli Studi di Milano durchgeführt wurden. Da einige Untersuchungen (vgl. u. a. Boonmoh 2012; Domínguez Vázquez, Mirazo Balsa & Vidal Pérez 2013; Giacoma 2011; Kispál 2004; Nied Curcio 2014) belegen, dass Wörterbücher überwiegend bei der Hin- und Herübersetzung konsultiert werden, wurde als Aufgabe die Übersetzung ins Deutsche (Test 1) und ins Italienische (Test 2) von FVG-enthaltenden Sätzen gewählt.[25] Die Aufgabe sah auch die Erstellung eines Protokolls durch Fremdbeobachtung vor (s. unten). Die Studierenden hatten 60 Minuten Zeit zur Lösung der Aufgaben, die Tests wurden anonym durchgeführt. Außerdem wurde den Studierenden versichert, dass die Tests nicht zwecks ihrer individuellen Evaluierung erfolgen. Bei den Testpersonen handelte es sich um zwei Gruppen mit unterschiedlichen Sprachkenntnissen:

> Gruppe A: 44 Bachelor-Studierende (2. Studienjahr)
> Gruppe B: 30 Master-Studierende (1. Studienjahr).

Während die Sprachkenntnisse der Gruppe A zwischen den Niveaus B1 und B2 des Gemeinsamen Europäischen Referenzrahmens für Sprachen lag, wiesen die Studierenden der Gruppe B Deutschkenntnisse zwischen den Niveaus B2 und C1 auf. Es handelte sich also jeweils um in sich heterogene Gruppen.

Im Vordergrund der Untersuchung standen die Konsultationshandlungen der Wörterbuchbenutzer, ihre Erfahrungen und Fähigkeiten im Umgang mit den Wörterbüchern sowie die Validität der lexikographischen Darstellung von FVG. Die Analyse fokussierte u. a. auf folgende Fragen:
- Welcher Wörterbuchtyp (einsprachig vs. zweisprachig) wird am meisten verwendet? Gibt es diesbezüglich Unterschiede bei der Ausführung der Tests?
- Unter welchem Lemma werden FVG von Studierenden gesucht?

---

25 Bei den von mir ausgesuchten FVG handelt es sich überwiegend um prototypische Vertreter der Klasse (im Sinne von Kamber 2006, 2008), wobei vereinzelt auch periphere Erscheinungen gewählt wurden. Die Auswahl erfolgte stets in Bezug auf das Deutsche.

– Welche Konsequenzen haben bei Wörterbuchbenutzern die unter 4. festgestellten unterschiedlichen und z. T. inkonsequenten Darstellungen von FVG?
– Wie entstehen eventuelle Fehler? Liegen diese an der Registrierungsart in den Wörterbüchern?
– Kann die Wörterbuchbenutzungsforschung zur besseren lexikographischen Behandlung von Mehrworteinheiten beitragen? Falls ja, wie?
– Führt eine bessere Beherrschung der deutschen Sprache zu einer differenzierten Benutzung von Wörterbüchern bzw. Hilfsmitteln? Mit anderen Worten: Steht die Fähigkeit, ein Wörterbuch adäquat zu konsultieren, direkt im Zusammenhang mit besseren Sprachkenntnissen?

Diese Studie ist jedoch aufgrund der eher geringen Anzahl der Testpersonen qualitativ und nicht quantitativ zu verstehen. Obwohl die Ergebnisse der zwei Tests einerseits keinen Anspruch auf generalisierende Aussagen über die Bedürfnisse, Erwartungen und Handlungen der befragten Wörterbuchbenutzer erheben können, so zeigen sie andererseits dennoch einige Tendenzen bei der Wörterbuchverwendung auf, die von Interesse sein können. Die von den Studierenden begangenen Fehler stellen außerdem den Ausgangspunkt meiner metalexikographischen Analyse dar, die den tatsächlichen Nutzen der in ein- und zweisprachigen Wörterbüchern enthaltenen Informationen über FVG auf den Prüfstand stellen will.

5.1 Beschreibung und Evaluierung der Tests

Die Tests sind wie folgt strukturiert: Bei Test 1 mussten die Probanden sieben Sätze ins Deutsche übersetzen; das FVG (im weiteren Sinne) war entweder bereits im italienischen Originalsatz enthalten oder kann in der deutschen Übersetzung aktualisiert werden. Bei Test 2 mussten weitere sieben Sätze mit sich von Test 1 unterscheidenden FVG ins Italienische übersetzt werden. Sowohl bei Gruppe A als auch bei Gruppe B wurden die Teilnehmer in Zweier-Teams eingeteilt (22 bei Gruppe A und 15 bei Gruppe B): Jedes Team bestand aus Student/-in 1 und Student/-in 2. Die Aufgabe für beide Tests lautete (der italienischsprachige Originaltext wird im Folgenden in der deutschen Übersetzung wiedergegeben):

> Student/-in 1 übersetzt folgende Sätze ins Deutsche (Test 1) oder ins Italienische (Test 2) mithilfe – je nach Bedarf – einsprachiger bzw. zweisprachiger Wörterbücher. Die Verwendung von Online-Wörterbüchern und Apps für Smartphones ist erlaubt, jedoch nicht die

von automatischen Übersetzungsprogrammen![26] Student/-in 1 denkt laut, damit Student/-in 2 all dessen/deren Suchaktivitäten beschreiben kann.

Es geht hier also um die Durchführung von Tests mit Fremdbeobachtung (Wiegand 1998: 573), um auf diese Weise Erfahrungen und Gewohnheiten des Benutzers-in-actu im Sinne von Wiegand (1998: 501) festzuhalten. Dieses Verfahren ermöglicht es, dass Student/-in 2 die von Student/-in 1 durchgeführten Aktivitäten genau protokollieren kann, während Student/-in 1 sich ungestört ganz der Übersetzungsaufgabe widmet. Der Nachteil ist, dass sich dadurch die Anzahl der aktiv übersetzenden Teilnehmer/-innen halbiert.

Bei den für die Hin- und Herübersetzung verwendeten Sätzen handelt es sich um an authentische Texte angelehnte Beispiele, die im Sinne der Aufgabe vereinfacht wurden. Sie sind in Tabelle 2 und 4 enthalten, bei denen auch mögliche – von mir vorgeschlagene – Übersetzungen angegeben werden. Um die Studierenden in ihrer Aufgabe nicht zu beeinflussen, wurde ihnen nicht gesagt, dass die Sätze FVG enthalten; auch wurden ihnen keine Präferenzen bezüglich einer „besseren"/ „wünschenswerteren" Übersetzung (durch FVG vs. ein einfaches Verb) angegeben. Die (übersetzenden) Studierenden hatten folgende Printwörterbücher zur Verfügung, die sie von zu Hause mitgebracht hatten:

Gruppe A
– einsprachige Wörterbücher: keine
– zweisprachige Wörterbücher: DIT (6%); Giacoma & Kolb (26%); Garzanti (6%).

Gruppe B
– einsprachige Wörterbücher: keine
– zweisprachige Wörterbücher: DIT (6%); Giacoma & Kolb (6%); Garzanti (20%); Sansoni (6%).

Es fällt auf, dass die Studierenden keine einsprachigen Wörterbücher mitbrachten und ihnen auch zweisprachige in der Printform nur in geringem Umfang zur Verfügung standen. Dies steht jedoch nicht im Widerspruch zu den oben genannten Tendenzen zur Verwendung von Online-Wörterbüchern (s. Absatz 3).

Jede Suchhandlung des übersetzenden Studierenden – des Benutzers-in-actu – wurde mit einem Code versehen. Die Codes beziehen sich lediglich auf die

---

26 Da es eines meiner Ziele ist, die Validität der lexikographischen Darstellung auf den Prüfstand zu stellen, wurden automatische Übersetzungsprogramme ausgeschlossen.

Suche nach den FVG und nicht auch auf die eventuelle Suche nach anderen sprachlichen Einheiten. Die Legende der Suchhandlungen wird in Tabelle 1 dargestellt. Die tatsächlichen Wörterbuchaktivitäten werden in Tabelle 3 und 5 präsentiert; sie enthalten aber lediglich diejenigen Konsultationshandlungen, die pro FVG von mindestens zwei Personen in derselben Reihenfolge ausgeführt wurden. Konsultationshandlungen, die nur von einer einzelnen Person durchgeführt wurden, werden nicht berücksichtigt. Es wird unterschieden, ob die Studenten/-innen 1 nach dem FVG in ein- oder zweisprachigen, in Print- oder Online-Wörterbüchern[27] sowie unter dem Eintrag der zugehörigen verbalen, substantivischen oder adjektivischen Komponente suchten. Für zweisprachige Wörterbücher wird auch unterschieden, ob die Suchanfrage im Teil Italienisch-Deutsch oder Deutsch-Italienisch erfolgte.

Tab. 1: Legende der Wörterbuchhandlungen

Code	Konsultationshandlung	Code	Konsultationshandlung
A	einspr. Print-WB (Verb)	L	einspr. Online-WB (Adjektiv)
B	einspr. Print-WB (Substantiv)	M	zweispr. Online-WB (Verb) [It.-Dt.]
C	einspr. Print-WB (Adjektiv)	N	zweispr. Online-WB (Substantiv) [It.-Dt.]
D	zweispr. Print-WB (Verb) [It.-Dt.]	O	zweispr. Online-WB (Adjektiv) [It.-Dt.]
E	zweispr. Print-WB (Substantiv) [It.-Dt.]	P	zweispr. Online-WB (Verb) [Dt.-It.]
F	zweispr. Print-WB (Adjektiv) [It.-Dt.]	Q	zweispr. Online-WB (Substantiv) [Dt.-It.]
G	zweispr. Print-WB (Verb) [Dt.-It.]	R	zweispr. Online-WB (Adjektiv) [Dt.-It.]
H	zweispr. Print-WB (Substantiv) [Dt.-It.]	S	Google-Kontrolle
I	zweispr. Print-WB (Adjektiv) [Dt.-It.]	T	zusätzl. Suchhandlungen nach einem Bestandteil
J	einspr. Online-WB (Verb)	U	Suche nach der ganzen Verbindung

---

27 Für die Liste der verwendeten Online-Wörterbücher vgl. die Literaturliste.

Code	Konsultationshandlung	Code	Konsultationshandlung
K	einspr. Online-WB (Substantiv)	0	keine WB-Konsultation

Beispiel: Wird bei der Wendung *mettere in moto qc. in qcn.* 'etw. bei/in jdm. in Gang bringen/setzen' (Test 1, Satz 2) von einem Nutzer die Aktivität <DEAB> registriert, bedeutet dies, dass die Testperson folgende Handlungen ausgeführt hat:[28]

– erste Handlung: Suche im zweisprachigen Wörterbuch [italienisch-deutscher Teil] unter dem verbalen Bestandteil des FVG (*mettere*) [D];
– zweite Handlung: Suche im zweisprachigen Wörterbuch [italienisch-deutscher Teil] unter dem substantivischen Bestandteil des FVG (*moto*) [E];
– dritte Handlung: Suche im einsprachigen Wörterbuch unter dem verbalen Bestandteil des FVG (*setzen*) [A];
– vierte Handlung: Suche im einsprachigen Wörterbuch unter dem substantivischen Bestandteil des FVG (*Gang*) [B].

In den meisten Fällen wird die gesuchte Wendung jedoch bereits nach einer oder zwei Konsultationshandlungen gefunden, so dass man i. d. R. ein- und zweistellige Codes vorfindet.

Da bei einigen Online-Wörterbüchern die Möglichkeit besteht, gleich nach der ganzen Wendung (z. B. *portare a termine* 'zu Ende bringen') zu suchen, wird auch diese Suchanfrage mitberücksichtigt [U] (siehe Abbildung 1). Findet keine Suchhandlung statt, wird dies durch 0 markiert. Im Folgenden präsentiere ich die Ergebnisse der Tests 1 und 2, wobei die Gruppen A und B jeweils getrennt betrachtet werden, um eventuelle Unterschiede in der Wörterbuchverwendung festzuhalten.

5.2 Test 1: die Hinübersetzung

In Tabelle 2 wird der Prozentanteil der richtigen Antworten angegeben. Hierfür werden nur Übersetzungen gezählt, bei denen FVG verwendet wurden. Der Prozentanteil bezieht sich lediglich auf die übersetzte Mehrwortverbindung und

---

28 Diese Suchaktivität wird hier lediglich exemplarisch dargestellt. Für meine Analyse ist sie nicht relevant, da im Folgenden – wie oben ausgeführt – nur die von mindestens zwei Probanden in derselben Reihenfolge getätigten Handlungen berücksichtigt werden.

nicht auf die Korrektheit der Übersetzung für den gesamten Satz. Wird von den Studierenden in der Übersetzung kein FVG, sondern ein entsprechendes Verb verwendet, wird diese Lösung gesondert betrachtet bzw. gewertet und in runde Klammern gesetzt. Tabelle 3 zeigt dagegen die unterschiedlichen Handlungen der Studierenden, um ein bestimmtes FVG zu finden.

Tab. 2: Prozentwerte der richtigen Übersetzungen bei Test 1

Satz	mögliche Übersetzung	Gruppe A	Gruppe B
1. Non riuscirai a *portare a termine* questo progetto!	Du wirst es nicht schaffen, dieses Projekt *zum Abschluss/zu Ende zu bringen*.	50% (36%)	53% (27%)
2. Il tuo comportamento *ha messo in moto* in me tutta una serie di riflessioni.	Dein Verhalten hat bei/in mir eine (ganze) Reihe von Überlegungen *in Gang gesetzt/gebracht*.	32% (0%)	27% (33%)
3. Ha già 40 anni ma *subisce* ancora *l'influenza* della madre!	Er ist schon 40, *steht* aber noch *unter dem Einfluss* seiner Mutter/der Mutter.	14% (36%)	33% (33%)
4. Si è risentita molto per il suo comportamento.	Sie hat an seinem Verhalten/Benehmen *großen Anstoß genommen*. Sie hat sich durch sein Verhalten/Benehmen sehr gekränkt/beleidigt gefühlt.	0% (45%)	0% (73%)
5. Le sue parole *non incontrarono il grande favore* del pubblico.	Seine Worte *stießen nicht auf das Wohlwollen des Publikums*. Seine Worte *fanden keine große Zustimmung* des Publikums/beim Publikum. Seine Worte fanden *nicht die große Zustimmung* des Publikums/beim Publikum Seine Worte *fanden die große Zustimmung* des Publikums *nicht*.	18% (5%)	67% (7%)
6. Con lo sciopero i professori vogliono *influire sul* futuro dell'università italiana.	Mit dem Streik wollen die Professoren auf die Zukunft der italienischen Universitäten *Einfluss nehmen*./die Zukunft der italienischen Universitäten beeinflussen.	0% (73%)	13% (80%)
7. *Siamo in contatto* da tre mesi.	Wir *stehen/sind* seit drei Monaten *in Kontakt (miteinander)/(miteinander) in Kontakt*.	91% (0%)	100%

Tab. 3: Wörterbuchaktivitäten Test 1[29]

Satz	WB-Aktivitäten	Gruppe A Prozentanteil	WB-Akivitäten	Gruppe B Prozentanteil
1.	U	27%	U	27%
	N	14%	N	20%
	D	9%	-	-
	O	22%	O	13%
2.	U	27%	U	27%
	M	14%	-	-
	N	14%	-	-
	S	9%	E	13%
	O	9%	O	20%
	-	-	S	
3.	MN	23%	-	-
	M	14%	-	-
	D	9%	D	13%
	N	9%	N	20%
	O	13%	O	33%
4.	M	45%	M	47%
	D	18%	D	20%
	MP	9%	-	-
5.	N	18%	-	-
	U	14%	-	-
	DE	9%	-	-
	E	9%	E	20%
	M	9%	M	20%
	MN	9%	MN	13%
6.	M	18%	M	27%
	D	14%	-	-
	MN	9%	-	-
	O	36%	O	47%
7.	U	36%	U	20%
	N	27%	-	-
	E	14%	E	20%
	O	22%	O	27%

---

[29] Das Zeichen (-) bedeutet, dass die angegebene Suchhandlung bei der jeweiligen Gruppe nicht stattgefunden hat.

Aus Tabelle 2 wird ersichtlich, dass Gruppe B – aufgrund des höheren Sprachniveaus – insgesamt bessere Ergebnisse erzielte. An Tabelle 3 ist hingegen erkennbar, dass Wörterbücher bei allen Übersetzungen von mindestens zwei Studierenden herangezogen wurden, wobei jedoch 47% der Gruppe B bei der Übersetzung des Satzes 6 kein Wörterbuch konsultierte (höchster Prozentsatz in Bezug auf die Nicht-Konsultation). In den meisten Fällen wurde lediglich eine Suchaktivität getätigt, um die Mehrwortverbindung zu übersetzen. Es fällt auf, dass sich die Studenten in einigen Fällen (eindeutig bei Satz 4 und 6) eher für das einfache Verb anstatt für die Kombination Nomen + Verb entschieden haben (vgl. aber auch Satz 3).

Auffällig ist außerdem, dass sie in Online-Wörterbüchern bei FVG bzw. *costruzioni a verbo supporto* wie *portare a termine* 'zu Ende bringen', *mettere in moto* 'in Gang bringen/in Bewegung setzen'), *essere in contatto* 'in Kontakt sein/stehen' direkt nach der ganzen Wortverbindung suchten. Online-Wörterbücher und -ressourcen wie dict.cc, bab.la, Linguee, Pons, Reverso ermöglichen nämlich eine solche Suchanfrage (s. Abbildung 1).

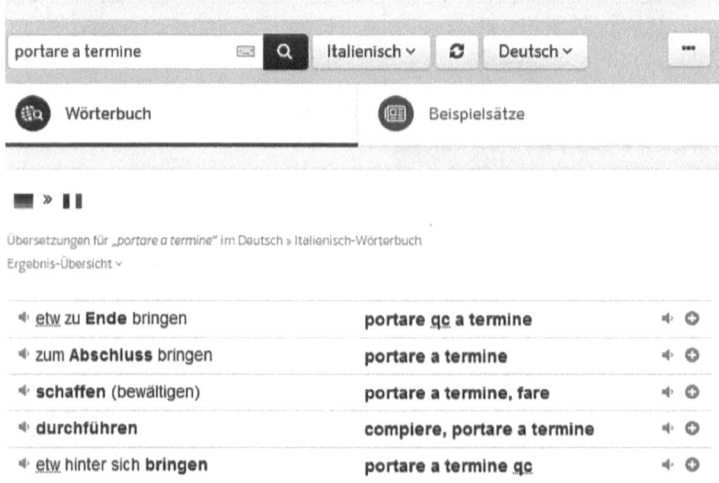

Abb. 1: Direkte Suche nach *portare a termine* in Pons

Dass die Probanden ausgerechnet diesen Suchtyp bei den in Test 1 enthaltenen prototypischen FVG anwandten, ist sehr interessant. Dies ist m. E. ein Beweis dafür, dass Verbindungen, bei denen das Verb semantisch arm ist, von Muttersprachlern kognitiv als Einheit wahrgenommen werden und sie intuitiv nach der ganzen Wortkombination in Wörterbüchern suchen. Bei dieser Übersetzungsaufgabe wurden auch einsprachige Wörterbücher herangezogen. Da diese Suchhandlung jedoch nicht von mindestens zwei Personen in derselben Reihenfolge ausgeführt wurde, werden diese Ergebnisse in Tabelle 3 nicht aufgenommen.

Der Satz 1, aber vor allem die Sätze 6 und 7 wiesen keine großen Schwierigkeiten auf. Das FVG *portare a termine* (Satz 1) wurde überwiegend mit *etw. zu Ende führen/zum Abschluss bringen* übersetzt, wobei 36% der Gruppe A und 27% der Gruppe B das einfache Verb *beenden* verwendeten. Neben der Suche nach der ganzen Wortverbindung <U> wurde hier auch unter dem Substantiv (*termine*) nachgeschlagen. Die italienische Verbindung *influire su qcn./qc.* (Satz 6) wurde mit den Verben *auf jdn./etw. einwirken, jdn./etw. beeinflussen* wiedergegeben, auch wenn die zweisprachigen Wörterbücher sowohl die einfachen Verben als auch die FVG als mögliche Übersetzungsäquivalente angeben; lediglich 13% der Gruppe B verwendeten die Verbindung *auf jdn./etw. Einfluss ausüben*, wobei dies nicht das Ergebnis einer Wörterbuchkonsultation war. Niemand verwendete das FVG (im weiteren Sinne) *auf jdn./etw. Einfluss nehmen*. Bei Satz 7 wurde das FVG *mit jdm. in Kontakt sein/stehen* von fast allen Studierenden problemlos übersetzt. Die zumeist getätigten Handlungen waren hier die Suchen nach der ganzen Verbindung in den Online-Wörterbüchern und unter dem Substantiv *contatto* (in Online- und Print-Wörterbüchern).

Die italienische Kollokation *subire l'influenza di qu./qc.* (Satz 3) wurde überwiegend mit dem einfachen Verb *beeinflussen* (im Passiv) wiedergegeben, wobei lediglich etwas über 30% beider Gruppen das FVG *unter dem Einfluss stehen* verwendeten. Dies liegt daran, dass die Mehrheit der Probanden Online-Wörterbücher konsultiert hatte: In diesen ist nämlich diese Wendung nicht enthalten; die Print-Wörterbücher DIT, Garzanti und Sansoni verbuchen dagegen dieses FVG.[30] Interessant ist hier, dass eine große Anzahl der Probanden der Gruppe A die Verbindung *subire l'influenza* wörtlich mit **den Einfluss erleiden* übersetzte. Die meist getätigten Suchhandlungen geschahen hier unter dem Lemma des italienischen Verbs (*subire*). 33% der Probanden der Gruppe B übersetzten die italienische Kollokation ohne Wörterbuch.

Bei Satz 4 findet man im Italienischen keine Mehrwortverbindung. Als Übersetzungsäquivalente des Verbs *risentirsi* bieten zweisprachige Wörterbücher überwiegend Paraphrasen mit den Verben *sich gekränkt/beleidigt fühlen* bzw. *gekränkt/beleidigt sein*. Lediglich in bab.la erhält man als Resultat (als einziges Äquivalent!) *Anstoß nehmen*, jedoch ohne weitere Angaben. Es verwundert also

---

[30] In Sansoni findet man unter der Basis (*influenza*) auch die Paraphrase *von jdm. beeinflusst werden*. In Giacoma & Kolb findet man das FVG lediglich unter *Einfluss*.

nicht, dass der einzige Proband, der dieses Wörterbuch benutzt hatte, einen nicht korrekten Satz bildete (*Sie hat wegen ihres Verhaltens viel Anstoß genommen). Bei der Wörterbuchangabe fehlen Hinweise auf die Valenz des FVG und Verwendungsbeispiele, die auch auf eine mögliche Intensivierung des Substantivs *Anstoß* (z. B. *großen Anstoß*) hinweisen sollten. Bei der Angabe der Paraphrasen *sich gekränkt/beleidigt fühlen* bzw. *gekränkt/beleidigt sein* führen die Wörterbücher keinen Hinweis auf die Realisierung des Adverbials (*durch/wegen*-Phrase)[31], daher haben 40% der Gruppe A fälschlicherweise die Präpositionen *an* oder *über* in Verbindung mit dem Verb *kränken* verwendet. Erweiterte Valenzangaben fehlen auch bei der lexikographischen Beschreibung von *etw. in Gang/Bewegung bringen/setzen* (Satz 2). Dieses FVG weist keine großen Schwierigkeiten auf. Nach den in den ein- und zweisprachigen Wörterbüchern angegebenen Paraphrasen bzw. Beispielen kann das Akkusativobjekt sowohl etwas Konkretes (einen Motor, eine Maschine) als auch etwas Abstraktes (Verhandlungen) darstellen. Duden paraphrasiert *etwas in Gang bringen/setzen* wie folgt: bewirken, dass etwas in Bewegung gerät, zu funktionieren beginnt: einen Motor wieder in Gang bringen; er hat die Verhandlungen [wieder] in Gang gebracht. In Giacoma & Kolb findet man unter *moto* und unter *Gang* jeweils folgende Informationen: *mettere in moto qc* anche fig, etw in Gang setzen; *etw in Gang bringen/setzen* {MASCHINE, MOTOR} avviare qc, mettere in moto qc; {VERHANDLUNGEN}. Was die Wörterbücher nicht aufnehmen, ist die Angabe der Präpositionalphrase. Dies sorgte bei den Probanden für eine Reihe von Fehlern (*in me* wird überwiegend mit **in mich* oder **mir* übersetzt), wobei vereinzelt eine Google-Kontrolle durchgeführt wurde. Eine sehr große Anzahl von Google-Treffern ist ein mögliches Indiz für die Korrektheit der produzierten Phrase. Wahrscheinlich haben sich 33% der Gruppe B gerade aufgrund dieser Schwierigkeiten für synonymische Konstruktionen entschieden, die als Paraphrasen des FVG betrachtet werden können, u. a. „Dein Verhalten hat eine Reihe von Überlegungen in mir hervorgerufen"/„Dein Verhalten brachte mich zum Nachdenken"/„Ich musste wegen deines Verhaltens viel nachdenken".

Am meisten hat aber Satz 5 den Lernenden der Gruppe A Probleme bereitet. Wichtig ist für italophone Lernende zu erfahren, dass für die Kollokation it. *incontrare il favore di qcn.* im Deutschen folgende Konstruktionen möglich sind:

auf jds. (großes) Wohlwollen/auf das (große) Wohlwollen von jdm. stoßen
bei jdm. (großen) Anklang finden

---

[31] Giacoma & Kolb stellt hier eine Ausnahme dar: risentirsi di/per qc (con qu) {DI UNA CRITICA} wegen etw (gen) gekränkt/beleidigt sein.

bei jdm. (große) Zustimmung/die (große) Zustimmung von jdm. finden

Die zweisprachigen Print-Wörterbücher beschreiben die Idiosynkrasien dieser Wendungen (unter *favore*) m. E. recht gut und diejenigen Studierenden, die in solchen Wörterbüchern nachgeschlagen hatten, kamen zu guten Ergebnissen:

> *incontrare il favore del pubblico, della critica* beim Publikum, bei der Kritik (gut) ankommen (*o* Anklang finden) (DIT)
> *lo spettacolo ha incontrato il favore del pubblico*, die Vorstellung ist auf das Wohlwollen des Publikums gestoßen (Giacoma & Kolb)
> *il nuovo prodotto ha incontrato il favore del pubblico*, das neue Erzeugnis hat beim Publikum Anklang gefunden (Sansoni)
> *incontrare il favore generale*, sich (Dat) allgemeinen Zuspruchs erfreuen (Garzanti).[32]

Von den zweisprachigen Online-Wörterbüchern findet man diese Wendung lediglich bei dict.cc (*Lo spettacolo ha incontrato il favore del pubblico*, Die Vorstellung ist auf das Wohlwollen des Publikums gestoßen) unter dem Lemma *favore* oder in Pons bei der direkten Suche nach „incontrare il favore" ('bei jdm. Anklang finden'), wobei hier keine Beispiele angegeben werden. Daher wird diese Kollokation in den meisten Fällen (überwiegend von der Gruppe A) wörtlich ins Deutsche übersetzt (**das Wohlwollen getroffen*). Weitere Gründe für die hohe Fehlerquote sind: keine Wiedergabe des italienischen Adjektivs *grande* oder dessen fehlerhafte Wiedergabe (**viel Anstoß, *viele Zustimmung*), falsche Genuszuweisung (**den Wohlwollen*), keine Verwendung der Negation oder – vor allem bei der Gruppe A – die fehlerhafte Negation (**nicht Anklang*). Solche Fehler können u. a. dadurch erklärt werden, dass die Schwierigkeiten bei dieser Mehrwortverbindung so groß sind, dass sich die Studierenden eher auf die Wortverbindung im engeren Sinn konzentrieren und dabei nicht auf zusätzliche lexikalische Elemente bzw. auf die Grammatik achten. Wünschenswert wäre aber, dass vor allem Online-Wörterbücher, die aus Platzgründen keine komprimierten Informationen geben müssen, klare Beispiele anführen, aus denen man auch eindeutige Hinweise auf die Art der Intensivierung und der Negation entnehmen kann, damit Fremdsprachenlernende Antworten auch auf komplexere Fragestellungen finden.

---

[32] Diese Angabe ist jedoch falsch, da *sich* im Akkusativ und nicht im Dativ steht: *Ich erfreue mich/*mir allgemeinen Zuspruchs*.

5.3 Test 2: Die Herübersetzung

Der Prozentanteil der richtigen Übersetzungen ist hier deutlich höher als bei Test 1, wobei auch in diesem Fall lediglich die Wiedergabe der FVG von Interesse ist und keine weiteren Übersetzungsfehler bewertet werden. Selbstverständlich fällt den Studierenden die Herübersetzung leichter als die Hinübersetzung, wobei die Protokolle der Wörterbuchaktivitäten zeigen, dass auch während dieser Übersetzungsaufgabe vor allem zweisprachige Print- und Online-Wörterbücher (unter dem substantivischen Bestandteil) konsultiert wurden (vgl. Tabelle 5). Ausnahmen sind Satz 1 und 7, bei denen die große Mehrheit der Probanden keine Wörterbücher benutzte. Daher spielt es keine Rolle, dass *etw. zur Wahl stehen* lediglich in einigen Wörterbüchern verbucht ist (Duden, DIT, Giacoma & Kolb).

Wie Tabelle 4 zeigt, lässt sich eine klare Tendenz seitens der Studierenden beobachten, das FVG des Deutschen auch im Italienischen mit einem FVG bzw. einer Kollokation wiederzugeben (der Prozentsatz der etwaigen Verwendung einfacher Verben wird in runden Klammern angegeben).

Tab. 4: Prozentwerte der richtigen Übersetzungen bei Test 2

Satz	mögliche Übersetzung mit FVG oder mit einfachem Verb	Gruppe A	Gruppe B
1. In diesem Laden *stehen* verschiedene Nudelsorten *zur Wahl*.	In questo negozio *si può scegliere/c'è la scelta* tra diversi tipi di pasta.	91% (0%)	87% (0%)
2. Der Streik will den ganzen Verkehr *zum Stillstand bringen*.	Lo sciopero vuole *paralizzare* tutto il traffico.	77% (5%)	73% (0%)
3. Er *fand* nie große *Anerkennung* bei seinen Eltern.	Non *ha* mai *ricevuto* grande *apprezzamento* dai genitori. Non ha mai *trovato* molta *approvazione* da parte dei genitori.	45% (9%)	47% (27%)
4. Er hat *sich* bei der alten Tante nach so langer Zeit mit einer Postkarte wieder *in Erinnerung gebracht*.	Dopo tanto tempo *si è fatto vivo* con l'anziana zia con una cartolina. Dopo tanto tempo *tornò in mente* all'anziana zia grazie a una cartolina. Dopo tanto tempo l'anziana zia *si è ricordata* di lui grazie a una cartolina.	36% (0%)	33% (0%)

Satz	mögliche Übersetzung mit FVG oder mit einfachem Verb	Gruppe A	Gruppe B
	Scrivendo una cartolina dopo tanto tempo ha fatto sì che l'anziana zia si ricordasse di lui.		
5. Er hat meinen guten Willen *in Zweifel gezogen*.	*Ha messo in dubbio* la mia buona volontà.	86% (0%)	93% (0%)
6. Die Umstrukturierung der Firma muss sofort *in Angriff genommen* werden.	La riorganizzazione della ditta *deve essere intrapresa* il prima possibile Bisogna *mettere mano* alla riorganizzazione della ditta il prima possibile.	32% (55%)	33% (60%)
7. Nach der Vorlesung können die Studenten dem Professor *Fragen stellen*.	Dopo la lezione gli studenti possono *fare/porre domande* al professore.	100% (0%)	100% (0%)

Tab. 5: Wörterbuchaktivitäten Test 2

Satz	WB-Aktivitäten	Gruppe A Prozentanteil	WB-Aktivitäten	Gruppe B Prozentanteil
1.	0	100%	0	93%
2.	Q	55%	Q	47%
	0	18%	0	33%
	H	14%	H	20%
3.	Q	64%	0	27%
	H	23%	Q	27%
	-	-	H	27%
4.	0	55%	0	47%
	Q	18%	Q	13%
	-	-	H	13%
5.	0	86%	0	60%
	-	-	Q	20%
	-	-	P	13%
6.	0	32%	0	20%
	Q	32%	Q	27%
	V	27%	V	20%
	-	-	H	27%
7.	0	95%	0	100%

Problemfälle liegen lediglich bei Satz 3 und 4 vor. Satz 4 wurde in der Mehrheit der Fälle fälschlicherweise so verstanden, dass er (d. h. der Mann, von dem die Rede ist) sich dank einer Postkarte an die Tante erinnert („Lui si è ricordato della sua vecchia zia dopo tanto tempo con una/grazie a una cartolina"). Dies ist auch darauf zurückzuführen, dass die Hälfte der Testpersonen diesen Satz ohne Wörterbuch übersetzte. Wurden Wörterbücher konsultiert, handelte es sich um zweisprachige (Tabelle 5), die jedoch dieses FVG nicht aufführen. Vielleicht haben die darin aufgenommenen ähnlichen Wendungen wie *jdm etw in Erinnerung rufen*, richiamare qc alla mente di qu (Giacoma & Kolb), *jdm etw. in Erinnerung bringen*, richiamare qcs alla memoria (o alla mente) di qcn (DIT; ähnlich auch in Sansoni) oder *jdm sein Versprechen wieder in Erinnerung bringen* (Wahrig) für die Fehlinterpretation gesorgt. Hilfreicher wären die in Duden enthaltenen Ausführungen gewesen: *Sie wollte sich mit diesem Gruß in Erinnerung bringen* (bewirken, dass man sich wieder an sie erinnert u. für sie in einer bestimmten Weise einsetzt). Diese lexikographische Darstellung ist jedoch nicht vollständig, da der Hinweis auf die mögliche Realisierung der *bei*-Phrase fehlt.

Bei der Übersetzung des Satzes 3 lässt sich dagegen ein häufiger Interferenzfehler beobachten: Das FVG in Satz 3 – *bei jdm Anerkennung finden* – wird in 35% der Fälle mit **Non ha mai trovato molta approvazione dai genitori* übersetzt. Dabei verwendeten die Studierenden fälschlicherweise die zusammengesetzten Präpositionen (Präposition + Artikel) *dai* statt des Präpositionalgefüges *da parte di*. Dies beweist, wie die Idiosynkrasien der Fremdsprachen auch für einen negativen Transfer in der Muttersprache sorgen können, auch wenn in der großen Mehrheit der Fälle eine Wörterbuchkonsultation stattfindet. Wörterbücher wurden auch für die Übersetzung der FVG in den Sätzen 2 und 6 herangezogen (*etw. zum Stillstand bringen* und *etw. in Angriff nehmen*). Da es sich um in den Wörterbüchern gut belegte Wendungen handelt, die auch keine formalen oder semantischen Interferenzfehler mit dem Italienischen verursachen können, ist die Erfolgsquote bei den Übersetzungen hier sehr hoch.

6 Fazit

Die von mir durchgeführten Tests bestätigen trotz der geringen Anzahl der Probanden einige in früheren Studien bereits beobachtete Tendenzen in der Wörterbuchbenutzung (für das Sprachenpaar Deutsch-Italienisch vgl. u. a. Mollica 2017; Nied Curcio 2013, 2014; Wolfer 2018): DaF-Studierende greifen – unabhängig von ihrem Sprachniveau – fast ausschließlich auf zweisprachige Online-Wörterbücher zurück, da die in diesen angegebenen Übersetzungsäquivalente für sie eine sofortige und oftmals verständlichere (im Vergleich zu einsprachigen Wörterbüchern) Lösung bieten. Vor allem bei phraseologischen Fragestellungen können die in den einsprachigen Wörterbüchern enthaltenen Bedeutungsparaphrasen Nichtmuttersprachlern besondere Schwierigkeiten bereiten. Die Tatsache, dass Benutzer überwiegend Online-Wörterbücher zu Rate ziehen, müsste in der Fremdsprachendidaktik verstärkt berücksichtigt werden. Außerdem können elektronische bzw. Online-Ressourcen auch einige Vorteile aufweisen. Einige Online-Wörterbücher wie beispielsweise LEO werden nicht nur durch die Redaktion, sondern auch dank der Vorschläge der Benutzer stets aktualisiert. Darüber hinaus scheinen sie auch quantitativ eine sehr große Menge an sprachlichem Material lexikographisch zu erfassen (vgl. hierzu z. B. die Stichprobenanalyse in Bustos Plaza 2015: 278). Auch stellen die Diskussionen in den Foren eine inhaltliche Ergänzung zu den lexikographischen Einträgen dar, falls Benutzer bei der jeweiligen Suche nicht fündig werden. (Bustos Plaza 2015: 266, 278).

Man darf außerdem die Rolle des Wörterbuches im Fremdsprachenerwerb generell nicht unterschätzen: Jedes Mal, wenn Lernende ein Wörterbuch nachschlagen, finden sie Informationen, die ihre Kompetenzen in der Fremdsprache verbessern können bzw. sollten. Das heißt, die Grenzen zwischen Nachschlagewerk und Lernhilfsmittel sind bei der Konsultation eines Wörterbuches geradezu fließend.

Nach den neueren Ergebnissen der Wörterbuchbenutzungsforschung scheint also die Zukunft der modernen Lexikographie in lexikographischen Online-Ressourcen zu liegen, die schnell und intuitiv abrufbar sind. Umso wichtiger ist es, dass Lexikographen in ihren Wörterbüchern (ob in Print- oder elektronischen Versionen) eine systematische Darstellung einer Sprache anstreben, bei der die Parameter der Akkuratheit und Benutzerfreundlichkeit intensiver berücksichtigt werden müssten. Denn trotz der Bemühungen vieler Lexikographen (vor allem in den letzten Jahren) weisen viele Wörterbücher noch Schwächen auf. Die metalexikographische Analyse der FVG hat ergeben, dass ein- und zweisprachige Wörterbücher bei der Registrierung häufig nicht homogen und/oder unvollständig vorgehen und dass dies Konsequenzen bei der Sprachproduktion insbesondere in der Fremdsprache (s. Test 1) hat. Aber vor allem bei der Beschreibung syntagmatischer Aspekte müssten Wörterbücher genauer vorgehen: Die Ergebnisse der von mir durchgeführten Tests zeigen, dass sich dieser Bereich auch für fortgeschrittene Studierende als problematisch erweist, denn die Fehlerquote der Master-Studierenden (Gruppe B) weicht in den meisten Fällen kaum von den Lernenden mit geringeren Sprachkenntnissen ab (Gruppe B).

Die von mir durchgeführte Studie hat gezeigt, dass FVG von den Benutzern intuitiv überwiegend unter dem nominalen Bestandteil gesucht werden (s. auch ähnliche Ergebnisse zu den Kollokationen in Mollica 2017), auch wenn sie sehr oft als Block, als eine einzige verbale Form betrachtet werden. Die bedeutet, dass FVG (sowie Kollokationen) sowohl in ein- als auch zweisprachigen Wörterbüchern einheitlicher registriert und beschrieben werden müssten, denn es ist für Wörterbuchbenutzer zu verwirrend, wenn die Wendungen innerhalb desselben Werkes mal unter dem einen, mal unter dem anderen und mal unter beiden Bestandteilen zu finden sind. Elektronische bzw. Online-Wörterbücher müssten den Benutzern die Möglichkeit bieten, FVG als Block, d. h. als eine einzige verbale Form, zu suchen. Dies wäre aber auch für die anderen phraseologischen Einheiten sehr nützlich.

Aber auch die Qualität der angegebenen Informationen müsste z. T. verbessert bzw. benutzerorientierter werden. Es geht dabei u. a. um die Angabe der Valenz und möglicher Varianten (vgl. u. a. Storrer 2013). So müssten z. B. Wörterbücher bei den FVG *etw. in Gang setzen* bzw. *etw. in Bewegung bringen* auch die fakultative Realisierung der Präpositionalphrase *bei/in jdm.* verzeichnen. Es stellt sich außerdem die Frage, ob es nicht sinnvoll wäre, in zweisprachigen Wörterbüchern auf mögliche Interferenzfehler graphisch (durch Farben oder Fettschrift) aufmerksam zu machen. Wichtig wäre auch, dass FVG (sowie Kollokationen) in allen ihren Varianten unter einem Lemma präsentiert werden. So müsste man z. B. bei *mettere in moto qc.* (*in qc.*) die beiden deutschen Übersetzungsäquivalente (*etw.* (*in/bei jdm.*) *in Bewegung bringen/in Gang setzen*) finden können (Ähnliches gilt auch für it. *incontrare il favore di qcn.* und seine deutschen Übersetzungsäquivalente *auf jds. (großes) Wohlwollen/auf das (große) Wohlwollen von jdm. stoßen, bei jdm. (großen) Anklang finden, bei jdm. (große) Zustimmung/die (große) Zustimmung von jdm. finden*). Die von mir analysierten Wörterbücher tendieren jedoch meistens dazu, lediglich die eine oder die andere Form anzugeben.

Angesichts der Tatsache, dass eine präzisere Darstellung der syntagmatischen bzw. phraseologischen Beziehungen vor allem in zweisprachigen Wörterbüchern erfolgt, müsste doch gerade die professionelle Lexikographie m. E. mehr auf die Bedürfnisse und Erwartungen vor allem der interessierten Benutzer oder derjenigen, die Wörterbücher im beruflichen Alltag gebrauchen, achten, wenn sie im Zeitalter des kostenlosen Internets überleben möchte. Diesbezüglich kann die Wörterbuchbenutzungsforschung zu einer stetigen Verbesserung der Wörterbücher beitragen, damit sie benutzerfreundlicher und genauer in ihrer Darstellung werden. Dies betrifft sowohl die Registrierung als auch die Beschreibung der Einträge, denn erst bei der Beobachtung der Benutzer-in-actu können Schwächen und Unklarheiten in den Wörterbüchern aufgedeckt werden. In dieser Hinsicht müssten die Ergebnisse der Wörterbuchbenutzungsforschung in die Herstellung oder Erweiterung von Wörterbüchern bzw. Wörterbuchartikeln einfließen. So sind z. B. von mir in der neuen (vierten) Auflage von Giacoma & Kolb einige der Informationen als Infobox (im Italienisch-Deutschen Teil) eingebaut worden, die sich bei den empirischen Untersuchungen in Dominguez Vasquez, Mollica & Nied Curcio (2014) und Mollica (2017) als besonders problematisch erwiesen haben. Dies betrifft nicht nur die Phraseologie, sondern auch morphosyntaktische (valenzielle) oder semantisch-pragmatische Aspekte.

Da aus Mollica (2017) sich die Kollokation *an jdm. Kritik üben* als besonders heimtückisch herausgestellt hat, werden die Benutzer darauf hingewiesen, dass das deutsche Substantiv *Kritik* – im Gegensatz zum Italienischen – nicht in Plural gesetzt werden kann:

> **critica** • l'equivalente di *muovere una critica/critiche a qu/qc* è *an jdm/etw Kritik üben*: **hanno mosso critiche al sindaco**, sie haben am Bürgermeister Kritik geübt. Attenzione: *an* (+ dat); il sostantivo *Kritik*, in questa espressione, può essere solo usato al singolare (quindi non **Kritiken*)

Würde man eine Infobox für das FVG *etw. bei jdm. in Gang/Bewegung setzen/bringen* erstellen, müsste sie z. B. so kommentiert werden, dass für die italophonen Benutzer die Variation im Deutschen sowohl der Substantive als auch der Verben sowie auch die morphosyntaktische und semantische Valenz deutlich zum Ausdruck kommen:

> **moto** • l'espressione *mettere in moto qc in qu* si rende in tedesco con *etw bei jdm in Gang/Bewegung setzen/bringen*: **il tuo comportamento ha messo in moto in me tutta una serie di riflessioni**, dein Verhalten hat bei mir eine ganze Reihe von Überlegungen in Gang/in Bewegung gesetzt/gebracht.

Wichtig ist außerdem, dass Lexikographen bei der Erstellung korpusbasiert vorgehen, um syntagmatische Verbindungen in ihren Idiosynkrasien und in ihrer Komplexität akkurat beschreiben zu können. Denn die Verwendung von Korpora kann bei der lexikographischen Beschreibung von FVG (und von phraseologischen Einheiten im Allgemeinen) einen erheblichen Beitrag leisten, damit ein- und zweisprachige Wörterbücher zunehmend benutzerfreundlicher werden und leisten können, was ihre Benutzer von ihnen erwarten: eine systematische und nützliche Darstellung der Sprache.[33] Auf diese Weise würden die Benutzer zu tatsächlichen Nutznießern der Wörterbücher werden!

---

33 Auf die Frage eines Gutachters, wie genau bei der Erstellung von Wörterbüchern korpusbasiert vorzugehen ist, kann in diesem Rahmen nicht eingegangen werden. Zweifelsohne liegen Unterschiede darin, ob man mit ein- oder mehrsprachigen Wörterbüchern zu tun hat; bei zwei-

Literatur

Aguado, Karin (2002): Formelhafte Sequenzen und ihre Funktionen für den L_2-Erwerb. *Zeitschrift für Angewandte Linguistik* 37, 27–49.

Aktins, Beryl T. & Frank E Knowels (1990): Interim Report on the EURALEX/AILA Research Project into Dictionary Use. In Tamás Magay & Judit Zigany (Hrsg.), *Proceedings of BudaLex '88*, 381–392. Budapest: Akadémiai Kiadó.

Aktins, Beryl T. & Krista Varantola (1998): Language Learners Using Dictionaries: The Final Report on the EURALEX/AILA Research Project on Dictionary Use. In Beryl T. Aktins (Hrsg.), *Using Dictionaries Studies of Dictionary Use by Language Learners and Translators*, 21–81. Tübingen: Niemeyer.

Bergenholtz, Hennig (2008): Von Wortverbindungen, die sie Kollokationen nennen. *Lexicographica* 24, 9–20.

Bergenholtz, Henning, Sandro Nielsen & Sven Tarp (2009) (Hrsg.): *Dictionaries and Encyclopedias Today, Lexicographical Tools Tomorrow*. Frankfurt am Main: Peter Lang.

Bielińska, Monika (2012): Einsprachige (Lerner-)Wörterbücher des Deutschen im Germanistikstudium. Ergebnisse einer Umfrage. *Linguistica Silesiana* 33, 53–62.

Boers, Frank & Seth Lindstromberg (2008): How cognitive linguistics can foster effective vocabulary teaching. In Frank Boers & Seth Lindstromberg (Hrsg.), *Cognitive Linguistic Approaches to Teaching Vocabulary and Phraseology*, 1–61. Berlin, New York: De Gruyter.

Boonmoh, Atipat (2012): E-dictionary Use under the Spotlight: Students' Use of Pocket Electronic Dictionaries for Writing. – Lexikos. *Journal of the African Association for Lexicography* 22, 43–68.

Burger, Harald (2010): *Phraseologie. Eine Einführung am Beispiel des Deutschen*, 4. neu bearb. Aufl. Berlin: Erich Schmidt.

Burger, Harald (2015): *Phraseologie. Eine Einführung am Beispiel des Deutschen*, 5. neu bearb. Aufl. Berlin: Erich Schmidt.

Bustos Plaza, Alberto (2015): Deutsche Funktionsverbgefüge und spanische Pseudokopulasätze im Kontrast: ein Beitrag zu Begrifflichkeit, grammatikographischer Beschreibung und lexikographischer Erfassung. In Meike Meliss & Bernhard Pöll (Hrsg.), *Aktuelle Perspektiven der kontrastiven Sprachwissenschaft. Deutsch – Spanisch – Portugiesisch. Zwischen Tradition und Innovation*, 265–283. Tübingen: Gunter Narr.

Cantarini, Sibilla (2004): *Costrutti con verbo supporto: italiano e tedesco a confronto*. Bologna: Patròn.

Dobrovol'skij, Dmitrij (2014): Idiome in der Übersetzung und im zweisprachigen Wörterbuch. In Carmen Mellado Blanco (Hrsg): *Kontrastive Phraseologie Deutsch-Spanisch*. Tübingen: Julius Groos, 197–211.

---

sprachigen Wörterbüchern kommt noch – wie auch vom Gutachter bemerkt– die Wahl der Korpora (bilinguale vs. vergleichbare Korpora) hinzu. Eine der Schwierigkeiten besteht darin, dass die Äquivalenz auf der Textebene oft keine Äquivalenz auf lexikografischer Ebene impliziert (s. Abschnitt 4.4). Es sei auf Taborek (2018) für eine korpusbasierte Äquivalenz-Beschreibung (Deutsch-Polnisch) von FVG verwiesen.

Domínguez Vázquez, María José (2015): Wörterbuchbenutzung: Tendenzen, riskante Entwicklungen und aktuelle Fragestellungen an die Lexikographie. In José-Antonio Calañas Continente & Ferran Robles i Sabater (Hrsg.), *Die Wörterbücher des Deutschen: Entwicklungen und neue Perspektiven*, 269–302. Frankfurt am Main: Peter Lang.

Domínguez Vázquez, María José, Mónica Mirazo Balsa & Vanessa Vidal Pérez (2013): Wörterbuchbenutzung: Erwartungen und Bedürfnisse. Ergebnisse einer Umfrage bei Deutsch lernenden Hispanophonen. In María José Domínguez Vázquez (Hrsg.), *Trends in der deutschsprachigen Lexikographie*, 135–172. Frankfurt am Main: Peter Lang.

Dominguez Vasquez, María José, Fabio Mollica & Martina Nied Curcio (2014): Simplex-Verben im Italienischen und Spanischen vs. Präfix- und Partikelverben im Deutschen. Eine Untersuchung zum Gebrauch von Online-Wörterbüchern bei der Übersetzung. In Marie José Dominguez Vasquez, María José, Fabio Mollica & Martina Nied Curcio (Hrsg.), *Zweisprachige Lexikographie zwischen Translation und Didaktik*, 179–219. Berlin, Boston: De Gruyter.

Dominguez Vasquez, María José & Carlos Valcárcel Riveiro (2015): Hábitos de uso de los diccionarios entre los estudiantes universitarios europeos: ¿nuevas tendencias? In María José Domínguez Vázquez et al. (Hrsg.): *Lexicografía de las lenguas románicas II. Aproximaciones a la lexicografía contemporánea y contrastiva*, 165–189. Berlin, Boston: De Gruyter.

Eisenberg, Peter (2013): *Grundriss der deutschen Grammatik. Der Satz*. Band 2. 4. bearb. Aufl. Stuttgart: Metzler

Elia, Annibale, Emilio D'Agostino & Maurizio Martinelli (1985): Tre componenti della sintassi italiana: frasi semplici, frasi a verbo supporto e frasi idiomatiche. In Annalisa Franchi De Bellis & Leonardo Maria Savoia (Hrsg.), *Sintassi e morfologia della lingua italiana d'uso. Teorie e applicazioni descrittive. Atti del XVII congresso internazionale della Società di Linguistica Italiana (Urbino, 11–13 settembre 1983)*, 311–325. Roma: Bulzoni.

Engelberg, Stefan & Lothar Lemnitzer (2008): *Lexikographie und Wörterbuchbenutzung*, 3. Aufl. Tübingen: Stauffenburg.

Engelen, Bernhard (1968): Zum System der Funktionsverbgefüge. *Wirkendes Wort* 18 (5), 289–303.

Fabricius-Hansen, Cathrine (2006): Wie fügen sich Funktionsverben in Funktionsverbgefüge ein? In Eva Breindl, Lutz Gunkel & Bruno Strecker (Hrsg.), *Grammatische Untersuchungen. Analysen und Reflexionen*, 259–274. Tübingen: Gunter Narr.

Flinz, Carolina (2014): Wörterbuchbenutzung: Ergebnisse einer Umfrage unter Studenten der Tourismuswissenschaft. In Michael Mann (Hrsg.), *Digitale Lexikographie. Ein-und mehrsprachige elektronische Wörterbücher mit Deutsch: aktuelle Entwicklungen und Analysen*, 13–33. Hildesheim: Olms.

Giacoma, Luisa (2011): Übersetzungsfehler und Gebrauch von zweisprachigen Wörterbüchern Deutsch-Italienisch: ein Erfahrungsbericht. In Sandra Bosco, Marcella Costa & Ludwig M. Eichinger (Hrsg.), *Deutsch/Italienisch: Sprachvergleiche*, 45–65, Heidelberg: Winter.

Giacoma, Luisa (2012): Fraseologia e fraseografia bilingue. Riflessioni teoriche e applicazioni pratiche nel confronto Tedesco-Italiano. Tübingen: Lang.

Giacoma, Luisa (2015): Die Entwicklung der Mikrostruktur in zweisprachigen Wörterbüchern. Eine vergleichende Analyse Deutsch-Italienisch. In José Antonio Calañas, Ferran Robles i Sabater (Hrsg.), *Wörterbücher des Deutschen: Entwicklungen und neue Perspektiven*, 175–198. Frankfurt am Main: Peter Lang.

Hallsteinsdóttir, Erla (2011): Aktuelle Forschungsfragen der deutschsprachigen Phraseodidaktik. *Linguistik online* 47 (3), 3–31. http://www.linguistik-online.de/47_11/hallsteinsdottir.pdf (14.09.2018)

Hans-Bianchi, Barbara (2012): Die generischen Tätigkeitsverben *machen* und *tun* im DaF-Unterricht. In Klaus Fischer & Fabio Mollica (Hrsg.): *Valenz, Konstruktion und Deutsch als Fremdsprache*, 257–275. Frankfurt am Main: Peter Lang.

Hausmann, Franz Josef (1984): Wortschatzlernen ist Kollokationslernen. Zum Lehren und Lernen französischer Wortverbindungen. *Praxis des neusprachlichen Unterrichts* 31, 385–406.

Hausmann, Franz Josef (2007): Die Kollokationen im Rahmen der Phraseologie – Systematische und historische Darstellung. *Zeitschrift für Anglistik und Amerikanistik* 55 (3), 217–234.

Heine, Antje (2002): Funktionsverbgefüge im Lernerwörterbuch am Beispiel von Langenscheidts Großwörterbuch Deutsch als Fremdsprache. *Neuphilologische Mitteilungen* 1, 51–62.

Heine, Antje (2003): Zur Verflechtung von Lexikon und Grammatik am Beispiel der Funktionsverbgefüge. *Estudios Filológicos Alemanes* 2, 237–250.

Heine, Antje (2004): Zur Darstellung von Funktionsverbgefügen in Langenscheidts Großwörterbuch Deutsch als Fremdsprache. In Csaba Földes & Jan Wirrer (Hrsg.), *Phraseologismen als Gegenstand sprach- und kulturwissenschaftlicher Forschung. Akten der Europäischen Gesellschaft für Phraseologie und des Westfälischen Arbeitskreises „Phraseologie/Parömiologie"* (Loccum 2002), 351–364. Baltmannsweiler: Schneider Hohengehren.

Heine, Antje (2005): Funktionsverbgefüge im Lernerwörterbuch. Ein Vergleich von Langenscheidts Großwörterbuch Deutsch als Fremdsprache (³2003) und de Gruyter Wörterbuch Deutsch als Fremdsprache (2000). In Irmhild Barz, Henning Bergenholtz & Jarmo Korhonen (Hrsg.), *Schreiben, Verstehen, Übersetzen, Lernen*, 345–356. Frankfurt am Main: Peter Lang.

Heine, Antje (2006): *Funktionsverbgefüge in System, Text und korpusbasierter (Lerner-) Lexikografie*. Frankfurt am Main: Peter Lang.

Heine, Antje (2008): *Funktionsverbgefüge richtig verstehen und verwenden. Ein korpusbasierter Leitfaden unter Angabe der finnischen Äquivalente*. Frankfurt am Main: Peter Lang.

Helbig, Gerhard (1982): *Valenz – Satzglieder – semantische Kasus – Satzmodelle*. Leipzig: Enzyklopädie.

Helbig, Gerhard (2006): Funktionsverbgefüge – Kollokationen – Phraseologismen. Anmerkungen zu ihrer Abgrenzung – im Lichte der gegenwärtigen Forschung. In Ulrich Breuer & Irma Hyvärinen (Hrsg.), *Wörter – Verbindungen: Festschrift für Jarmo Korhonen zum 60. Geburtstag*, 165–174. Frankfurt am Main: Peter Lang.

Herbst, Thomas & Michael Klotz (2003): *Lexikographie*. Paderborn: Schöningh UTB.

Kamber, Alain (2006): Funktionsverbgefüge – empirisch (am Beispiel von *kommen*). *Linguistik Online* 28 (3), 109–132. https://bop.unibe.ch/linguistik-online/article/view/614/1056#anm0 (10.01.2019).

Kamber, Alain (2008): *Funktionsverbgefüge – empirisch. Eine korpusbasierte Untersuchung zu den nominalen Prädikaten des Deutschen*. Tübingen: Niemeyer.

Kispál, Tamás (2004): Benutzung von ein- und zweisprachigen Wörterbüchern des Deutschen und des Ungarischen bei Germanistikstudenten. In Daniel Czicza, Ildikó Hegedűs, Péter Kappel & Attila Németh (Hrsg.), *Wertigkeiten, Geschichten und Kontraste. Festschrift für Péter Bassola zum 60. Geburtstag*, 265–281. Szeged: Grimm.

Konecny, Christine (2010): *Kollokationen. Versuch einer semantisch-begrifflichen Annäherung und Klassifizierung anhand italienischer Beispiele*. München: Meidenbauer.
Konecny, Christine (2011): Divergenze e convergenze in collocazioni lessicali italiane e tedesche. In Eva Lavric, Wolfgang Pöckl & Florian Schallhart (Hrsg.), *Comparatio delectat. Akten der VI. Internationalen Arbeitstagung zum romanisch-deutschen und innerromanischen Sprachvergleich, Innsbruck, 3.–5. September 2008. Teil 1*, 295–309. Frankfurt am Main: Peter Lang.
Konecny, Christine (2012): Wirf' mal einen Blick darauf – Dacci un po' un'occhiata! Zu interlingualen Abweichungen in italienischen und deutschen Verb-Substantiv-Kollokationen und deren Relevanz für die Translationsdidaktik und die translatologische Praxis. In Lew Zybatow, Alena Petrova & Michael Ustaszewski (Hrsg.), *Translationswissenschaft interdisziplinär: Fragen der Theorie und Didaktik / Translation Studies: Interdisciplinary Issues of Theory and Didactics. Tagungsband der 1. Internationalen Konferenz TRANSLATA: Translationswissenschaft: gestern – heute – morgen, 12.–14. Mai 2011 Innsbruck*, 299–306. Frankfurt am Main: Peter Lang.
Korhonen, Jarmo (2007): Probleme der kontrastiven Phraseologie. In Harald Burger, Dmitrij Dobrovol'skij, Peter Kühn & Neal R. Norrick (Hrsg.): *Phraseologie: Ein internationales Handbuch der zeitgenössischen Forschung*, 574–598. Berlin, New York: De Gruyter.
Kuchenreuther, Michaela (2015): *Ein zweisprachiges Wörterbuch konsultieren. Eine Untersuchung zur Wörterbuchbenutzung und Vorschläge für die Mikrostruktur von Einträgen Galicisch-Deutsch*. Münster: Waxmann.
Laufer, Batia & Linor Melamed (1997): Monolingual, bilingual and 'bilingualised' dictionaries: which are more effective, for what and for whom? *The Modern Language Journal* 81 (2), 189–196.
Mellado Blanco, Carmen (2015): Parámetros específicos de equivalencia en las unidades fraseológicas (con ejemplos del español y el alemán). *Revista de Filología* 33, 153–174.
Mollica, Fabio (2017): Wörterbuchkritik und Wörterbuchbenutzungsforschung: Wie benutzerfreundlich ist die Registrierung von Kollokationen in ein- und zweisprachigen (Deutsch-Italienisch) Wörterbüchern? In Bielińska Monika & Stefan J. Schierholz (Hrsg.): *Wörterbuchkritik. Dictionary criticism*, 133–171. Berlin, Boston: De Gruyter.
Müller-Spitzer, Carolin (Hrsg.) (2014): *Using Online Dictionaries*. Berlin, Boston: De Gruyter.
Müller-Spitzer, Carolin & Alexander Koplenig, (2014): Online dictionaries: expectations and demands. In Carolin Müller-Spitzer (Hrsg.), *Using Online Dictionaries*, 143–188. Berlin, Boston: De Gruyter.
Nied Curcio, Martina (2006): La lessicografia tedesco-italiana: storia e tendenze. In Félix San Vicente (Hrsg.), *Lessicografia bilingue e traduzione: metodi, strumenti, approcci attuali*, 57–70. Monza: Polimetrica International Scientific Publisher.
Nied Curcio, Martina (2013): Der Gebrauch zweisprachiger Wörterbücher aus der Sicht italienischer Germanistikstudierender. In Rufus Hjalmar Gouws, Ulrich Heid, Thomas Herbst, Stefan J. Schierholz, Wolfgang Schweickard (Hrsg.): *Lexicographica. International Annual for Lexicography*, 129–145. Berlin, New York: De Gruyter.
Nied Curcio, Martina (2014): Die Benutzung von Smartphones im Fremdsprachenerwerb und -unterricht. In Andrea Abel, Chiara Vettori & Natascia Ralli (Hrsg.), *EURALEX International congress: The user in focus. 15–19 luglio 2014, Bolzano*, 263–280. Bozen: Eurac.
Nied Curcio, Martina (2015): Wörterbuchbenutzung und Wortschatzerwerb. Werden im Zeitalter des Smartphones überhaupt noch Vokabeln gelernt? *Info DaF* 5, 445–468.

Nied Curcio, Martina (in Druck): Das Nachschlagen von Phrasemen in Online-Wörterbüchern und Applikationen – ein Problem für Fremdsprachenlernende?! In Christine Konecny, Erica Autelli, Andrea Abel & Lorenzo Zanasi (Hrsg.), *Lexemkombinationen und typisierte Rede im mehrsprachigen Kontext*. 2 Bd. Tübingen: Stauffenburg.

Persson, Ingemar (1992): Das kausative Funktionsverbgefüge (FVG) und dessen Darstellung in der Grammatik und im Wörterbuch. *Deutsche Sprache* 20, 153–171.

Püschel, Ulrich (1989): Wörterbücher und Laienbenutzung. In Franz Josef Hausmann, Oskar Reichmann, Herbert E. Wiegand & Ladislav Zgusta (Hrsg.), *Wörterbücher. Ein internationales Handbuch zur Lexikographie*, 128–135. Band 1 (= HSK 5.1). Berlin, New York: De Gruyter.

Reder, Anna (2006): *Kollokationen in der Wortschatzarbeit*. Wien: Praesens.

Reuther, Tilman: (1983): Zur semantisch-syntaktischen Klassifizierung und lexikographischen Erfassung von Funktionsverbgefügen. In Maurizio Dardano (Hrsg.), *Parallela. Akten des 2. Österreichisch-Italienischen Linguistentreffens*, 135–45. Tübingen: Gunter Narr.

Rosch, Eleanor & Carolyn B. Mervis (1975): Family resemblances: Studies in the internal structure of categories. *Cognitive Psychology* 7, 573–547.

Schafroth, Elmar (2011): Syntagmatische Kontexte in pädagogischen Wörterbüchern des Deutschen und Italienischen. In Sandra Bosco, Marcella Costa & Ludwig Eichinger (Hrsg.), *Deutsch-Italienisch: Sprachvergleiche/Tedesco-Italiano: confronti linguistici*, 67–91. Heidelberg: Winter.

Schafroth, Elmar (2003): Kollokationen im GWDS. In Herbert Ernst Wiegand (Hrsg.), *Untersuchungen zur kommerziellen Lexikographie der deutschen Gegenwartssprache. I. „Duden. Das große Wörterbuch der deutschen Sprache in zehn Bänden"*, 397–412 Tübingen: Niemeyer.

Steyer, Kathrin (2000): Usuelle Wortverbindungen des Deutschen. Linguistisches Konzept und lexikografische Möglichkeiten. *Deutsche Sprache* 2, 101–125.

Steyer, Kathrin (2008): Kollokationen in deutschen Wörterbüchern und in der deutschen Wörterbuchforschung. Lexicographica 24, 185–207.

Storrer Angelika (2006): Funktionen von Nominalisierungsverbgefüge im Text. Eine korpusbasierte Fallstudie. In Kristel Proost & Edeltraud Winkler (Hrsg.), *Von der Internationalität zur Bedeutung konventionalisierter Zeichen. Festschrift für Gisela Harras zum 65. Geburtstag*, 147–178.Tübingen: Gunter Narr.

Storrer, Angelika (2013): Variation im deutschen Wortschatz am Beispiel der Streckverbgefüge. In Deutsche Akademie für Sprache und Dichtung; Union der deutschen Akademien der Wissenschaften (Hrsg.), *Reichtum und Armut der deutschen Sprache. Erster Bericht zur Lage der deutschen Sprache*, 171–209. Berlin, Boston: De Gruyter.

Taborek, Janusz (2018): Funktionsverbgefüge in bilingualen deutsch-polnischen Wörterbüchern. Korpusbasierte Analyse – syntagmatische Muster – Äquivalenz. In Vida Jesenšek & Milka Enčeva (Hrsg.), *Wörterbuchstrukturen zwischen Theorie und Praxis. Herbert Ernst Wiegand zum 80. Geburtstag gewidmet*, 197–214. Berlin, Boston: De Gruyter.

Targońska, Joanna (2014): Kollokationen – ein vernachlässigtes Gebiet der DaF-Didaktik? *Linguistik online* 68 (6), 127–149.

Tiberius, Carole & Carolin Müller-Spitzer (Hrsg.) (2015): *Research into dictionary use / Wörterbuchbenutzungsforschung. 5. Arbeitsbericht des wissenschaftlichen Netzwerks „Internetlexikografie"*. Mannheim: Institut für Deutsche Sprache. (OPAL – Online publizierte Arbeiten zur Linguistik 2/2015). http://pub.ids-mannheim.de/laufend/opal/opal15-2.html (14.09.2018).

Van Pottelberge, Jeroen (2001): *Verbonominale Konstruktionen, Funktionsverbgefüge. Vom Sinn und Unsinn eines Untersuchungsgegenstandes.* Heidelberg: Winter.
von Polenz, Peter (1987): Funktionsverben, Funktionsverbgefüge und Verwandtes. Vorschläge zur satzsemantischen Lexikographie. *Zeitschrift für germanistische Linguistik* 15, 169–189.
von Polenz, Peter (1989): Funktionsverbgefüge im allgemeinen einsprachigen Wörterbuch. In Franz Joseph Hausmann et al. (Hrsg.), *Wörterbücher. Ein internationales Handbuch zur Lexikographie*, 882–887. Berlin, New York: De Gruyter.
Wiegand, Herbert Ernst (1977): Nachdenken über Wörterbücher: aktuelle Probleme. In Günther Drosdowski, Helmut Henne & Herbert E. Wiegand (Hrsg.), *Nachdenken über Wörterbücher Historische Erfahrungen, Aktuelle Probleme, Theorie und Praxis*, 51–102. Mannheim: Bibliographisches Institut.
Wiegand, Herbert Ernst (1998): *Wörterbuchforschung. Untersuchungen zur Wörterbuchbenutzung, zur Theorie, Geschichte, Kritik und Automatisierung der Lexikographie.* Band 1. Berlin, New York: De Gruyter.
Wolfer, Sascha, Martina Nied Curcio, Idalete Maria Silva Dias, Carolin Müller-Spitzer & María José Domínguez Vázquez (2018): Combining Quantitative and Qualitative Methods in a Study on Dictionary Use. In Jaka Čibej, Vojko Gorjanc, Iztok Kosem & Simon Krek (Hrsg.), *Proceedings of the XVIII EURALEX International Congress. Lexicography in Global Contexts, 17–21 July, Ljubljana*, 101–112. Ljubljana: Znanstvena založba.
Wotjak, Barbara & Antje Heine (2005): Zur Abgrenzung und Beschreibung verbnominaler Wortverbindungen (Wortidiome, Funktionsverbgefüge, Kollokationen): Vorleistungen für die (lerner-)lexikographische Praxis. *Deutsch als Fremdsprache* 3, 143–143.
Wotjak, Gerd (1994): Nichtidiomatische Phraseologismen. Substantiv-Verb-Kollokationen – Ein Fallbeispiel. In Barbara Sandig (Hrsg.): *Europhras 92. Tendenzen der Phraseologieforschung*, 651–677. Bochum: Universitätsverlag Brockmeyer.

Wörterbücher

bab.la = *Online Wörterbuch für 24 Sprachen.* http://de .bab.la/ (10.01.2019).
dict.cc = *Dizionario tedesco-italiano: Wörterbuch für Italienisch-Deutsch.* https://deit.dict.cc.
DIT = *DIT Paravia Il dizionario tedesco-italiano e italiano-tedesco.* Torino: Paravia, 5. Aufl. 2012.
Duden = *Duden Online-Wörterbuch.* http://www.duden.de (10.01.2019).
Garzanti = *Dizionario Medio di Tedesco con CD-ROM.* Milano: Garzanti 2010.
GDaF = *Langenscheidt Großwörterbuch Deutsch als Fremdsprache.* Hrsg. v. Dieter Götz, Günther Haensch & Hans Wellmann. Berlin u. a.: Langenscheidt 2003.
Giacoma & Kolb = *Il Nuovo dizionario di Tedesco.* Hrsg. v. Luisa Giacoma & Susanne Kolb. Bologna, Stuttgart: Zanichelli/Klett Pons, 3. Aufl. 2014.
Langenscheidt = *Langenscheidt Großwörterbuch Deutsch als Fremdsprache.* München: Langenscheidt 2015.
LEO = *LEO Italienisch-Deutsch.* dict.leo.org/itde/index_de.htm (15.12.2018).
LingoStudy. https://www.lingostudy.de (15.12.2018).
Linguee = *Dizionario tedesco-Italiano.* http://www.linguee.it (12.12.2018).
PONS.eu = *Pons. Das Online-Wörterbuch Deutsch-Italienisch.* http://de.pons.com (13.12.2018).

PW = *Langenscheidt Powerwörterbuch Deutsch*. Hrsg. v. Dieter Götz & Hans Wellmann. Berlin: Langenscheidt 2009.
Sansoni = *Il Sansoni Tedesco*. Milano: Rizzoli Larousse, 6. Aufl. 2006. *Sansoni online*. http://dizionari.corriere.it/dizionario_tedesco/ (10.01.2019).
Wahrig = *Wahrig. Deutsches Wörterbuch*. Berlin: Bertelsmann 2002.

Elmar Schafroth
Überlegungen zu Funktionsverbgefügen aus sprachvergleichender Sicht

Ziel dieses Beitrags ist es, anhand einiger Fälle ‚interlingualer' Funktionsverbgefüge (FVG) im Deutschen, Englischen, Spanischen, Französischen und Italienischen zu zeigen, dass eine sprachübergreifende Behandlung von FVG für Didaktik und Linguistik gleichermaßen von Vorteil sein kann. In diesem Zusammenhang soll auch die Frage nach dem phraseologischen Status von Funktionsverbgefügen mit Blick auf ihre Verortung zwischen Syntax und Lexikon aufgeworfen und unter anderem mit Hilfe konstruktionsgrammatischer Ansätze diskutiert werden. Die Antwort auf diese Frage ist für die sprachvergleichende Perspektive von nicht unerheblichem Interesse.

Unter ‚interlingualen' Funktionsverbgefügen werden im Folgenden Funktionsverbgefüge verstanden, die aufgrund lexikalischer und syntaktischer Analogien eine Vergleichbarkeit zwischen verschiedenen Sprachen ermöglichen. Gemeint sind Fälle wie *in Betracht ziehen*, die sowohl hinsichtlich ihrer syntaktischen Struktur (Präp + Substantiv + Verb bzw. in den anderen Sprachen Verb + Präp + Substantiv) als auch ihrer lexikalischen Substanz (mindestens) des Substantivs (und im Idealfall auch des Verbs) auch in anderen Sprachen in einer analogen Bedeutung existieren: engl. *to take into consideration*, sp. *tomar en consideración*, it. *prendere in considerazione* und frz. *prendre en considération*.

1 Funktionsverbgefüge und *light verb constructions* als Forschungsgegenstand

Funktionsverbgefüge und *light verb constructions* (LVC) werden hier zunächst als *ein* Objektbereich zusammengefasst und erst im Laufe der darauf folgenden Ausführungen differenziert. Auch die Fachliteratur nimmt diese Unterscheidung entweder nicht oder jeweils anders vor[1]. Was die Dimension ihrer Erforschung betrifft, so lässt sich feststellen, dass Funktionsverbgefüge (vgl. von Polenz 1963,

---

1 Vgl. das pessimistische Urteil Van Pottelberges (2001: 6), das in dessen Annahme gipfelt, dass „die verbonominalen Konstruktionen, die bisher in der Forschung untersucht wurden (wie auch immer ihre Bezeichnung lautet), gar keine besondere Klasse darstellen und daß die unterschiedlichen Begriffe nur Verwirrung stiften".

https://doi.org/10.1515/9783110697353-007

Glatz 2006, Helbig 2006) und *light verb constructions* im Rahmen mehrerer theoretischer Ansätze behandelt wurden (vgl. zusammenfassend Van Pottelberge 2007). Zu diesen zählen insbesondere die Phraseologie (vgl. Wotjak 1994, Fleischer 1997, Burger 2015) und Grammatikographie (z. B. Jespersen 1942, Helbig & Buscha 2013, Quirk et al. 1985, *Duden-Grammatik* 2016), die *Sens-Texte*-Theorie (s. etwa Mel'čuk 1988, 1997, 2004, Alonso Ramos 2001, Polguère 2008, Zangenfeind 2010), die Lexikon-Grammatik (vgl. M. Gross 1981, 1996, G. Gross 2012), Lexikologie und Lexikographie (z. B. Hausmann 1985, 1993, Steyer 2000, Heine 2006), die Valenztheorie (vor allem Detges 1996 und, lexikographisch umgesetzt, Detges, Kotschi & Cortès 2009), die *Role and Reference Grammar* (z. B. Romero Méndez 2007, Staudinger 2018), Konstruktionsgrammatik (vgl. Rostila 2014) und Kognitive Linguistik (z. B. Family 2008, Wittenberg 2016, De Knop (im Druck)). Zudem waren Funktionsverbgefüge Untersuchungsgegenstand der Korpuslinguistik (z. B. Kamber 2008) und automatischen Sprachverarbeitung (z. B. Langer 2009).

Linguisten stimmen im Wesentlichen darüber überein, dass Funktionsverbgefüge und *light verb constructions*[2] das Ergebnis miteinander verschmolzener Argumentstrukturen zweier Lexeme, eines Verbs und eines Substantivs, sind (vgl. z. B. Stein 1998). Es gibt jedoch einen beträchtlichen Dissens hinsichtlich des semantischen und syntaktischen Status der nominalen, vor allem aber der verbalen Komponente von FVG bzw. LVC[3] und hinsichtlich ihres phraseologischen Charakters als Ganzes (vgl. Fleischer 1997, Helbig 2006, Van Pottelberge 2001). Während Phraseologen sich uneins sind, ob FVG kompositionell, schematisch (Fleischer (1997: 135) „Spezialfall der Phraseoschablonen", Burger (2015: 60) „Muster"), produktiv, semantisch schwach oder sogar leer oder syntaktisch zerlegbar sind, scheint es eine allgemeine Übereinstimmung bezüglich des funktionalen Potentials des Verbs von FVG zu geben, welches Aspekt, Direktionalität oder Aktionsart des Prädikats ausdrücken kann (vgl. z. B. Butt 2003, Fabricius-Hansen 2006, Romero Méndez 2007).

Obwohl FVG bzw. LVC in vielen Sprachen belegt sind (vgl. Alonso Ramos 2001), gibt es, abgesehen von einigen Studien zu Sprachenpaaren (z. B. Yuan 1987 [Dt./Chin.], Irsula Peña 1994 [Dt./Sp.], Stein 1993, 1998 [Dt./Frz.], Caroli 1995

---

2 Weitere Termini sind *Nominalprädikate* (Detges 1996) und *komplexe Prädikate* (z. B. Jespersen 1954, 1964, Helbig 2006, Wittenberg 2016).
3 So stehen gegensätzliche Auffassungen einander gegenüber: Für Helbig (2006: 171) bilden das Funktionsverb und der nominale Teil des FVG nicht nur eine semantische Einheit, sondern auch zusammen das (komplexe) Prädikat. Für Romero Méndez (2007: 5) hingegen ist der einzige Nukleus einer LVC das Verb, wohingegen das Nomen den Status eines Aktanten habe, was Helbig (2006: 171) klar verneint.

[Dt./Frz.], Cantarini 2004 [It./Dt.], Heine 2008 [Dt./Finn.], Vincze, Nagy T. & Farkas 2013 [Engl./Ung.], Staudinger 2018 [Frz./Sp.]), nur wenige linguistische Arbeiten, die sich dieses Themas aus sprachvergleichender Perspektive annehmen oder sogar mehrere Sprachen in Betracht ziehen (vgl. jedoch Van Pottelberge 2001 [Dt./Nl./Engl./Frz.], Levin & Ström Herold 2015 [Engl./Dt./Schwed.])[4].

In meinem Beitrag werde ich nach einer definitorischen Standortbestimmung von FVG und LVC (2.) zunächst die Frage nach dem phraseologischen Status von Funktionsverbgefügen aufwerfen und dabei zum einen eine Abgrenzung zur lexikologischen Kategorie der Kollokationen vornehmen (3.1) und zum anderen ihre Verortung zwischen Syntax und Lexikon diskutieren unter Bezugnahme auf den Begriff der Phraseoschablonen (3.2). Sodann werden interlinguale Funktionsverbgefüge aus fremdsprachendidaktischer Perspektive behandelt (4.) und die Notwendigkeit aufgezeigt, (interlinguale) FVG in einer (neuartigen) digitalen Lexikographie adäquat zu beschreiben, wozu der Einbezug etymologischer, semantisch-pragmatischer und syntaktischer Kriterien zählt (5. und 6.).

2 Funktionsverbgefüge und *light verb constructions* als graduelle Kategorien

Als prototypische Vertreter von Funktionsverbgefügen und *light verb constructions* werden hier *zur Entscheidung kommen* und *to give a kiss* angesehen. In beiden Syntagmen liegen ein semantisch schwaches[5] oder verblasstes Verb (Funktionsverb, *light verb*) sowie ein Substantiv vor, das aus einem Verb abgeleitet wurde, einmal durch Suffigierung (*Entscheidung*), einmal durch Konversion (*kiss*). Beide Substantive können im weitesten Sinne als *Verbalsubstantiv* bezeichnet werden.

Wo liegen nun die Unterschiede zwischen FVG und LVC? Um diese zu bestimmen, sollen im Folgenden die Definitionskriterien von Funktionsverbgefügen

---

4 Eine auf mehrere romanische Sprachen bezogene Beschreibung von Kollokationen nimmt Iliescu (2006) vor. Bei konvergierenden Kollokationen, besonders bei solchen, die diaphasisch höher markiert sind, stellt die Autorin „allgemeinromanische, literarisch-kulturelle Quellen" fest. Divergierende Kollokationen hingegen „nähern sich eher den Idioms" und weisen auf einzelsprachlich-kontingenten kulturellen Hintergrund hin. Sie stammen meist aus der „mündlichen[n] Alltagssprache" und den „Fachsprachen (*largo sensu*)" (Iliescu 2006: 204–205).
5 Mit „weak verbs" hingegen werden parenthetische Verben, auch *epistemische Verben* genannt, bezeichnet, etwa *je trouve* in *C'est dommage, je trouve* (vgl. Willems & Blanche-Benveniste 2014).

nach Kamber (2008) aufgegriffen werden. Diese Kriterien lassen sich zu einer Art Kontinuum der Prototypikalität von FVG gestalten. Treffen alle Kriterien zu, liegen prototypische Fälle von FVG vor. Trifft nur eines zu, haben wir es mit einem untypischen Vertreter dieser lexikalischen Kategorie zu tun.

Kamber drückt diesen Sachverhalt in einer Grafik mit Hilfe von Schnittmengen aus, wobei die involvierten Kriterien die Semantik, Wortbildung und Syntax betreffen. Kriterium A (‚Das Verb ist ein Funktionsverb') trifft auf alle Fälle von FVG, selbst auf den randständigsten Vertreter, zu, die anderen Kriterien sind fakultativer Natur und bestimmen die Prototypikalität eines FVG: B (‚Das Substantiv ist ein/kein Verbalabstraktum'), C (‚Das Verb ist ein/kein Bewegungs- oder Zustandsverb'), D (‚Die Verbindung enthält eine/keine Präpositionalphrase'):

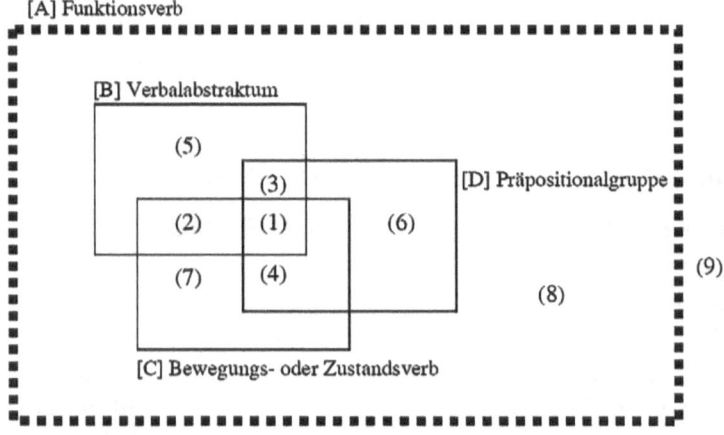

Abb. 1: Subklassifizierung der FVG im Modell der umrahmten Schnittmenge nach Kamber (2008: 22)

Illustriert werden die Kriterien A bis D, anhand folgender Verbindungen, wobei A, wie gesagt, auf alle Fälle zutrifft:

> (1) *zum Ausdruck kommen, in Aufregung geraten*; (2) *Stellung nehmen*; (3) *zur Verfügung haben, in Besitz haben*; (4) *zur Welt kommen, zu Papier bringen*; (5) *Zurückhaltung üben, Wache halten, Anwendung finden*; (6) *in Angst halten*; (7) *Platz nehmen*; (8) *Lust haben, ein Foto machen*; (9) *zur Geburtstagsfeier gehen, Zucker nehmen, Kuchen essen*.

Nach Kamber (2008: 23) wäre sogar (8) noch als FVG anzusehen, da es immerhin die Grundbedingung A (Vorliegen eines Funktionsverbs) erfüllt. Mit anderen

Worten: FVG und LVC wären nach dieser Klassifikation praktisch deckungsgleich: *give a kiss, have a read, take a walk* entsprächen (7), da sie wenigstens jeweils ein Bewegungs- oder Zustandsverb (im weitesten Sinne) enthalten (Kriterium C). Sie wären aber ebenso wie *Platz nehmen* ein ziemlich schlechter Vertreter der Kategorie FVG/LVC. Nur Fälle wie (8) *ein Foto machen*[6] oder *make an offer* wären noch untypischer, da weder *machen* noch *make* Bewegungs- oder Zustandsverben sind und *Foto* und *offer*[7] keine Verbalabstrakta sind.

Dass die Kambersche Klassifikation ihre Tücken hat, sieht man an den Beispielen *Platz nehmen* und *have/take a seat*. Da Kamber (2008: 22) hier *nehmen* als Bewegungsverb einstuft, wäre die Frage zu stellen, ob dann die synonymen *have* und *take* (*a seat*), die jeweils das Sichsetzen, also eine Handlung ausdrücken, ebenfalls beides Bewegungsverben sind? Konsequenterweise müsste man diese Frage (nach Kamber) bejahen, auch wenn die semantische Klasse der Bewegungsverben dadurch deutlich überstrapaziert wäre. Zudem ist unklar, ob Kamber mit dem Kriterium C (Bewegungs- oder Zustandsverb) die Lesart der Verben innerhalb des FVG oder eher eine unabhängig davon existierende lexikalische Verbbedeutung meint.

Das wichtigste Kriterium eines solchen Funktionsverbgefüges ist, wie gesehen, der semantische Wert des Verbs: Im Syntagma erscheint es nicht in der Bedeutung, die es außerhalb der Verbindung hat. Stattdessen ist es semantisch schwach oder „leicht", so die vorherrschende Meinung, aber es ist das einzige Element in der Verbindung, das morphologische Informationen wie Numerus, Person, Tempus und Modus enthält. Seine Hauptfunktion ist die Unterstützung des Substantivs, d. h. es hat sozusagen die Funktion, „de ,verbaliser' une base nominale, c'est-à-dire de la faire fonctionner dans la phrase comme si elle était elle-même un verbe" (Polguère 2008: 170)[8], was am Beispiel des Substantivs *kiss*, das zwar weder morphologisch noch syntaktisch, jedoch semantisch gesehen, das eigentliche Verb in der Verbindung *to give a kiss* ist, illustriert werden kann (vgl. auch Wittenberg 2016). Aus diesem Grund nennen französische Sprachwissenschaftler ein solches Verb *verbe support*, Italiener *verbo supporto* und Spanier

---

6 Das Verb *machen* ist in der Verbindung *ein Foto machen* ein lexikalisches Vollverb mit der Bedeutung ,herstellen' und dürfte deshalb streng genommen gar nicht als Funktionsverb aufgelistet werden. Die gesamte Verbindung wäre dann auch nicht als FVG zu klassifizieren.
7 Bei *offer* wäre zu überlegen, ob es nicht als Verbalabstraktum gewertet werden könnte. Auch in den deutschen FVG (z. B. bei *Besitz*, welches Kamber als Verbalabstraktum einstuft), scheint mir dieser Sachverhalt nicht immer evident zu sein. Auch Kamber (2008: 26–28) ist sich dieser Problematik bewusst.
8 Übersetzung (E. Sch.): ,eine nominale Basis zu verbalisieren, das heißt sie in einem Satz so funktionieren zu lassen, als wäre sie selbst ein Verb'.

verbo soporte. Darüber hinaus liefert das *Stützverb*, so der deutsche Ausdruck, den syntaktischen Rahmen für die gesamte Konstruktion und dient als Marker für die Aktionsart des durch das Substantiv bezeichneten Prozesses. Vergleiche die semantischen Unterschiede zwischen *zur Entscheidung kommen/bringen/stellen/stehen*.

Ohne bei der Frage, wie berechtigt es ist, bei diesen Konstruktionen von desemantisierten Verben zu sprechen, ins Detail zu gehen, sollten wir dennoch bedenken, was Fleischer (1997: 135) zu diesem Thema sagt: Die Bedeutung von Verben wie *ziehen* ist im Allgemeinen wenig spezifisch, sondern eher polysem, und es ist nur *ein* Semem der semantischen Intension, das zu einer Konstruktion verschmilzt[9]. Die volle, d. h. prototypische Bedeutung von *kommen*, *bringen*, *stellen*, *stehen* ist also auf keinen Fall gegeben. Helbig & Buscha (2001: 69) sehen im Funktionsverb einen abgeschlossenen Grammatikalisierungsprozess verwirklicht, der der Lexikalisiertheit des gesamten FVG entspreche. Ein weiteres Indiz für diese Verfestigung sei die reduzierte Bedeutung der Präposition in der Präpositionsphrase eines FVG, die „– ähnlich wie in Präpositionalobjekten – eine kasusartige Funktion aus[übe]".

Das vierte Kriterium bei Kamber (D) ist das Vorhandensein oder die Abwesenheit einer Präposition, die Teil der Konstruktion ist und vor das Substantiv gestellt wird: in *Lust haben* und *Stellung nehmen* gibt es keine Präposition, in *zur Welt kommen* und in *Aufregung geraten* schon.

Unter Anwendung der vier Kamberschen Kriterien, so diskutabel ihre Generalisierung sein mag, können wir den besten Vertreter der Kategorie ‚Funktionsverbgefüge' ermitteln: Es sind Syntagmen wie *in Frage stellen* und *in Erwägung ziehen* bzw. im Englischen *to call into question* und *to take into consideration*. Da dieser Typus vor allem im Deutschen vital und produktiv ist, möchte ich unter dem Terminus *Funktionsverbgefüge* bzw. *Funktionsverbgefüge im engeren Sinne* im Folgenden – in restriktiver Weise – aus methodologischen Gründen ausschließlich die besten Vertreter dieser Kategorie verstehen. Außerdem soll der deutsche Ausdruck auch dann verwendet werden, wenn damit Verbindungen aus den anderen Sprachen gemeint sind. *Interlinguale Funktionsverbgefüge* entsprechen also grundsätzlich dem Prototypen nach Kamber und erfüllen alle vier genannten Kriterien. Der Ausdruck *light verb construction* wird hier hingegen für kollokationsähnliche Verbindungen verwendet (ohne Präposition und ggf. ohne

---

9 Zur Polysemie von LVC vgl. Brugman (2001).

weitere der vier Kriterien), also *take a walk, have a seat*[10], *make an offer* usw. Dies soll im folgenden Kapitel ausführlicher diskutiert werden.

3 Phraseologischer Status von Funktionsverbgefügen

In jüngerer Zeit wurde innerhalb konstruktionsgrammatischer Ansätze die linguistische Diskussion über FVG neu belebt. Ich werde die beiden wichtigsten Positionen kurz zusammenfassen und dann meine eigene Meinung zu diesem Thema äußern. Zuerst soll jedoch die Frage diskutiert werden, ob FVG kompositionell sind oder nicht. Mehrgliedrige Verbindungen wie

(1) etwas in Zweifel ziehen, jemanden/etwas in Frage stellen, etwas (zu etwas) in Beziehung setzen
(2) jemandem zur Seite stehen, auf der Strecke bleiben, jemanden zur Strecke bringen,

sind zweifelsohne lexikalisiert, und zwar in dem Sinne, dass sie strukturell und kognitiv fest im sprachlichen Wissen deutscher Muttersprachler verankert sind.

Was die Kompositionalität von FVG betrifft, so erscheint es von Vorteil, von einem Kontinuum zwischen eher kompositionellen Konstruktionen wie in (1)[11] und weniger oder nicht kompositionellen wie in (2) zu sprechen. Es hängt also von jedem Einzelfall ab, ob ein FVG als mehr oder weniger kompositionell zu betrachten ist oder nicht. Einige der genannten Konstruktionen, zum Beispiel *zur Strecke bringen*, sind vollkommen idiomatisch und sollten meiner Meinung nach

---

10 Dass LVC des Typs *have a V* (z. B. *have a drink, swim, sleep,* etc.) klar beschreibbaren semantischen Regeln folgen, zeigt Wierzbicka (1982). Der prinzipielle Unterschied zwischen einer *simple-verb-* und einer *have-a-verb*-Konstruktion ist aspektueller Natur: Die periphrastische Konstruktion stellt die Handlung (oder ihren Verlauf) als zeitlich begrenzt dar (Wierzbicka 1982: 757).
11 Streng genommen sind natürlich auch *etwas in Zweifel ziehen* und *jemanden/etwas in Frage stellen* durch die (je nach theoretischer Ausrichtung) verblasste oder spezifische Semantik des Funktionsverbs nicht wirklich kompositionell. Auch die Argumentstruktur von *ziehen* und *stellen* ist zumindest idiosynkratisch, da diese Bewegungsverben mit Präpositionen angeschlossen werden (hier *in*), die eine bewusst herbeigeführte lokale Verschiebung (*caused motion*) signalisieren, mit einem konkreten lokativen Ziel (z. B. *in die Mitte ziehen, in das Zimmer stellen*).

nicht als FVG behandelt werden. Es ist daher vielleicht besser, Funktionsverbgefüge, wie Langer (2009) dies tut, „semi-kompositionell" zu nennen. Für Helbig (2006: 172) sind FVG zwar „in vielen Fällen lexikalisiert", jedoch nicht-idiomatisch und daher, wie Kollokationen, „analysierbar und dekomponierbar". Helbig & Buscha (2001: 69) zufolge haben Funktionsverben im FVG „ihren semantischen Gehalt stark reduziert, [...] ihre lexikalische Bedeutung eingebüßt und sind zu *grammatischen Wörtern* (wie die Hilfsverben) geworden". Dennoch seien FVG nicht mit phraseologischen Verbindungen (wie *ins Gras beißen, unter den Nagel reißen*) gleichzusetzen.

Ob es also Kompositionalität gibt oder nicht, es wäre schwierig, Funktionsverbgefüge generell unter dem Begriff der Idiome zu subsumieren, was natürlich von der Definition dieses Begriffs abhängt. Die entscheidende Frage ist somit: Sind FVG Kollokationen oder sollten wir sie eher als eine Art Phraseoschablone oder Modellbildung betrachten?

3.1 Funktionsverbgefüge und *light verb constructions* als Kollokationen?

Wie in Kap. 2 deutlich wurde, werden syntagmatische Verbindungen wie *give a kiss, take a walk* von etlichen Autoren als *light verb constructions* betrachtet, während sie von der Lexikographie (z. B. LDOCE) als Kollokationen eingestuft werden. Da auch einige germanistische Sprachwissenschaftler lexikalische Einheiten wie *Kritik üben*, zu den FVG zählen (z. B. Helbig & Buscha 2001, Kamber 2008), während sie sonst, etwa bei Hausmann (1984, 1985, 2004) und Häcki Buhofer (2014), allgemein als Kollokationen gelten, wird es schwierig, eine klare Grenze zwischen den beiden lexikalischen Kategorien LVC und Kollokationen zu ziehen. (Die FVG i. e. S., wie sie oben definiert wurden, können daher ausgeklammert werden). Auch wenn es stimmt, dass *üben* in *Kritik üben* nicht ,üben' bedeutet, sondern nur die Funktion hat, zusammen mit der Substantiv *Kritik* ein syntaktisch komplexes Prädikat zu schaffen, das einfach ,kritisieren' bedeutet (vgl. Polguère 2008), ist es unbestreitbar, dass die Konstruktion selbst einer Kollokation ähnelt, die aus einer semantisch autonomen Basis (*Kritik*) und einem semantisch abhängigen Kollokator (*üben*) besteht. Die gleiche Beobachtung gilt für die Verbindung *to sit an exam* (britisches Englisch, sonst *to take/do an exam*), was ,eine Prüfung ablegen' bedeutet, bei der das Substantiv *exam* der semantische Dreh- und Angelpunkt (*pivot*) der gesamten Struktur ist, und der Kollokator *to sit* genau die Bedeutung hat, die er innerhalb dieser Kollokation (oder LVC), und nur innerhalb dieser, hat und die durch die semantisch autonome Basis vorgegeben ist.

Worin besteht also lexikologisch gesehen der Unterschied zwischen *Kritik üben* und *to sit an exam*? Für Mel'čuk (1988, 2004) und seinen Schüler Polguère (2008), ebenso wie für Hausmann (1984, 1985, 2004), gäbe es keinen, beides sind Kollokationen. Für andere wäre *üben* jedoch ein Stützverb oder ein Funktionsverb und die gesamte Struktur würde dann nicht als *Kollokation* bezeichnet werden.

Eine Möglichkeit, *light verb constructions* von Kollokationen zu unterscheiden, die kürzlich von De Knop (im Druck) vorgeschlagen wurde, könnte der semantische Wert des Verbs sein: Wenn die Grundbedeutung eines Verbs wahrgenommen oder rekonstruiert werden kann – auch wenn seine Instanziierung in der mehrgliedrigen Verbindung metaphorisch oder metonymisch ist –, unabhängig von den anderen Bestandteilen des mehrgliedrigen Ausdrucks, könnten wir davon ausgehen, dass es sich eher um eine Kollokation handelt[12]. Demnach wäre *äußern* in *Kritik äußern* ein klarer Fall eines Kollokators, *einstecken* in *Kritik einstecken* unter Miteinbezug metonymischer Bedeutungsverschiebung auch, *üben* in *Kritik üben* jedoch wohl kaum[13]. Natürlich kann der Unterschied letztlich subtil sein. Dennoch spiegelt *äußern* in *Kritik äußern* die Grundbedeutung ‚aussprechen, kundtun' (Duden 2012) wider, im Gegensatz zu *üben* in *Kritik üben*, welches in dieser Verbindung nicht ‚sich für eine spezielle Aufgabe, Funktion intensiv ausbilden' oder ‚etwas sehr oft [nach gewissen Regeln] wiederholen, um es dadurch zu lernen' (Duden 2012) bedeutet.

Auch hier könnte es sinnvoll sein, die Idee eines Kontinuums zwischen prototypischen Funktionsverbgefügen und prototypischen Kollokationen ins Spiel zu bringen. Natürlich müssten wir dann neben semantischen Fragen auch die syntaktischen Restriktionen untersuchen, bevor wir uns entscheiden, wie diese Einheiten bezeichnet werden sollen. Die beiden Pole eines solchen Kontinuums könnten durch *to take into consideration* und *to get out of a car* besetzt werden, die beide eine Präpositionalphrase enthalten. Natürlich sollten auch andere Fälle ohne Präposition, wie *to tie one's shoes, to do an exam, Kritik üben* oder *to pay attention*, einbezogen werden:

---

12 Dieser aus der kognitiven Linguistik stammende Gedanke des in der wörtlichen Bedeutung angelegten mentalen Bildes wurde von Dobrovol'skij & Piirainen (2009) in der *Theorie des bildlichen Lexikons* ausgearbeitet.

13 Für die praktische Lexikographie wäre dieser Weg jedoch nicht gangbar, d. h. entweder Kollokation oder Idiom – dazwischen dürfte es kaum eine identifizierbare lexikologische Entität geben. Jedenfalls existieren in Wörterbüchern keine Kategorien ‚FVG' und ‚LVC'. Im Kollokationswörterbuch von Häcki Buhofer (2014) z. B. sind *Kritik äußern, einstecken, üben* als Kollokationen erfasst, aber auch der Kambersche FVG-Prototyp *zum Ausdruck kommen*.

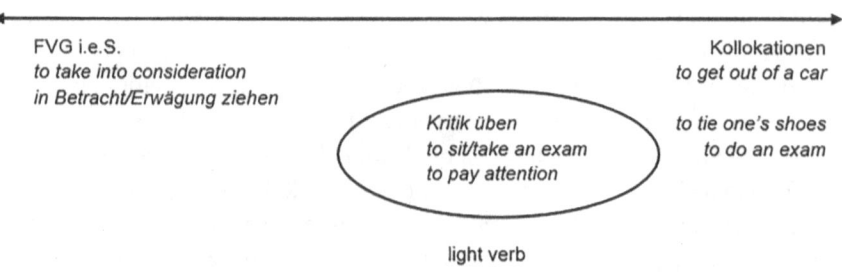

Abb. 2: Kontinuum zwischen prototypischen FVG und prototypischen Kollokationen mit dem Versuch der Verortung von LVC

Allen Verbindungen gemeinsam ist der idiosynkratische Charakter des Funktionsverbs bzw. Stützverbs (*light verb*) oder Kollokators, der unvorhersagbar ist und gewöhnlich von Sprache zu Sprache variiert. So heißt es im Deutschen *in Betracht* oder *in Erwägung ziehen*, *(jemandem seine) Aufmerksamkeit schenken*, im Englischen *to take into consideration* und *to pay attention*. Nach De Knops Ansatz wären wohl *to tie one's shoes* ebenso wie *seine Schuhe binden* und *to do an exam* Kollokationen, da die Bedeutung des Kollokators (*get, tie, do*) zwar nicht vorhersagbar, aber dennoch kompositionell in dem Sinne ist, dass sie eine plausible Handlung ausdrückt, die in nachvollziehbarer Weise die durch das Substantiv bezogene Sache modifiziert: Sprecher sind in der Lage, einen semantisch transparenten Bezug zwischen Basis (*car, shoes, exam*) und Kollokator (*get out, tie, do*) herzustellen. Dies fällt ungleich schwerer bzw. ist unmöglich bei *take an exam* bzw. *sit an exam, pay attention* und *Kritik üben*. Man könnte also sagen, dass die Fälle, die Kamber als randständige FVG einstufen würde (*Kritik üben, pay attention, sit/take an exam*) als LVC bezeichnet werden könnten, während *take into consideration* und *in Betracht/Erwägung ziehen* klare Fälle prototypischer FVG i. e. S. darstellen.

Gemäß der Hausmannschen Kollokationslexikologie (z. B. 2004) und der Mel'čukschen *Lexicologie explicative combinatoire* (z. B. 2013) würden alle in Abb. 2 aufgeführten Verbindungen als Kollokationen eingestuft werden. Für diese Argumentation spräche, dass mindestens ein idiosynkratisches Element (das Verb, also der Kollokator) vorhanden ist, während das Substantiv die semantisch autonome Basis ist, unabhängig davon, ob es sich um ein (abstraktes) Verbalsubstantiv handelt oder nicht[14]. Möglich wäre es aber auch, FVG i. e. S. als Unterkategorie

---

[14] Allerdings ist der semantisch autonome Status von *Betracht* und *Erwägung* diskutabel.

von Kollokationen zu sehen und LVC einfach der Kategorie der Kollokationen einzuverleiben. Helbig (2006) hingegen nimmt eine klare Trennung zwischen FVG und Kollokationen vor und plädiert dafür, beide als gleichberechtigte lexikologische Subklassen nebeneinander zu stellen. Ob sich mit dem Argument der Anaphorisierbarkeit, Adverbialisierbarkeit und Erfragbarkeit des Substantivs (möglich bei Kollokationen, nicht möglich bei FVG) das Abgrenzungsproblem lösen lässt, darf zumindest bezweifelt werden. Die Substantive *car*, *shoes* und *exam* können sicherlich mit einem das jeweilige Verb enthaltenden Fragesatz erfragt werden, aber wohl kaum *Kritik*, *exam* und *attention* (*Was hat er geübt, What did he sit/take?, What did he pay?*). Ich fasse zusammen:

(a) Aus einer linguistisch-theoretischen Sicht ließen sich zunächst (unter Anwendung der Kamberschen Kriterien) FVG einerseits von LVC und Kollokationen andererseits trennen. Allein aufgrund der formalen Kriterien des Verbalabstraktums (Verbalsubstantivs) und der Präpositionalgruppe ist diese erste Differenzierung augenfällig. LVC könnten dann von den Kollokationen getrennt werden mit dem Argument des komplexen Prädikats (LVC) bzw. der getrennten Aktanten, Verb und Objekt (bei den Kollokationen), und damit einhergehend, dem semantischen Charakter des Verbs: Ist das Verb auch unter Einbezug der Metaphorisierung und Metonymisierung nicht mehr auf seine ursprüngliche Grundbedeutung zurückführbar (z. B. *üben* in *Kritik üben*, *spenden* in *Lob, Trost spenden*, *zollen* in *Anerkennung zollen* oder *schenken* in *Aufmerksamkeit schenken*), kann die Verbindung als LVC (oder dt. *Stützverbgefüge*) eingestuft werden[15]. Für den Kollokationsstatus blieben dann Fälle wie *sich die Schuhe binden, Kritik äußern, den Computer hochfahren, das Radio einschalten*.

(b) Aus einer angewandt-linguistischen und insbesondere lexikographischen Perspektive ist es nicht zielführend, LVC und Kollokationen kategorial zu unterscheiden, denn es handelt sich in beiden Fällen um halbfeste Zweierverbindungen, die eine semantisch autonome Basis und einen mehr oder weniger stark idiosynkratischen verbalen Kollokator enthalten. FVG könnten auch in der Lexikographie eigens ausgegliedert und mit einer kurzen Paraphrase versehen werden. Die Realität sieht jedoch eher so aus, dass sie in den Kollokationsverbund integriert werden.

---

15 Ich beziehe mich auf die prototypischen Grundbedeutungen der Lexeme, nicht auf kollokationelle Bedeutungen (wie *schenken* in *die Freiheit schenken*): In den genannten Kollokationen bedeutet *schenken* nicht ‚zum Geschenk machen', *spenden* nicht ‚als Spende geben'. Bei *zollen* liegt der Fall etwas anders: Die ursprüngliche Grundbedeutung ‚(Geld) bezahlen' ist kaum noch präsent, wäre da nicht das Substantiv *Zoll*, das diese Bedeutung m. E. wieder reaktivieren kann. Aber insgesamt ist dieses Beispiel sicher ein Grenzfall.

3.2 Funktionsverbgefüge als Phraseoschablonen

Die zweite Möglichkeit besteht darin, Funktionsverbgefüge als schematische Idiome zu interpretieren, auch *Phraseoschablonen*, *Modellbildungen* oder *Phrasem-Konstruktionen* genannt[16]. Auch wenn *Phraseoschablonen*, wie diese phraseologischen Schemata im Folgenden genannt werden sollen, bereits vor der Konstruktionsgrammatik Gegenstand phraseologischer Betrachtungen waren, bietet der konstruktionistische Ansatz einen durchaus vielversprechenden Erklärungsrahmen, da das Lexikon und die Syntax einer Sprache nicht als separate Einheiten, sondern als Kontinuum konzipiert sind (vgl. Stathi 2011). Syntaktische und semantisch-pragmatische Analysen werden nicht separat durchgeführt, sondern sind Teil einer ganzheitlichen Methodik.

Die Definition von Phrasem-Konstruktionen (im Sinne von ‚Phraseoschablonen') von Dobrovol'skij (2011) lautet wie folgt:

> PhK können als Konstruktionen definiert werden, die als Ganzes eine lexikalische Bedeutung haben, wobei bestimmte Positionen in ihrer syntaktischen Struktur lexikalisch besetzt sind, während andere Slots darstellen, die gefüllt werden müssen (Dobrovol'skij 2011: 114).

Einige der klassischen Beispiele sind:

> X be a Y? (z. B. *Him be a doctor?*),
> im Deutschen X (und) Y? (z. B. *Der (und) Doktor? Ich (und) joggen? Sie (und) großzügig?*);
> X hin oder her/X hin, X her (z. B. *Stress hin oder her/Stress hin, Stress her*).

Laut Fleischer (1997: 134–138) können diese Konstruktionen an der Grenze zwischen Phraseologie und Syntax angesiedelt werden.

Ihre lexikalische Slot-Füllung ist variabel, die gesamte Konstruktion ist durch eine Art syntaktische Idiomatizität gekennzeichnet. Sie liegen zwischen Syntax und Lexikon, und sie können je nach Grad der Idiomatizität mehr oder weniger lexikalisiert sein.

Die Frage ist: Sind Funktionsverbgefüge Phraseoschablonen? Fleischer (1997) argumentiert in diesem Sinn und nennt sie einen Sonderfall von Phraseoschablonen: Die schematische Bedeutung sei die Aktionsart, die vom jeweiligen Verb abhängt: *setzen, bringen, kommen, stehen, liegen*, etc. Die Bedeutung des Funktionsverbs und des beteiligten Verbalsubstantivs wird in der Konstruktion nicht neutralisiert, sondern auf bestimmte Weise modifiziert. Auch andere

---

[16] In einem Artikel über italienische Idiome als Konstruktionen (Schafroth 2014: 5) habe ich einen weiteren (englischen) Terminus hinzugefügt, den der *Phraseotemplates*.

Autoren (Zeschel 2008, Rostila 2014, De Knop (im Druck)) neigen dazu, FVG mit Phraseoschablonen gleichzusetzen.

Aber wie können wir diese Schemata modellieren? Unter Berücksichtigung von Zeschel (2008), Rostila (2014) und De Knop (im Druck) könnten wir versuchen, die folgende schematische Struktur anzusetzen und die drei Konstruktionen – genauer gesagt Mikrokonstruktionen, also Subtypen einer abstrakten Konstruktion (s. Abb. 3) – *in Betracht/Erwägung/Zweifel ziehen* zu modellieren.

Form: [[Subjekt] [FV] [dir. Obj.] [in [N$_{Zustand}$]]]
Bedeutung: X$_{Agens}$ bewirkt bezüglich Y$_{Patiens}$ das Ergebnis *oder* den Zustand, das/der durch das Verbalsubstantiv (N$_{Zustand}$) ausgedrückt wird
Z. B. *Die Wissenschaftler* (X) *ziehen die Richtigkeit dieser These* (Y) *in Zweifel* (N$_{Zustand}$).

Die von Zeschel (2008) entwickelten semantischen Konstruktionsschemata scheinen zu funktionieren[17]:
- intransitiv/inchoativ: *in Schwung kommen*
- intransitiv/statisch: *in Bewegung bleiben*
- kausativ/inchoativ: *etwas ins Rollen bringen/in Zweifel ziehen*
- kausativ/statisch: *etwas in Schwung halten*

Eigentlich ist es etwas komplizierter, denn im semantischen Gehalt des Verbs *ziehen* könnte eine telische Komponente vorhanden sein. Darüber hinaus ist die Konstruktion *jemanden in den* oder *jemanden in seinen Bann ziehen* nicht mehr vollständig kompositionell, da das zugrundeliegende Verb *bannen* (*jemanden bannen*) als diaphasisch formell markiert ist und in der Alltagssprache ungewöhnlich oder gar unbekannt ist.

Aber das ist nicht das Problem, das ich mit der Annahme habe, dass FVG grundsätzlich Phraseoschablonen sind. Es ist der Gedanke, sie in ein Vererbungsmodell zu integrieren, das verschiedene Abstraktionsebenen umfasst und unterschiedliche Grade der Verallgemeinerung oder Spezifikation ausdrückt. Traugott (2008) setzt verschiedene Abstraktionsniveaus für Konstruktionen an: *Makrostrukturen*, also ‚Bedeutungsform-Paare, die durch ihre Struktur und Funktion definiert sind', *Mesostrukturen* ‚eine Reihe sich ähnlich verhaltender spezifischer Konstruktionen', *Mikrostrukturen* ‚individuelle Konstruktionstypen' und *Konstrukte* ‚die empirisch nachgewiesenen *tokens*'. Auf dieser Grundlage können die konkreten Mikrostrukturen (*in Zweifel ziehen/in Frage stellen*, oder, syntaktisch

---

[17] Weitere (Diskussionen zu) Aktionsarten bei Zifonun, Hoffmann & Strecker et al. (2001), Helbig & Busch (2001), Van Pottelberge (2001), Glatz (2006), Wittenberg (2016).

gänzlich anders, *in Behandlung kommen/in Frage kommen*, etc.) identifiziert werden, die auf der abstrakten Mesostrukturebene verallgemeinert werden könnten, wie in der folgenden Graphik veranschaulicht werden soll[18]. Aber es gäbe so viele verschiedene Meso- und Mikrostrukturtypen, dass es schwierig erscheint, sie alle auf der abstraktesten Ebene, der Makrostruktur, zu vereinen. Die Makrokonstruktion müsste also eine abstrakte Struktur haben, die mit den Kamberschen Kriterien konstruiert werden könnte: $N1_{Subj}$ $FV_{tr/intr}$ ($N2_{Obj}$) Präp N3, wobei das Funktionsverb (FV) transitiv (mit direktem Objekt) oder intransitiv sein kann und N3 das Verbalabstraktum ist. Die Rektion des Funktionsverbs spielt also für die Typologie von FVG eine nicht unerhebliche Rolle.

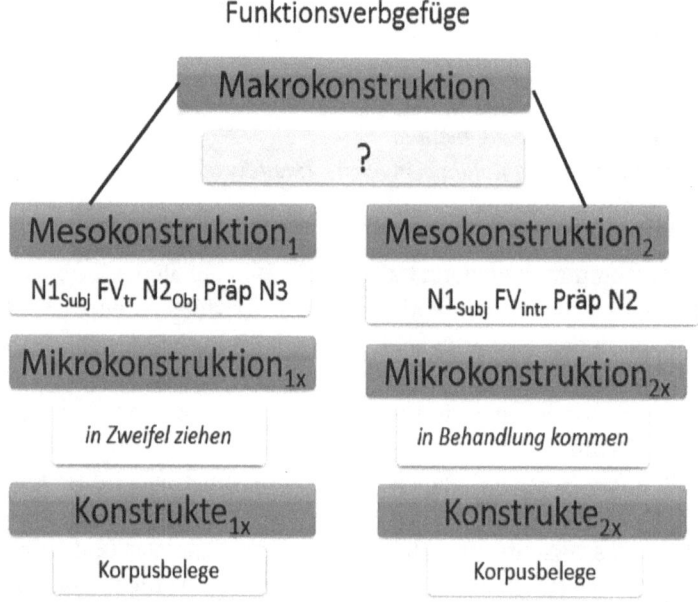

Abb. 3: Funktionsverbgefüge als Konstruktionen nach dem Modell von Traugott (2008)[19]

---

18 Wenn FVG sich maximal abstrahieren lassen können sollen, so müssen mehrere syntaktische Konstruktionstypen (von FVG) mit einbezogen werden. Deshalb hier der Einbezug des Konstruktionstyps *in Behandlung kommen* neben dem bisher ausführlicher behandelten Typ *in Zweifel ziehen*.
19 Die Darstellung ist insofern eine Vereinfachung, als hier von Aktivsätzen ausgegangen wird. Bei Passivsätzen, die ja bei FVG oft auftreten, verändert sich selbstverständlich die Reihenfolge

Die „Schemata", die den meisten FVG zugrunde liegen, sind in der Regel von den Sprechern wohl kaum als Muster erkennbar. Was aus Sicht der Sprecher fehlt, ist ein mental verankertes und häufig verwendetes Schema, auf dessen Grundlage sie neue *tokens* und vielleicht sogar neue *types* bilden können. Wenn wir also an all diese *X hin, X her*-Konstruktionen denken, sollte die Produktivität meiner Meinung nach eine wichtige Voraussetzung dafür sein, dass eine Konstruktion als *schematic idiom* oder *Phraseoschablone* bezeichnet werden kann. Kognitionslinguistisch gesehen können FVG durchaus als Phraseoschablonen gesehen werden, vorausgesetzt jedoch das jeweilige Muster ist aus Sicht der Sprachproduktion (noch) produktiv. Denn Verbindungen wie *ins Zweifeln geraten, ins Rollen kommen* oder *zur Entscheidung kommen*, sind zwar lexikalisierte Verbindungen, also *entrenched* (kognitiv verfestigt) und gleichzeitig konventionalisiert, also *stored* (d. h. feste Bestandteile des Wortschatzes einer Sprache), aber dennoch gibt es für diese drei Typen Neubildungen, die spontan sein können, also nicht verfestigt sind. Diese Produktivität ist es, die den Blick – auch sprecherseitig – auf die syntaktische Struktur der Verbindung lenkt:

> ins INFINITIV geraten: *ins Plappern, Toben, Phantasieren*, etc. *geraten*
> ins INFINITIV kommen: *ins Leuchten, Diskutieren, Bröckeln*, etc. *kommen*
> zum INFINITIV kommen: *zum Blühen, Verstummen, Wackeln*, etc. *kommen*

Solche Funktionsverbgefüge wären syntaktische Muster mit offenen Slots (hier der substantivierte Infinitiv), die lexikalisch besetzt werden müssen: *Leuchten, Diskutieren*, etc. Die Struktur selbst wäre halb kompositionell, weil *ins X kommen, ins X geraten, zum X kommen* ja für sich betrachtet eine bestimmte Bedeutung haben, die jedoch nicht oder nicht vollständig wörtlich erschlossen werden kann (es geht ja nicht um *kommen* im wörtlichen Sinne). Die drei Schemata können also als Konstruktionen betrachtet werden, denen abstrakte Bedeutungen zugrunde liegen, die alle inchoativ, aber unterschiedlich durativ sind, was natürlich auch mit der jeweiligen Semantik des beteiligten Verbs zu tun hat.

Alle drei genannten Muster sind produktiv, d. h. sie lizensieren Neubildungen, neue *tokens* also. Und für syntaktische Muster mit offenen Slots, die idiomatisch oder zum Teil idiomatisch und darüber hinaus produktiv sind, gibt es eine eigene Bezeichnung: *Phraseoschablonen*. FVG, denen sich keine produktive syntaktische Struktur mehr zuordnen lässt, z. B. *in Erwägung, Betracht ziehen* (s. Kamber 2008), sind einfach zuallererst nur FVG. Ob man diese alternativ den

---

der Aktanten. Auch wird die Bedeutung in dieser Graphik, wie bei der konstruktionsgrammatischen Notation von Form-Bedeutungspaaren sonst üblich, nicht angegeben. Sie wurde oben am Beispiel von *in Betracht, Erwägung, Zweifel ziehen* beschrieben.

LVC, Kollokationen oder Idiomen zuordnet, hängt von den zugrunde gelegten Kriterien ab. Für eine sprachvergleichende Perspektive wäre zu eruieren, ob es in den Einzelsprachen produktive syntaktisch-lexikalisch parallele Phraseoschablonen mit vergleichbarer Bedeutung gibt. So könnte man in Analogie zu *ins X kommen* im Deutschen daran denken, im Englischen die Struktur *to come into X* (nach dem Modell *to come into question*) in Korpora zu untersuchen. Unter Ausklammerung lexikalisierter Verbindungen (vor allem X = *effect, operation, force, agreement, use, focus*, vgl. OALD, LDOCE, OED) kämen dann *tokens* wie *contradiction, power, peril, discussion* in Frage. Auch jenseits der interlingualen Vergleichbarkeit wäre es lohnend, auf die Produktivität fremdsprachlicher Muster hinzuweisen (*tokens* aus enTenTen15).

4 Interlinguale Funktionsverbgefüge aus fremdsprachendidaktischer Perspektive

Wie wir gesehen haben, werden FVG als kompositionell oder zumindest semikompositionell betrachtet. So dürften Fremdsprachenlernende kaum Schwierigkeiten haben, sie zu verstehen. Einer der Vorteile dieser Art von Konstruktion ist das häufige Auftreten von abstrakten Substantiven, die von einem zugrundeliegenden Verb abgeleitet sind, z. B. *consideration*, von *consider*. Sowohl in den romanischen Sprachen als auch im Englischen, dessen Vokabular weitgehend den Einfluss des älteren Französischen und Lateinischen widerspiegelt, haben diese Verben einen gemeinsamen Wortstamm, der meist lateinischen Ursprungs ist: Englisch *consideration*, Spanisch *consideración*, Französisch *considération* und Italienisch *considerazione*. Daher werden nicht nur Muttersprachler des Englischen, die Französisch, Italienisch oder Spanisch lernen, leicht in der Lage sein, interlinguale FVG in diesen Sprachen zu verstehen, sondern auch deutschsprachigen Lernenden dürfte es gelingen, Transferwissen zu erlangen, indem sie aus einer der bereits erlernten Sprachen, meist Englisch, die Bedeutung der Substantive, die Teil der FVG sind, in einer romanischen Sprache ableiten.

Und selbst die Funktionsverben können lexikalisch analog sein: In sp. *tomar en consideración*, it. *prendere in considerazione* und frz. *prendre en considération* wäre jedes der Verben das offensichtliche Äquivalent[20] des englischen Verbs *to*

---

[20] Zur Auswahl stünde im Spanischen freilich auch noch das Verb *coger*, das allerdings weniger lexikalisierte Mehrwortverbindungen eingeht als *tomar* und stärker den körperlichen Kontakt (des Festhaltens, etc.) ausdrückt.

take – im Deutschen jedoch (*in Betracht, Erwägung*) *ziehen*, woran man den idiosynkratischen Charakter der FVG erkennen kann.

Der Grund für diese lexikalischen Ähnlichkeiten von FVG zwischen verwandten Sprachen liegt vor allem, wie gesagt, im gemeinsamen lateinischen Kern, wobei das Verb *considerare* selbst (zu *consideratio*) jedoch im klassischen Latein eher ungewöhnlich ist. Es ist daher wahrscheinlicher, dass die romanischen Sprachen das Substantiv *consideratio* zu einem späteren Zeitpunkt aus dem klassischen Latein entlehnt und dann das FVG geprägt haben.

Dies ist für das Französische gut dokumentiert, das das Wort *considération* nach dem Vorbild des lateinischen Lexems *consideratio* im 12. Jahrhundert als gelehrtes Lexem einführte. Dieser Latinismus wurde dann im späten 14. Jahrhundert auf das Englische übertragen. Das FVG *prendre en considération* wird erstmals im 18. Jahrhundert dokumentiert, ebenso wie das deutsche Äquivalent *in Betracht ziehen*, einem für die deutsche Kanzleisprache typischen Ausdruck.

Es sind also die beiden Faktoren ‚gemeinsamer etymologischer Ursprung' und ‚vergleichbares Register oder vergleichbarer Stil', die zu lexikalisch und syntaktisch ähnlichen FVG führten. Die Tatsache, dass es so etwas wie FVG (i. e. S.) in so vielen Sprachen gibt, ist durchaus bemerkenswert. Im Niederländischen und Portugiesischen haben wir analoge Konstruktionen: *in aanmerking nemen*, *tomar em consideração*, auch in slawischen Sprachen, z. B. im Polnischen *brać pod uwagę* (‚in Betracht ziehen'), wobei *brać* wörtlich ‚nehmen' bedeutet. Eine rein polygene Herkunft erscheint unwahrscheinlich. Wir sollten vielmehr von einem textartspezifischen Paradigma in den europäischen Kanzleien des 18. und 19. Jahrhunderts ausgehen.

Neben Erklärungen, die Etymologie und diaphasische Markiertheit mit einbeziehen, muss natürlich auch das semantische und syntaktische Potenzial von FVG, nämlich Kausativität, Aktionsart und die Möglichkeit der Passivierung, als Grund genannt werden. Um ein Beispiel zu nennen: Das deutsche FVG *in Betracht kommen* bietet eine andere Perspektive als *in Betracht ziehen*, wobei Ersteres sich eher auf eine kontextbezogene Eigenschaft von jemandem oder etwas bezieht im Sinne von ‚möglich od. geeignet sein' (z. B. *eine Maßnahme, eine Methode*), Letzteres auf den Beginn einer Handlung. Das Gleiche gilt für nicht-agentives *come* und agentives *take into consideration*.

Die Konstruktion *to take into consideration* ist zugegebenermaßen eine komfortable und etwas idealisierte Fallstudie, da fast durchgehende Parallelität zwischen den Sprachen und der grammatikalischen Kategorien gegeben ist. Wir hätten eine andere Situation, wenn wir Konstruktionen wie dt. *in Zweifel ziehen*, engl. *to call into question*, frz. *mettre en cause*, it. *mettere in dubbio*, sp. *poner en duda* heranzögen. Aus einer dekodierenden Perspektive wären fortgeschrittene

Lernende in der Lage, die Bedeutung dieser lexikalischen Einheiten zu erfassen, wenn sie ihnen in Texten begegnen, vielleicht außer im Falle von frz. *mettre en cause*, das mehrere Lesarten besitzt: zwei Bedeutungen (laut TLFi) aus dem juristischen Kontext ('vorladen' und 'beschuldigen'), eine mit einer allgemeineren Bedeutung ('in Zweifel ziehen' und 'in Frage stellen').

Aber was die Sprachproduktion betrifft, so haben die Lernenden, selbst wenn sie die nominale Basis dt. *Zweifel*, engl./frz. *question*, it. *dubbio* usw. herausfinden können, immer noch mit dem Problem zu kämpfen, den richtigen Kollokator zu finden, d. h. das Verb, das zumindest aus kontrastiver Sicht zwischen einigen Sprachenpaaren stark idiosynkratisch ist, wenn wir Deutsch, Englisch und Französisch als Beispiele heranziehen (*ziehen* versus *call* versus *mettre*). Die drei romanischen Sprachen verwenden alle das übliche Lexem für *put*, nämlich frz. *mettre*, it. *mettere* und sp. *poner*. Das gilt übrigens auch für Portugiesisch: *pôr em dúvida* oder *pôr em questão*. Der Grund für diese auffällige Parallelität liegt im lateinischen Ausdruck *in dubio ponere*, der im *Thesaurus Linguae Latinae* gut dokumentiert ist. Wieder einmal haben wir diachrone Belege für die Existenz paralleler Formen in romanischen Sprachen.

Wie sollen wir nun mit Funktionsverbgefügen im Fremdsprachenunterricht umgehen? Zunächst einmal sollten wir zwei verschiedene Ziele verfolgen, die von zwei verschiedenen Sprachniveaus abhängen, wie sie nach dem *Gemeinsamen Europäischen Referenzrahmen für Sprachen* (GERS) definiert sind (dieser erwähnt übrigens die FVG nicht namentlich):

– ein mittleres Sprachniveau, welches B1 und B2 umfasst
– und die höheren Sprachniveaus, C1 und C2.

Für das mittlere Sprachniveau kann es ausreichen, in den Lehrbüchern die Analogie eines FVG zu anderen Fremdsprachen, die im Allgemeinen in der Schule gelernt werden, anzugeben. In Bezug auf den Wortschatz ist dies in den meisten fremdsprachigen Lehrbüchern in Deutschland bereits ab der untersten Stufe üblich:

So haben wir im A2/B1-Lehrbuch *Découvertes* einen Verweis vom französischen Substantiv *le sang* auf das italienische *sangue* und spanische *sangre*, von *un chiffre* auf das deutsche *eine Ziffer* oder von *un cyclone* auf das englische *cyclone*, italienische *ciclone* und spanische *ciclón*.

Ohne ins Detail zu gehen, insbesondere was die sprachliche Angemessenheit betrifft, kann festgestellt werden, dass die Schüler bereits an eine Darstellung sprachübergreifender Bezüge gewöhnt sind. Wenn es den Lehrbuchautoren gelingt, unproblematische Fälle interlingualer Funktionsverbgefüge zwischen anderen Sprachen zu finden, könnte der erste Schritt getan werden, damit FVG Teil eines Fremdsprachencurriculums werden. Wie gesehen, würde dieses Verfahren mit frz. *prendre en considération* etc. funktionieren.

Für die höheren Sprachniveaus, die an der Universität gelehrt werden, müssten wir kreativ und innovativ sein, denn eine einfache Bemerkung im Lehrbuch über die Existenz formal und semantisch ähnlicher FVG in anderen Sprachen käme nicht mehr in Frage, weil es keine Lehrbücher mehr gibt und weil der Nutzen einer solchen Methode eher begrenzt wäre. Außerdem würde sie hinter den Erwartungen der Studenten zurückbleiben.

Wenn ich sage, dass wir neue Wege gehen sollten, sollten wir uns zunächst darüber bewusstwerden, welches die alten sind. Ich meine natürlich die Welt der Wörterbücher.

5 (Interlinguale) Funktionsverbgefüge in der digitalen Lexikographie

Bekanntlich sind Wörterbücher letztendlich theoretisch unmöglich, aber aus praktischer Sicht absolut notwendige Werke. Die Standards, die europäische Sprachen inzwischen in der Lexikographie erreicht haben, sind hoch. Nicht nur in Bezug auf einsprachige und insbesondere Lernerwörterbücher, sondern auch – mit gewissen Abstrichen – in Bezug auf die zweisprachige Lexikographie. „Abstriche" deshalb, weil wir uns der Realität stellen müssen: der Realität von Fremdsprachenlernenden in Schule und Universität, die sich oft mit dem nächstbesten Ergebnis, dem „schnellen Wort", begnügen, das dadurch zustande kommt, dass sie elektronische „Vanille-Wörterbücher" benutzen, die von Laien erstellt werden.

Aber auch im Bereich der professionellen Lexikographie gibt es noch etliche nicht verwirklichte Visionen. Zu diesen zählen hochwertige mehrsprachige Wörterbücher und lexikalische Datenbanken, die auf eine ganzheitliche Beschreibung lexikalischer Elemente abzielen und alle sprachlichen Ebenen berücksichtigen, einschließlich prosodischer, morphologischer und syntaktischer Eigenschaften auf der Formseite der Sprache und semantischer, pragmatischer und diskursiver auf der Bedeutungsseite.

Es versteht sich von selbst, dass die Anwendung eines solchen Ansatzes automatisch bedeutet, mit digitalen lexikographischen Systemen zu arbeiten, wie sie im *DAFLES*-Projekt an der Universität Löwen verwendet wurden, wo Sprachwissenschaftler seit einigen Jahren ein sprachübergreifendes *Dictionnaire d'ap-*

prentissage du français langue étrangère ou seconde mit Niederländisch, Englisch, Deutsch, Spanisch und Schwedisch konzipieren, das sich der lexikographischen Technik der Bilingualisierung bedient.

Weitere digitale Projekte sind ELDIT, das *Elektronische Lernerwörterbuch Deutsch-Italienisch*, ein zweisprachiges Wörterbuch für Italienisch und Deutsch, das an der Universität Bozen erstellt wurde, das FRAME-Projekt zur mehrsprachigen Phraseologie an der Universität Mailand mit der Beschreibung von acht Sprachen, und das digitale Wörterbuch GEPHRI (*Gebrauchsbasierte Phraseologie des Italienischen*) für Italienischlernende, das von einem Team von Sprachwissenschaftlern an der Universität Düsseldorf erstellt wird (vgl. Schafroth & Imperiale 2019). Gemeinsam ist dem Mailänder und dem Düsseldorfer Projekt der streng korpusbasierte Ansatz, der geeignet ist, die oben genannten FVG ganzheitlich zu beschreiben und dabei auch wichtige, in traditionellen (ein- oder zweisprachigen) Wörterbüchern meist nicht erwähnte Kontextvarianten zu berücksichtigen. Darüber hinaus wären beide Datenbanken der geeignete Ort, allen erfassten lexikalischen Einheiten auch Sprachkompetenzniveaus zuzuordnen.

Mit Blick auf FVG wäre ein solcher Ansatz nun ähnlich wie die Arbeit, die Heine (2006) bereits für einige deutsche Funktionsverbgefüge geleistet hat, und ähnlich der empirischen Studie von Kamber (2008). Mit dem Unterschied, dass ein mehrsprachiges Projekt besondere Herausforderungen für Entwickler und Anwender mit sich bringt.

Eine der Aufgaben, die ein solches mehrsprachiges elektronisches Wörterbuch der FVG übernehmen müsste, bestünde darin, den Status von synonymen oder eher pseudosynonymen FVG zu klären und Informationen über Häufigkeit und Verwendung zu geben. Wörterbücher weisen nicht auf solche Unterschiede hin, wenn sie solche Varianten überhaupt erwähnen[21]. Wir sollten den Schaden nicht unterschätzen, den Wörterbücher verursachen können, indem sie die Synonymie lexikalischer Einheiten suggerieren, seien es Lexeme, Idiome oder FVG – eines der Prinzipien der Konstruktionsgrammatik ist übrigens das der Nichtsynonymie.

Werfen wir einen Blick auf einige Varianten, die von Wörterbüchern angeboten werden: *to call into question*: *to call into doubt*, *to call in doubt*, usw. Abgesehen davon, dass es semantische oder pragmatische Unterschiede zwischen den

---

[21] Dies betrifft ein-, zweisprachige und leider auch Lernerwörterbücher (z. B. für das Englische LDOCE, OALD). Selbst in Synonymwörterbüchern, von denen als Stichproben Schemann (2012) und Duden (2019) für das Deutsche, Le Fur (2007) für das Französische und Pittàno (2013) für das Italienische untersucht wurden, findet eine solche semantische Feindifferenzierung von FVG nicht statt.

Varianten gibt, zeigen sie eine ungleiche Gebrauchshäufigkeit. Eine Sketch-Engine-Analyse (enTenTen15, itTenTen16, esTenTen11, frTenTen12, deTenTen13, alle 20.6.2019) ergibt die folgende Anzahl von *tokens*:

Tab. 1: Interlinguale Funktionsverbgefüge in Sketch Engine/Simple Query (in Klammern Wert für *tokens per million*)

Englisch	to call into question	to call into doubt	to call in doubt
	25.174 (1.40)	337 (0)	19 (0)
Italienisch	mettere in dubbio	mettere in questione	
	20.035 (3.40)	2287 (0.40)	
Spanisch	poner en duda	poner en cuestión	
	50.687 (4.60)	12.222 (1.10)	
Französisch	mettre en doute	mettre en question	mettre en cause
	26.366 (2.30)	9558 (0.80)	70.222 (6.10) (Polysemie!)
Deutsch	in Zweifel ziehen	in Frage stellen	
	12.383 (0.60) (nur in dieser Wortfolge)	144.986 (7.30) (nur in dieser Wortfolge)	

Mit anderen Worten, die (relative) Häufigkeit sollte bei der Beschreibung lexikalischer Elemente immer berücksichtigt werden. Seltene oder ungewöhnliche Konstruktionen sollten im Kontext des Fremdsprachenlernens eher nicht erwähnt werden. In Lehrbuchtexten, Wortschatzsammlungen und Lernerwörterbüchern mit selektiver Makrostruktur, die vor allem die Sprachproduktionsperspektive in den Vordergrund stellen, hat es keinen Sinn, seltenere „Buchwörter" (hier FVG) ins Spiel zu bringen. Bei Lernerwörterbüchern mit extensiver Makrostruktur, die auch als „Lesewörterbuch" in Frage kommen, sieht es bei entsprechender Frequenz oder Disponibilität eines FVG wiederum anders aus.

Ein weiterer Punkt: Informationen über die Polysemie müssen unbedingt zur Verfügung gestellt werden. Französisch *mettre en cause* bedeutet ‚in Frage stellen', aber auch ‚jemanden anklagen'.

Neben Synonymie und Häufigkeit gibt es viele andere Aspekte, die eine ganzheitliche korpusbasierte Beschreibung von FVG aufzeigen könnte:
– „unfamiliar pieces", zum Beispiel, um es mit den Worten von Fillmore, Kay, O'Connor (1988) zu sagen. In einer sprachübergreifenden Beschreibung äquifunktionaler FVG – das wäre das Hauptziel einer solchen Datenbank –

könnte man einen klaren Hinweis auf ungewöhnliche Formen geben, wie *Betracht* in *in Betracht ziehen*, die separat gelernt werden müssen.
- ein weiterer Aspekt: Kollokationen und häufige Kookkurrenzen: Ohne auf die beiden Konzepte einzugehen, möchte ich betonen, wie nützlich die Korpuslinguistik für eine mehrsprachige Beschreibung fester Ausdrücke sein kann:

(1) zum Beispiel die Semantik und Häufigkeit von Adverbien: Im Italienischen, Französischen und Spanischen gehören die folgenden Adverbien, die, etymologisch gesehen, mit -MENTE enden und das jeweilige FVG modifizieren, zu den häufigsten. Sie fungieren oft als Verstärker, wie eine Sketch-Engine-Kookkurrenzanalyse ergeben hat. Es sind für jede Sprache die jeweils häufigsten modifizierenden Adverbien aufgeführt:

it. *mettere in dubbio*:

apertamente, assolutamente, #chiaramente, #costantemente, continuamente, #fortemente, giustamente, #immediatamente, #legittimamente, minimamente, nuovamente, pesantemente, #pubblicamente, #radicalmente, ripetutamente, #seriamente, sistematicamente, totalmente.

fr. *mettre en doute*:

aucunement, carrément, #clairement, #constamment, directement, également, #fortement, gravement, #immédiatement, inévitablement, #légitimement, notamment, nullement, officiellement, #publiquement, #radicalement, rapidement, #sérieusement, systématiquement.

sp. *poner en duda*:

absolutamente, #claramente, #constantemente, continuamente, efectivamente, #fuertemente, #inmediatamente, #legitimamente, nuevamente, permanentemente, #publicamente, #radicalmente, recientemente, repetidamente, #seriamente, sistematicamente.

Aber auch im Englischen treten sehr ähnliche Adverbien auf:

engl. *call into question* (nur Adverbien auf -ly):

certainly, #clearly, consistently, #constantly, definitely, directly, frequently, fundamentally, #immediately, increasingly, inevitably, #legitimately, necessarily, #publicly, #radically, rarely, repeatedly, #seriously, #strongly, subsequently, successfully, suddenly, surely, ultimately.

Mit Rautenzeichen sind diejenigen Adverbien hervorgehoben, die in allen vier Sprachen zu den häufigsten Modifikatoren der lexikalisch analogen FVG it. *mettere in dubbio*, frz. *mettre en doute*, sp. *poner en duda* und engl. *call into question* zählen. Es kann kein Zufall sein, dass den lexikalisch, semantisch und strukturell vergleichbaren Funktionsverbgefügen in jeder der vier Sprachen vorzugsweise solche Adverbien zugeordnet werden können, die die Art und Weise der durch das FVG ausgedrückten Handlung, z. B. „legitimerweise", zum Ausdruck bringen: it. *legittimamente*, frz. *légitimement*, sp. *legitimamente* und engl. *legitimately*. Diese Regelmäßigkeiten sollten Eingang in die lexikographischen Beschreibungen von FVG finden.

(2) Unter den Kookkurrenzen, die als direktes Objekt fungieren, gibt es ein hohes Maß an lexikalischer Übereinstimmung zwischen den drei romanischen Sprachen in Bezug auf Substantive wie (frz.) *mettre en doute X*, wobei X vorzugsweise durch *authenticité, crédibilité, honnêteté, impartialité, intégrité, légitimité, loyauté, sincérité, validité, veracité*, etc. bzw. den jeweiligen lexikalischen Entsprechungen im Spanischen und Italienischen besetzt wird.

Da Englisch eine Sprache mit einer großen Anzahl von Wörtern ist, die einen französischen oder lateinischen Wortstamm enthalten, gehören die meisten der erwähnten Substantive, die so genannten „hard words" (vgl. Leisi 1974 55ff.), auch im Englischen zu den häufigsten nominalen Kookkurrenzen: *call into question X*, und X = *authenticity, credibility, impartiality, integrity, legitimacy, sincerity, veracity*, etc.

Und selbst wenn wir uns die typischen direkten Objekte von *in Zweifel ziehen* im Deutschen genauer ansehen, erkennen wir, dass zu den häufigsten Substantiven, die diese Aktantenstelle instanziieren, solche Lexeme oder lateinische Lehnwörter gehören, die semantisch analog zu den romanischen und englischen sind: *Echtheit, Integrität, Glaubwürdigkeit, Legitimität, Rechtmäßigkeit, Redlichkeit, Seriosität*.

6 Fazit und Ausblick

Zusammenfassend lässt sich sagen, dass eine sprachübergreifende Analyse semantisch und/oder formal korrespondierender (interlingualer) Funktionsverbgefüge auffallende Ähnlichkeiten zwischen den romanischen Sprachen, dem Deutschen und dem Englischen deutlich macht. Dies lässt sich nur teilweise durch die analogen thematischen Rollen erklären, die in der Konstruktion beteiligt sind. Es ist offensichtlich, dass die direkten Objekte von engl. *to call into question* nur Substantive sein können, die semantisch in dieses Schema passen. Aber die Parallelität zwischen den Sprachen bezüglich der häufigsten Lexeme selbst ist dennoch erstaunlich. Und wir sollten nicht zulassen, dass derartige lexikalische Affinitäten unerwähnt bleiben.

Das Gleiche gilt für die Art von Adverbien, die die hier untersuchten FVG modifizieren. Auch hier sind die starken lexikalischen Parallelismen bemerkenswert und sollten beschrieben werden. Jüngste eher kognitionslinguistisch ausgerichtete Arbeiten zu FVG (wie Zeschel (2008), Rostila (2011), De Knop & Perez (2014) und De Knop (im Druck)) brachten eine genauere Analyse semantischer Faktoren und deren Beziehungen zu größeren konzeptuellen Kontexten oder Netzwerken ins Spiel. So hat die Klasse der Substantive, die wir bei der Analyse der Position des direkten Objekts von *in Zweifel ziehen* und seinen romanischen und englischen Pendants herausgefunden haben, ein hohes Maß an Familienähnlichkeit deutlich gemacht.

Schließlich noch einige andere Anregungen zu Syntax, Semantik und Pragmatik. Es gibt viele Fragen, die verfolgt werden könnten: Ist eine Passivierung möglich? Ist es möglich, Inchoativität und Durativität auszudrücken? Gibt es Beschränkungen in Bezug auf die Verwendung von Zukunfts- und Vergangenheitsformen? Können wir typische Aspekte der internen und externen Syntax eines FVG beschreiben? Können wir Funktionsverbgefüge mit einem Infinitivsatz anschließen? Im Französischen, Spanischen und vor allem Italienischen ist dies möglich, wie wir in den folgenden Beispielen sehen können:

> frz.: „On *met en doute de savoir* si les éducateurs disposent à l'heure actuelle des connaissances et de l'information nécessaires aux conditions requises pour la pratique professionnelle" (frTenTen12; 19.6.2019).
>
> sp.: „[...] son pelotas que te *ponen en duda de ir* para atrás, que ahí te quedás sin chance de volver a atajar la segunda pelota" (esTenTen11; 19.6.2019)[22].
>
> it.: „Non hai mai *messo in dubbio di partire*, giustamente, ma oggi hai chiesto il rimborso e, dentro di te, inizi a pensare se tornare indietro" (itTenTen16; 19.6.2019).

---

[22] Übersetzung (E. Sch.): ‚Das sind Bälle, die einen daran zweifeln lassen, zurückzugehen, dort bleibt einem keine Chance, den zweiten Ball wieder zu fangen'. Es handelt sich um den Kontext einer Fußballspielsituation mit Bezug auf den Torwart (einer argentinischen Webseite über Torhüter entnommen: arquerosenred.com.ar).

it.: „Lei, leggermente intimidita, comincia a *mettere in dubbio di riuscire* a portare a compimento il progetto, ma conta sull'àncora Durnwalder" (itTenTen16; 19.6.2019).

Auch im Englischen kann die Valenz des direkten Objekts eines FVG durchaus mit einem *to*-Infinitivsatz gesättigt werden:

engl.: „But *please take into consideration to avoid* abuses [...]";„I hope you *will take into consideration to persue* [sic!] my life long dream into an acting career and put me on the show!" (enTenTen15; 19.6.2019)

Dies scheint jedoch nicht bei allen FVG üblich zu sein: Bei *take into consideration* konnten einige Belege (in enTenTen15) gefunden werden, jedoch nicht bei *call into question* und *call into doubt*, jedenfalls nicht in den hier untersuchten Korpora (enTenTen15, COCA und BNC). Auffallend ist des Weiteren, dass *to*-Infinitivsätze mit finaler Bedeutung auch bei gesättigter Verbvalenz auftreten. Im folgenden Beleg ist *another basic aspect* das direkte Objekt zu *take into consideration*, welches wiederum einen Infinitivfinalsatz mit den Verben *implement* und *carry out* anschließt:

engl.: „Once you have clear in mind this glossary, another basic aspect to *take into consideration* to implement and carry out your campaign is a set of rules on how online activism works" (enTenTen15; 19.6.2019).

Im Deutschen scheinen Infinitivanschlüsse an FVG nicht möglich zu sein. Zumindest habe ich kein einziges Beispiel des Typs ?*Ich habe in Zweifel gezogen zu kommen* gefunden, weder in deTenTen13 noch in DeReKo-2019-I, mit Ausnahme des speziellen Falles eines folgenden Modalverbes (*müssen, dürfen, sollen, können*) oder des kausativen Verbs *lassen*, das in einem Nebensatz auftreten kann, z. B.:

dt.: „Ohne Deine Aussagen *in Zweifel ziehen* zu wollen [...]" (DeReKo-2019-I; 19.6.2019); „England und Amerika haben keinen Grund, eine gerechte Sache *in Zweifel ziehen* zu lassen [...]"(DeReKo-2019-I; 19.6.2019).

Weitere Aspekte: Was ist mit der semantischen Natur des Subjekts und des Objekts? Was können wir über synonyme oder quasi-synonyme Lexeme von FVG sagen? Wo liegen die Unterschiede? In welchen Kontexten (Situation, Textsorte) und Kotexten wird ein FVG üblicherweise verwendet? Sind FVG in irgendeiner Weise spezifisch für ein bestimmtes Register, einen bestimmten Stil oder eine bestimmte Textart? Erzeuge ich einen bestimmten Effekt, wenn ich sie in dieser oder jener Situation verwende?

Die Ergebnisse solcher korpusbasierten Untersuchungen, die für mehrere Sprachen durchzuführen sind, können dann miteinander verknüpft werden. Die Suchmöglichkeiten der Datenbank müssen vielfältig und differenziert sein.

Wie gesehen, ist es von Vorteil, Funktionsverbgefüge im Lichte verschiedener theoretischer Ansätze zu untersuchen. Dabei kommt (digital-)lexikographischen Methoden eine besondere Bedeutung zu, denn um FVG ganzheitlich beschreiben zu können, bedarf es extensiver korpusbasierter Analysen. Dies trifft auch auf eine sprachvergleichende Perspektive zu, die neben linguistischen Erkenntnissen auch Ideen für eine fremdsprachendidaktische Nutzbarmachung hervorbringen kann. Denn was Iliescu (2006) für die Kollokationen prognostiziert, könnte durchaus auch für die Funktionsverbgefüge gelten: „Im vereinten Europa und in der globalisierten Welt wird eine immer größere Anzahl von Kollokationen eine stark konvergierende Tendenz aufweisen" (Iliescu 2006: 205).

In der lexikographischen Praxis, besonders was zwei- oder mehrsprachige Wörterbücher betrifft, müsste freilich die Frage der *tertia comparationis* für FVG geklärt werden. Meines Erachtens müssten die formalen Kriterien (besonders Verbalsubstantiv, Präpositionalphrase) im Vordergrund stehen, um interlinguale Funktionsverbgefüge überhaupt ansetzen zu können. Selbstverständlich geht die semantische Analogie (Äquivalenz oder besser Quasi-Äquivalenz) damit Hand in Hand. Darüber hinaus wären weitere lexikographische Kategorisierungen vorzunehmen, die (Quasi-)Äquivalenzen zwischen FVG und Kollokationen bzw. LVC bzw. einfachen Lexemen vorsehen.

Auf den Punkt gebracht, möchte ich abschließend ein lexikographisches Desiderat formulieren: die Erstellung eines digitalen Wörterbuchs, das Funktionsverbgefüge und Kollokationen (einschließlich LVC) mehrerer Sprachen miteinander in Beziehung setzt (z. B. Deutsch, Niederländisch, Englisch, romanische Sprachen, Russisch) und dabei deren strukturelle Analogien (FVG/FVG oder Kollokation/Kollokation) besonders hervorhebt, für jede lexikalische Einheit jeder Sprache Beschränkungen syntaktischer Art (z. B. Passivierbarkeit, Tempus, Aktionsart, Erweiterung durch Infinitivsätze) oder lexikalischer Natur (typische Kookkurrenzen, z. B. Adverbien) angibt und – im Zeitalter der Korpuslinguistik – für jeden Aspekt „zuschaltbare" Korpusbelege zur Verfügung stellt.

Literatur

Alonso Ramos, Margarita (2001): Constructions à verbe support dans des langues SOV. *Bulletin de la Société de linguistique de Paris* XCVI (1), 79–106.

Brugman, Claudia (2001): Light verbs and polysemy. *Language Sciences* 23, 551–578.

Burger, Harald (2015): *Phraseologie. Eine Einführung am Beispiel des Deutschen*. 5. Aufl. Berlin: Erich Schmidt.
Butt, Miriam (2003): The Light Verb Jungle. *Harvard Working Papers in Linguistics* 9, 1–49.
Cantarini, Sibilla (2004): *Costrutti con verbo supporto: italiano e tedesco a confronto*. Bologna: Pàtron.
Caroli, Folker (1995): Die Behandlung von Funktionsverbgefügen in der maschinellen Übersetzung. In Wolfgang Dahmen et al. (Hrsg.), *Konvergenz und Divergenz in den romanischen Sprachen. Romanistisches Kolloquium VIII*, 304–348. Tübingen: Gunter Narr.
Découvertes A2 = Bruckmayer, Birgit et al. (2013): *Découvertes. Série jaune*. Band 2. Stuttgart, Leipzig: Klett.
Découvertes B1 = Bruckmayer, Birgit et al. (2015): *Découvertes. Série jaune*. Band 4. Stuttgart, Leipzig: Klett.
De Knop, Sabine (im Druck): Eine konstruktionsbasierte Beschreibung deutscher Kollokationen mit Lokalisierungsverben. In: Carmen Mellado Blanco, Fabio Mollica & Elmar Schafroth (Hrsg.), *Konstruktionen zwischen Lexikon und Grammatik. Phrasemkonstruktionen im Deutschen, Italienischen und Spanischen*. Berlin, Boston: De Gruyter.
De Knop, Sabine & Julien Perrez (2014): Conceptual metaphors as a tool for the efficient teaching of Dutch and German posture verbs. *Review of Cognitive Linguistics*, 12 (1), 1–29.
Detges, Ulrich (1996): *Nominalprädikate. Eine valenztheoretische Untersuchung der französischen Verbgefüge des Paradigmas „être Präposition Nomen" und verwandter Konstruktionen*. Tübingen: Niemeyer.
Detges, Ulrich, Thomas Kotschi & Colette Cortès (2009): *Wörterbuch französischer Nominalprädikate. Funktionsverbgefüge und feste Syntagmen der Form „être Präposition Nomen"*. Tübingen: Gunter Narr.
Dobrovol'skij, Dmitrij (2011): Phraseologie und Konstruktionsgrammatik. In Alexander Ziem & Alexander Lasch (Hrsg.), *Konstruktionsgrammatik III. Aktuelle Fragen und Lösungsansätze*, 110–130. Tübingen: Stauffenburg.
Dobrovol'skij, Dmitrij & Elisabeth Piirainen (2009): *Zur Theorie der Phraseologie. Kognitive und kulturelle Aspekte*. Tübingen: Stauffenburg.
Duden-Grammatik (2016) = Wöllstein, Angelika & Dudenredaktion (Hrsg.), *Duden: die Grammatik*. 9., vollst. überarb. u. aktualis. Aufl. Berlin: Dudenverlag.
Fabricius-Hansen, Cathrine (2006): Wie fügen sich Funktionsverben in Funktionsverbgefüge ein? In: Bruno Strecker, Eva Breindl & Lutz Gunkel (Hrsg.), *Grammatische Untersuchungen. Analysen und Reflexionen. Gisela Zifonun zum 60. Geburtstag*, 259–273. Tübingen: Gunter Narr.
Family, Neiloufar (2008): Mapping semantic spaces: A constructionist account of the „light verb" *xordæn* ‚eat' in Persian. In Martine Vanhove (Hrsg.), *From Polysemy to Semantic Change: Towards a typology of lexical semantic associations*, 139–161. Amsterdam, Philadelphia: Benjamins.
Fillmore, Charles J., Paul Kay & Mary Catherine O'Connor (1988): Regularity and Idiomaticity in Grammatical Constructions. The Case of *Let Alone. Language* 64, 501–538.
Fleischer, Wolfgang (1997): *Phraseologie der deutschen Gegenwartssprache*. 2. Aufl. Tübingen: Niemeyer.
FRAME = Cotta Ramusino, Fabio Mollica & Elmar Schafroth (dir.) (2014–): *Fraseologia Multilingue Elettronica*. Università degli Studi di Milano. http://www.fraseologia.it (20.6.2019).

GEPHRI = Schafroth, Elmar, Riccardo Imperiale, Tamara Blaich & Francesca Martulli (2018–): *Gebrauchsbasierte Phraseologie des Italienischen*. Universität Düsseldorf: Institut für Romanistik. https://gephri.phil.hhu.de/ (23.6.2019).
GERS = Trim, John, Brian North & Daniel Coste (2001): *Gemeinsamer europäischer Referenzrahmen für Sprachen: lernen, lehren, beurteilen*. Straßburg: Europarat, Berlin, München: Langenscheidt.
Glatz, Daniel (2006): Funktionsverbgefüge – semantische Doubletten von einfachen Verben oder mehr? In Kristel Proost, Gisela Harras & Daniel Glatz, *Domänen der Lexikalisierung kommunikativer Konzepte*, 129–178. Tübingen: Gunter Narr.
Gross, Maurice (1981): Les bases empiriques de la notion de prédicat sémantique. In Alain Guillet & Christian Leclère (Hrsg.), *Formes syntaxiques*, 7–52. Paris: Larousse (= *Langages* 63).
Gross, Maurice (1996): Les verbes support d'adjectifs et le passif. In Amr Hely Ibraim (Hrsg.), *Les supports*, 8–18. Paris: Larousse (= *Langages* 121).
Gross, Gaston (2012): *Manuel d'analyse linguistique. Approche sémantico-syntaxique du lexique*. Villeneuve d'Ascq: Presses Universitaires du Septentrion.
Häcki Buhofer, Annelies (2014): *Feste Wortverbindungen des Deutschen. Kollokationenwörterbuch für den Alltag*. Tübingen: Gunter Narr.
Hausmann, Franz Josef (1984): Wortschatzlernen ist Kollokationslernen. Zum Lehren und Lernen französischer Wortverbindungen. *Praxis des neusprachlichen Unterrichts* 31, 396–406.
Hausmann, Franz Josef (1985): Kollokationen im deutschen Wörterbuch: ein Beitrag zur Theorie des lexikographischen Beispiels. In Henning Bergenholz & Joachim Mugdan (Hrsg.), *Lexikographie und Grammatik. Akten des Essener Kolloquiums zur Grammatik im Wörterbuch, Juni 1984*, 118–129. Tübingen: Niemeyer.
Hausmann, Franz Josef (2004): Was sind eigentlich Kollokationen? In Kathrin Steyer (Hrsg.), *Wortverbindungen, mehr oder weniger fest*, 309–334. Berlin, New York: De Gruyter.
Heine, Antje (2006): *Funktionsverbgefüge in System, Text und korpusbasierter (Lerner)Lexikographie*. Frankfurt am Main u. a.: Peter Lang.
Heine, Antje (2008): *Funktionsverbgefüge richtig verstehen und verwenden. Ein korpusbasierter Leitfaden mit finnischen Äquivalenten*. Frankfurt am Main u. a.: Peter Lang.
Helbig, Gerhard (2006): Funktionsverbgefüge – Kollokationen – Phraseologismen. Anmerkungen zu ihrer Abgrenzung – im Lichte der gegenwärtigen Forschung." In Ulrich Breuer & Irma Hyvärinen (Hrsg.), *Wörter – Verbindungen. Festschrift für Jarmo Korhonen zum 60. Geburtstag*, 165–174. Frankfurt am Main u. a.: Peter Lang.
Helbig, Gerhard & Joachim Buscha (2001): *Deutsche Grammatik. Ein Handbuch für den Ausländerunterricht*. Neubearb. Berlin u. a.: Langenscheidt.
Iliescu, Maria (2006): Kollokationen in den romanischen Sprachen. In Wolf Dietrich et al. (Hrsg.), *Lexikalische Semantik und Korpuslinguistik*, 189–208. Tübingen: Gunter Narr.
Irsula Peña, Jesús (1994): *Substantiv-Verb-Kollokationen. Kontrastive Untersuchungen Deutsch-Spanisch*. Frankfurt am Main u. a.: Peter Lang.
Jespersen, Otto (1942): *A modern English grammar on historical principles*. Bd. 6: Morphology. Heidelberg: Winter.
Jespersen, Otto (1954): *A modern English grammar on historical principles*. London: Allen & Unwin, Kopenhagen: Ejnar Munksgaard.
Jespersen, Otto (1964): *Essentials of English grammar*. Alabama: University of Alabama Press.

Kamber, Alain (2008): *Funktionsverbgefüge empirisch: eine korpusbasierte Untersuchung zu den nominalen Prädikaten des Deutschen*. Tübingen: Niemeyer.
Langer, Stefan (2009): *Funktionsverbgefüge und automatische Sprachverarbeitung*. München: Lincom Europa.
Leisi, Ernst (1974): *Das heutige Englisch. Wesenszüge und Probleme*. 6. Aufl. Heidelberg: Winter.
Le Fur, Dominique (2007): *Dictionnaire des combinaisons de mots. Les synonymes en contexte*. Paris: Le Robert.
Levin, Magnus & Jenny Ström Herold (2015): Give and Take: A contrastive study of light verb constructions in English, German and Swedish. In Signe Oksefjell Ebeling & Hilde Hasselgård (Hrsg.), *Cross-Linguistic Perspectives on Verb Constructions*, 144–168. Cambridge: Cambridge Scholars Publishing.
Mel'čuk, Igor (1988): Semantic description of lexical units in an Explanatory Combinatorial Dictionary: Basic principles and heuristic criteria. *International Journal of Lexicography* 1 (3), 165–188.
Mel'čuk, Igor (1997); *Vers une linguistique Sens-Texte*. Leçon inaugurale. Paris: College de France.
Mel'čuk, Igor (2004): Verbes support sans peine. *Lingvisticae Investigationes* 27 (2), 203–217.
Mel'čuk, Igor (2013): Tout ce que nous voulions savoir sur les phrasèmes, mais ... *Cahiers de lexicologie* 102, 129–149.
Pittàno, Giuseppe (2013): *Il grande dizionario dei sinonimi e dei contrari: dizionario fraseologico delle parole equivalenti, analoghe e contrarie*. 4. Aufl. Bologna: Zanichelli.
Polguère, Alain (2008): *Lexicologie et sémantique lexicale. Notions fondamentales*. Nouv. éd. rev. et augm. Québec: Les presses de l'Université de Montréal.
Quirk, Randolph, Sidney Greenbaum & R. A. Close (1985): *A university grammar of English*. London: Longman.
Romero Méndez, Rodrigo (2007): *Spanish Light Verb Constructions: co-predication with syntactically formed complex predicates*. University at Buffalo, The State University of New York. http://www.acsu.buffalo.edu/~rrgpage/rrg/Romero-%20Light%20Verbs.pdf (21.12.2018).
Rostila, Jouni (2014): Phraseologie und Konstruktionsgrammatik. Konstruktionsansätze zu präpositionalen Funktionsverbgefügen. In Michael Prinz & Ulrike Richter-Vapaatalo (Hrsg.), *Idiome, Konstruktionen, „verblümte rede". Beiträge zur Geschichte der germanistischen Phraseologieforschung*, 263–282. Stuttgart: Hirzel.
Schafroth, Elmar (2014): How constructions should be dealt with in learners' lexicography – illustrated for the Italian language. (Vortrag, gehalten am 9. November 2013 an der Universität Saint-Louis, Brüssel, auf der internationalen Tagung *Constructionist Approaches to Language Pedagogy* am 8. und 9.11.2013). Erweiterte schriftliche Fassung 2014: http://www.romanistik.hhu.de/fileadmin/redaktion/Fakultaeten/Philosophische_Fakultaet/Romanistik/Romanistik_4_Sprachwissenschaft/Dateien/Schafroth_Detailseite/How_constructions_should_be_dealt_with.pdf (28.12.2018).
Schafroth, Elmar & Riccardo Imperiale (2019): Gebrauchsbasierte Phraseologie des Italienischen: Digitale Lexikographie zwischen Frame-Semantik und Konstruktionsgrammatik. *Lexicographica* 35, 87–121.
Schemann, Hans (2012): *Synonymwörterbuch der deutschen Redensarten*. 2. Aufl. Berlin, Boston: De Gruyter.

Stathi, Katerina (2011): Idiome und Konstruktionsgrammatik: Im Spannungsfeld zwischen Lexikon und Grammatik. In Alexander Lasch & Alexander Ziem (Hrsg.), *Konstruktionsgrammatik III. Aktuelle Fragen und Lösungsansätze*, 149–163. Tübingen: Stauffenburg.

Staudinger, Eva (2018): French and Spanish ‚MAKE/GIVE + FEAR'-type LVCs – an RRG Constructional Account. In Rolf Kailuweit, Lisann Künkel & Eva Staudinger (Hrsg.), *Applying and Expanding Role and Reference Grammar*, 237–261. Freiburg: Albert-Ludwigs-Universität.

Stein, Achim (1993): *Nominalgruppen in Patentschriften. Komposita und prädikative Nominalisierungen im deutsch-französischen Vergleich*. Tübingen: Niemeyer.

Stein, Achim (1998): Verb-Substantiv-Verbindungen mit *mener, conduire, diriger* und deutsche Entsprechungen. In Daniel Bresson & Jacqueline Kubczak (Hrsg.), *Abstrakte Nomina. Vorarbeiten zu ihrer Erfassung in einem zweisprachigen syntagmatischen Wörterbuch*, 209–226. Tübingen: Gunter Narr.

Steyer, Kathrin (2000): Usuelle Wortverbindungen des Deutschen. Linguistisches Konzept und lexikografische Möglichkeiten. *Deutsche Sprache* 28, 101–125.

Traugott, Elizabeth Closs (2008): Grammaticalization, constructions and the incremental development of language: suggestions for the development of degree modifiers in English. In Regine Eckhardt, Gerhard Jäger & Tonjes Veenstra (Hrsg.), *Variation, selection, development: probing the evolutionary model of language change*, 219–250. Berlin, New York: De Gruyter.

Van Pottelberge, Jeroen (2001): *Verbonominale Konstruktionen, Funktionsverbgefüge. Vom Sinn und Unsinn eines Untersuchungsgegenstandes*. Heidelberg: Winter.

Van Pottelberge, Jeroen (2007): Funktionsverbgefüge und verwandte Erscheinungen. In Harald Burger et al. (Hrsg.), *Phraseologie. Ein internationales Handbuch der zeitgenössischen Forschung*. Bd. 1, 436–444. Berlin, New York: De Gruyter.

Vincze, Veronika, István Nagy T. & Richárd Farkas (2013): Identifying English and Hungarian Light Verb Constructions: A Contrastive Approach. In Miriam Butt (Hrsg.), *Proceedings of the 51st Annual Meeting of the Association for Computational Linguistics*, 255–261. Sofia: Association for Computational Linguistics. http://aclweb.org/anthology/P13-4 (29.12.2018).

von Polenz, Peter (1963): *Funktionsverbgefüge im heutigen Deutsch. Sprache in der rationalisierten Welt*. Düsseldorf: Schwann (= Beiheft 5 zu *Wirkendes Wort*).

Wierzbicka, Anna (1982): Why can you have a drink when you can't *have an eat? Language* 58 (8), 753–799.

Willems, Dominique & Claire Blanche-Benveniste (2014): A constructional corpus-based approach to ‚weak' verbs in French. In Hans C. Boas & Francisco Gonzálvez-García (Hrsg.), *Romance Perspectives on Construction Grammar*, 113–138. Amsterdam, Philadelphia: Benjamins.

Wittenberg, Eva (2016): *With Light Verb Constructions from Syntax to Concepts*. Potsdam: Universitätsverlag.

Wotjak, Gerd (1994): Nichtidiomatische Phraseologismen. Substantiv-Verb-Kollokationen – ein Fallbeispiel. In Barbara Sandig (Hrsg.), *Europhras 92. Tendenzen der Phraseologieforschung*, 651–677. Bochum: Brockmeyer.

Yuan, Jie (1987): *Funktionsverbgefüge im heutigen Deutsch. Eine Analyse und Kontrastierung mit ihren chinesischen Entsprechungen*. Heidelberg: Gross.

Zangenfeind, Robert (2010): *Das Bedeutung-Text-Modell. Wörterbuch und Grammatik einer integralen Sprachbeschreibung*. München, Berlin: Sagner.

Zeschel, Arne (2008): Funktionsverbgefüge als Idiomverbände. In: Anatol Stefanowitsch &

Kerstin Fischer (Hrsg.), *Konstruktionsgrammatik II. Von der Konstruktion zur Grammatik*. Tübingen: Stauffenburg, 263–278.

Zifonun, Gisela, Ludger Hoffmann & Bruno Strecker et al. (2001), *Grammatik der deutschen Sprache*. 3 Bde. Repr. d. Ausg. 1997. Berlin, New York: De Gruyter.

Linguistische Korpora

BNC = *British National Corpus* (2007). https://www.english-corpora.org/bnc/ (20.6.2019).

COCA = *Corpus of Contemporary American English*, 1990–2017. https://www.english-corpora.org/coca/ (20.6.2019).

DAFLES = Thierry Selva, Serge Verlinde & Jean Binon (2002–): *Dictionnaire d'apprentissage du français langue étrangère ou seconde*. Löwen: Institut interfacultaire des langues vivantes. Version électronique: BLF. http://www.kuleuven.ac.be/dafles (URL am 31.12.2018 nicht zugänglich).

DeReKo-2019-I = Institut für Deutsche Sprache (Hrsg.) (2019): *Deutsches Referenzkorpus*. http://www.ids-mannheim.de/cosmas2/ (20.6.2019).

deTenTen13 = *German web corpus* (2013); https://www.sketchengine.eu/ (20.6.2019).

enTenTen15 = *English web corpus* (2015). https://www.sketchengine.eu/ (20.6.2019).

esTenTen11 = *Web corpus of American and European Spanish* (2011). https://www.sketchengine.eu/ (20.6.2019).

frTenTen12 = *French web corpus* (2012). https://www.sketchengine.eu/ (20.6.2019).

itTenTen16 = *Italian web corpus* (2016). https://www.sketchengine.eu/ (20.6.2019).

Sketch Engine (2017–). Brighton: Lexical Computing Ltd. https://www.sketchengine.eu/ (23.6.2019).

Wörterbücher

Duden (2012) = Dudenredaktion (Hrsg.), *Das große Wörterbuch der deutschen Sprache*. 4. Aufl., CD-ROM. Berlin: Dudenverlag. https://www.munzinger.de/search/query?query.id=query-duden (22.6.2019).

Duden (2019) = Dudenredaktion (Hrsg.), *Duden, das Synonymwörterbuch*. 7. vollständig überarbeitete Aufl. Berlin: Bibliographisches Institut. https://www.munzinger.de/search/query?query.id=query-duden (22.6.2019).

ELDIT = *Elektronisches Lern(er)wörterbuch Deutsch-Italienisch* (2002). Bozen: Europäische Akademie.

LDOCE = *Longman Dictionary of Contemporary English online* (2018). London: Pearson. https://www.ldoceonline.com/ (29.12.2018).

OALD = *Oxford Advanced Learner's Dictionary* (2019). Oxford: Oxford University Press. https://www.oxfordlearnersdictionaries.com/ (20.6.2019).

OED = *Oxford English Dictionary* (2018). Oxford: Oxford University Press. http://www.oed.com (29.12.2018).

TLL = *Thesaurus Linguae Latinae Online* (2009–). http://www.degruyter.com/db/tll (31.12.2018).

TLFi = *Trésor de la langue française informatisé* (2002–). Nancy: ATILF – CNRS & Université de Lorraine. http://www.atilf.fr/tlfi (30.12.2018).

Janusz Taborek
Kookkurrenz und syntagmatische Muster der Funktionsverbgefüge aus kontrastiver deutsch-polnischer Sicht am Beispiel *in Not geraten*

1 Allgemeines

Als Funktionsverbgefüge (vgl. von Polenz 1963; 1987), im Weiteren FVG, gelten Konstruktionen vom Typ [[PRÄP + DET] + N + V], in denen das Verb (V) ein Funktionsverb ist, d. h. ein Verb mit „verblasster" Bedeutung, und das Nomen (N) vorwiegend eine deverbale Nominalisierung darstellt.[1] Die Präposition (PRÄP) ist – je nach Auffassung des Funktionsverbgefüges – fakultativ bzw. obligatorisch und das Determinativ (DET) eine fakultative Komponente, z. B. *zur Aufführung bringen* vs. *in Frage stellen*. Funktionsverbgefüge zu definieren ist „eine der undankbarsten grammatischen Aufgaben" (Ágel 2017: 315), weshalb die konstruktionsgrammatische Auffassung der FVG mit der auf dem Prototypenmodell basierenden Bestimmung der Funktionsverbgefüge von Kamber (2006: 113) ergänzt wird. Eine prototypisch orientierte Definition der Funktionsverbgefüge schlägt Eisenberg (2006) vor, vgl. Ágel (2017: 316), und eine ausführliche Katalogisierung der Merkmale dieses Konstrukts findet sich u. a. bei Helbig (2006) und Helbig & Buscha (2005).

Das von Kamber (2006: 113) vorgeschlagene „Modell der umrahmten Schnittmengen" basiert auf vier Kriterien – dem (obligatorischen) Basiskriterium [A], das besagt, dass alle Funktionsverbgefüge ein Funktionsverb beinhalten, und drei optionale Kriterien: Ist das Substantiv ein Verbalabstraktum oder nicht? [B] Ist das Verb ein Bewegungs- bzw. Zustandsverb oder nicht? [C] Enthält das Syntagma eine Präpositionalgruppe oder nicht? [D] Die Kombination der drei Kriterien B, C, D ergibt acht Klassen der Funktionsverbgefüge und eine Klasse der Verbindungen mit Funktionsverb, die keine FVG sind. Einen prototypischen Fall stellt das oben genannte Funktionsverbgefüge *zur Aufführung bringen*, weil es alle vier genannten Kriterien erfüllt. Das in diesem Beitrag in Kapitel 3 analysierte

---

[1] Ich danke zwei anonymen Gutachter(inne)n, den Herausgeberinnen des Bandes und Susanne Kabatnik (Mannheim) für ihre Lektüre und konstruktive Kritik des Beitrags.

Funktionsverbgefüge *in Not geraten* vertritt die Klasse (4) der FVG nach Kamber (2006: 113), d. h. [+Funktionsverb], [+Bewegungsverb], [+Präpositionalgruppe], [−Verbalabstraktum], auch wenn die Zugehörigkeit des Verbs *geraten* zu den Bewegungsverben nicht eindeutig ist.

Der Tradition und der Einheitlichkeit halber wird im Folgenden die tradierte Bezeichnung der Funktionsverbgefüge beibehalten, obwohl sowohl der Begriff als auch die Konstruktion selbst hinterfragt werden. Die Existenz der Funktionsverbgefüge wird vor allem von Van Pottelberge (2001) infrage gestellt; diesbezüglich sei hier nur auf die Diskussionen in Eisenberg (2006) und Helbig (2006) verwiesen. Ein Funktionsverbgefüge kann als Funktionsverbgefüge im weiteren Sinne (z. B. Helbig 2006: 168), oder als Funktionsverbgefüge im engeren Sinne aufgefasst werden. Im letzteren Fall gilt Funktionsverbgefüge als Teilmenge der Nominalisierungsverbgefüge (NVG) (vgl. von Polenz 1987), die „eine systematisch beschreibbare Eigenbedeutung in ganzen Gruppen von NVG haben" (Ágel 2017: 315), z. B. das inchoative FVG *in Gang kommen* oder das kausative FVG *in Gang bringen*. Diejenigen Nominalisierungsverbgefüge, die keine FVG sind, nennt Storrer (2006) „Streckverbgefüge" (SVG), z. B. *eine Frage stellen*. Für Storrer (2006) gelten demzufolge FVG und SVG als Teilmengen der NVG[2], die u. U. auch als „Stützverbgefüge" genannt werden (Storrer 2006). Ágel (2017: 305. 320), der sich auf die Prototypenauffassung von Eisenberg (2006) stützt, stellt Funktionsverbgefüge und Nominalisierungsverbgefüge als zwei Teilmengen der Kollokativgefüge dar. FVG bilden im Gegensatz zu NVG „dreigliedrige Aktionsart-Paradigmen" (Ágel 2017: 320), z. B. *Angst haben* (durativ) – *Angst bekommen* (inchoativ) – *in Angst versetzen* (kausativ). Die in diesem Beitrag präsentierte Fallstudie zu *in Not geraten* gilt sowohl in Storrers als auch Ágels Auffassung als FVG, weil es ein Aktionsart-Paradigma bildet, und zwar *in Not geraten – in Not bringen – in Not sein*.

---

[2] Es gibt keine systematischen Unterschiede zwischen den FVG und SVG, wenn beide Muster der Konstruktion NP-Typ sind, z. B. Streckverbgefüge *Hilfe leisten* (= *helfen*) vs. Funktionsverbgefüge *Anerkennung finden* (= *anerkannt werden*).

2 Funktionsverbgefüge kontrastiv im deutsch-polnischen Vergleich

Das Funktionsverbgefüge im deutsch-polnischen Vergleich[3] wurde Ende 1970er zum Untersuchungsobjekt. Die Arbeiten von Konieczna (1980; 1981; 1982; 1988) orientieren sich an der generativen Grammatik und zielen darauf ab, die Strukturen der deutschen und polnischen FVG zu vergleichen. Im Mittelpunkt stehen die Äquivalenz (Konieczna 1980) und die Struktur der nominalen Komponente aus der Perspektive der Wortbildung (Konieczna 1981).

Zu nennen ist in diesem Kontext auch Klinger (1983), die Leistung und Struktur der Funktionsverbgefüge des Polnischen untersucht, allerdings aus der Perspektive der „germanistischen" Auffassung dieser Konstruktion.

Das zunehmende Interesse an den verbo-nominalen Konstruktionen im deutsch-polnischen Vergleich in den letzten ca. zwanzig Jahren hat verschiedene Forschungsziele und -perspektiven im Vordergrund:
– Stilistik und Sprachgebrauch mit Hinweisen und Notwendigkeit der systematischen deutsch-polnischen Analysen für die Übersetzung, bilinguale Lexikografie und den DaF-Unterricht, vgl. Drechsler (1998), Kabatnik (2019);
– Funktionsverbgefüge als Typ der Kollokation und seine didaktischen Implikationen, vgl. Dargiewicz (2000);
– Funktionsverbgefüge als Mittel der Fachsprache, vor allem der Rechts- und Wirtschaftssprache, vgl. Drechsler (2009), Grunt (2011), Siewert-Kowalkowska (2016), Piątkowski (2017);
– Funktionsverbgefüge aus korpusbasierter Perspektive mit lexikografischen und/oder grammatikografischen Implikationen, vgl. Domińczak (2014), Piątkowski (2017), Taborek (2018a; 2018b);
– Funktionsverbgefüge und ihre textuelle Funktion, vgl. Kabatnik (2017; 2019).

---

[3] Die auf die ersten Arbeiten aus den Jahren 1903, 1904 und 1907 zurückgehende Geschichte der Erforschung der verbo-nominalen Verbindungen in der Polonistik stellen u. a. Anusiewicz (1978), Klinger (1983) und Vetulani (2012) dar. In diesen Arbeiten wird auch die Terminologie in der polnischen Sprachwissenschaft (vor allem *orzeczenia peryfrastyczne* ‚periphrastische Prädikate', *analityzmy werbo-nominalne* ‚verbo-nominale Analytismen') historisch und in Abhängigkeit von der Herangehensweise präsentiert, vgl. Klinger (1983: 10–13). Die Geschichte und den Forschungsstand der germanistischen Tradition enthalten vor allem Yuan (1986), Van Pottelberge (2001) und Heine (2020).

In die oben genannten Studien zur kontrastiven Untersuchung der Funktionsverbgefüge fließen auch Ergebnisse der Studien zu polnischen Verb-Nomen-Verbindungen (poln. *konstrukcje werbo-nominalne*), die eine langjährige Tradition haben.[4] Es ist dabei darauf hinzuweisen, dass die verbo-nominale Konstruktion gewöhnlich breiter als die des Funktionsverbgefüges verstanden wird und auch Kollokationen Substantiv + Verb umfasst (vgl. Vetulani 2012).

3 Zur Kookkurrenz der Funktionsverbgefüge

Die Konstruktion eines Funktionsverbgefüges [[PRÄP + DET] + N + V] weist spezifische Realisierungen auf, z. B. *zu* + X + *bringen* (z. B. *zum Fall bringen*), *in* + X + *kommen* (z. B. *in Gang kommen*), *in* + X + *geraten* (z. B. *in Vergessenheit geraten*) und weitere. Spricht man von der Kookkurrenz der Funktionsverbgefüge, so wird zuerst mal zwischen der „internen" und „externen Kookkurrenz" unterschieden[5]. Die interne Kookkurrenz betrifft die lexikalische Füllung der Slots in einer Konstruktion (vgl. Steyer 2013: 111), d. h. der Variablen X in den obigen Beispielen. Für die Konstruktion *in X kommen* wären es die Kookkurrenzen *Gang, Berührung, Form, Verdacht* usw. Als externe Kookkurrenz gilt die Kookkurrenz eines konkreten Funktionsverbgefüges, die valenzgebundene und valenzunabhängige Kontextpartner umfasst.

Als Beispiel für die Fallstudie in diesem Beitrag wird das Funktionsverb *geraten* gewählt, welches laut Hofstetter (nach Kamber 2006: 110) Rang 6 auf der Liste der häufigsten Funktionsverben hinter *bringen, sein, kommen, sich befinden* und *stehen* belegt. Die häufigsten Füllungen der Slots in der Konstruktion [PRÄP [+ DET] + X + geraten] sind nach Kamber (2008: 327) *unter Druck geraten, in/unter Verdacht geraten* und *in Gefahr geraten* (siehe Abb. 1).

---

4 Stellvertretend sei hier Vetulani (2012) zu nennen.
5 Analog zu der Unterscheidung zwischen dem „internen" und „externen" Kovorkommen (Steyer 2018: 240).

Substantiv	Anzahl Belege	FVG
1. Druck	40	unter Druck geraten
2. Verdacht	29 (25 / 4)	in / unter Verdacht geraten
3. Gefahr	20	in Gefahr geraten
4. Kontrolle	20	außer Kontrolle geraten
5. Stocken	18	ins Stocken geraten
6. Visier	17	ins Visier <von jm> geraten
7. Schwierigkeit	16	in Schwierigkeiten geraten
8. Wanken	15	ins Wanken geraten
9. Fuge	13	aus den Fugen geraten
10. Not	12	in Not geraten

Abb. 1: Füllungen des Slots in der Konstruktion [PRÄP [+ DET] + X + *geraten*] (Kamber 2008: 327)

Eine weitere Konkretisierung der Konstruktion und Beschränkung auf die Präposition *in* ergibt eine – im Sinne der Konstruktionsgrammatik – „partially schematic construction" [*in* + X + *geraten*]. Die Ermittlung der häufigsten lexikalischen Füller des Slots X dieser Konstruktion erfolgt mit dem Korpus DeReKo und dem Tool für Kookkurrenzanalyse (Belica 1995) und ergibt die in Abb. 2 dargestellten Kookkurrenzen. Als die zweithäufigsten FVG gelten demzufolge *in Vergessenheit geraten* und *in Not geraten*. Die Unterschiede zwischen den Kookkurrenzen Abb. 1 und in Abb 2. sind auf die Korpusgröße[6] und weiterhin -repräsentativität zurückzuführen.

---

[6] Dies zeigt am deutlichsten das FVG *in Vergessenheit geraten*, das im Spiegel-Korpus von Kamber (2006: 111) 20 Vorkommen und im DeReKo über 12 000 aufweist.

#	LLR	kumul.	Häufig	Kookkurrenzen	syntagmatische Muster
1	409768	27374	27374	**Vergessenheit**	99% in [...] Vergessenheit geraten ...
2	126286	41310	13936	**Not**	99% in [...] Not geratene|geratenen|geraten ...
3	119631	55114	13804	**Brand**	99% in [...] Brand geraten
4	74242	63819	8705	**Rückstand**	99% in [...] Rückstand geraten ...
5	65885	68710	4891	**Verruf**	99% in [...] Verruf geraten ...
6	51501	73486	4776	**Bedrängnis**	99% in [...] Bedrängnis geraten ...
7	47675	73647	161	**Gefahr Arbeitsplätze**	98% Arbeitsplätze [...] in Gefahr geraten
		74026	379	**Gefahr Sieg**	72% dass der Sieg [nicht|nie] in [...] Gefahr geriet|geraten
		81891	7865	**Gefahr**	98% in [...] Gefahr geraten ...
8	42404	81941	50	**Schieflage IKB**	82% der|die in Schieflage geratenen|geratene Mittelstandsbank IKB
		81959	18	**Schieflage Haussegen**	88% der Haussegen [...] in Schieflage gerät|geraten
		85816	3857	**Schieflage**	99% in [...] Schieflage geraten ...
9	41638	91620	5804	**Schwierigkeiten**	99% in [...] Schwierigkeiten geraten ...
10	32765	95440	3820	**Panik**	99% in [...] Panik geraten ...

Abb. 2: Kookkurrenzen der Konstruktion [*in* + X + *geraten*] (Belica 1995)

Die externe Kookkurrenz betrifft das Mitvorkommen des Funktionsverbgefüges als Ganzes mit lexikalischen Partnern. Die aufgrund der statistischen Werte ermittelten Kookkurrenzen werden nach ihren syntaktischen Funktionen (Subjekt, Objekt, Adverbiale) und weiter nach ihren morphosyntaktischen Kategorien (Partikel, Subjunktion etc.) oder gegebenenfalls nach semantischen Eigenschaften (modal, temporal etc.), vor allem in der adverbialen Funktion, gruppiert.

4 Das Beschreibungsmodell

Das hier vorgeschlagene Beschreibungsmodell der Funktionsverbgefüge (vgl. Taborek 2018a, 2018b) bezieht sich auf die korpusgestützte Analyse des FVGs und betrifft folgende Schritte:

(a) Kookkurrenzanalyse
Im ersten Schritt wird die Kookkurrenzanalyse mithilfe von monolingualen Korpora durchgeführt. Für das Deutsche wird mit dem DeReKo und Kookkurrenzanalyse (KA) (Belica 1995) und für das Polnische mit dem Nationalkorpus des Polnischen (*Narodowy Korpus Języka Polskiego*, im Weiteren NKJP) und dem Kookkurrenztool „Kollokator" (Pęzik 2012) gearbeitet. Die Kookkurrenzen werden automatisch ermittelt.

(b) Gruppieren der Kookkurrenzen
Die automatisch ermittelten Kookkurrenzen werden nach ihren syntaktischen Funktionen (Subjekt, Objekt, Adverbiale) und gegebenenfalls nach morphosyntaktischen Kategorien gruppiert, so dass die Kookkurrenzen – Partnerwörter bzw. Partnerwortgruppen Paradigmen bilden. Soweit es möglich ist, werden einzelne Partnerwörter bzw. -wortgruppen innerhalb der Paradigmen zu semantisch verwandten Gruppen subsumiert, was vorwiegend bei Adverbialen der Fall ist. Für diese Gruppierung kann die morphologische Analyse und die Zerlegung in lexikalische Morpheme von Bedeutung sein.

(c) Erstellen des/der syntagmatischen Muster
Die Paradigmen der einer syntaktischen Funktion zugehörigen Kookkurrenzen bilden zusammen mit der präferierten morphologischen Realisierung des Funktionsverbgefüges (z. B. Tempus, Genus verbi etc.) ein syntagmatisches Verwendungsmuster (vgl. Möhrs 2016: 21).

(d) Erstellen des/der Strukturmuster(s)
Die Paradigmen werden mit Variablen X, Y etc. ersetzt und somit zu Slots, die durch die paradigmenbildenden Kookkurrenzen gefüllt werden können (vgl. Steyer 2013: 25–26).

(e) Erstellen und Verifizieren der Verwendungsbeispiele und -kontexte des FVGs anhand von Korpusdaten
Die auf diese Art und Weise gebildeten Strukturmuster können mithilfe der gewonnenen Daten und gezielten Korpusanfragen zu lexikografischen Verwendungsbeispielen ausgebaut werden, die den Gebrauch des FVG illustrieren. Diese Verwendungsbeispiele sind konstruierte Beispiele, die aufgrund der quantitativen Analyse der Kookkurrenz erstellt werden.

Der Beschreibung des Funktionsverbgefüges in der Ausgangssprache[7] folgt das Ermitteln der (potenziellen) Äquivalente in der Zielsprache (ZS), was mithilfe von

---

7 Da die Studie ‚unidirektional' im Sinne der kontrastiven Linguistik ausgerichtet ist, wird zwischen der Ausgangssprache (hier: Deutsch) und Zielsprache (hier: Polnisch) der Analyse unterschieden. Diese Unterscheidung wäre überflüssig, wenn nach der Analyse der (potenziellen) Äquivalente in der polnischen Sprache diese Äquivalente weiterhin hinsichtlich ihrer Entsprechungen untersucht würden. Auf diese Art und Weise, die in der IT als Ping-Pong-Vorgehen gilt, wäre die Studie bidirektional, allerdings sie würde nach wie vor aus zwei (oder mehreren) unidirektionalen Studien bestehen.

Wörterbüchern, anderer bilingualer lexikalischer Ressourcen oder Parallelkorpora erfolgt. Die potenzielle und „erschlossene Äquivalenz in der ZS muss dann wieder durch Suchanfragen in den zielsprachigen Korpora verifiziert werden" (Mellado Blanco & Steyer 2018: 267). Die Äquivalente werden analog zu den FVG in der Ausgangssprache mithilfe von monolingualen Korpora der Zielsprache analysiert, d. h. die Kookkurrenzen werden ermittelt und gruppiert, syntagmatische Muster und Strukturmuster erstellt sowie Verwendungsbeispiele und -kontexte vorgeschlagen. Es sei hier auch zu betonen, dass die auf diese Art und Weise ermittelten funktionalen und gebrauchsbasierten Äquivalente der Zielsprache andere Formen haben und auch anderen Kategorien angehören können. So gelten als kookkurrenzbezogene, funktionale Äquivalente des deutschen FVGs *in Frage stellen* im Polnischen sowohl das Funktionsverbgefüge *poda[wa]ć w wątpliwość* als auch das – hochfrequenter gebrauchte – Verb *[za]kwestionować* (vgl. Taborek 2008b, 209–210). Auch die nachstehend dargestellte Studie zeigt die Möglichkeit, das attributiv gebrauchte FVG mit einer Präpositionalgruppe ohne Funktionsverb wiederzugeben.

Die Vorgehensweise wird im Folgenden am Beispiel des Funktionsverbgefüges *in Not geraten* veranschaulicht. Die Vorteile dieser Vorgehensweise liegen vor allem darin, dass die Äquivalenz funktional und gebrauchsbasiert ermittelt wird, die Verwendungskontexte der Funktionsverbgefüge und ihrer Äquivalente korpus- und gebrauchsbasiert festgelegt werden und die gewonnenen syntagmatischen Muster ihre Anwendung vor allem in der Lexiko- und Phraseographie als auch Fremdsprachen- und Übesetzungsdidaktik finden.

5 Fallstudie *in Not geraten*

Das inchoative Funktionsverbgefüge *in Not geraten* bedeutet ‚ernsthafte Probleme (oft finanzieller Art) bekommen' (Kamber 2008: 351), hat einen durativen Partner *in Not sein* und gehört zu der semantischen Gruppe der Funktionsverbgefüge *in Schwierigkeit geraten*. Die Korpusanfrage in DeReKo ergibt genau 13 000 Treffer[8] und diese Größe der Treffer ermöglicht eine genaue Kookkurrenzermittlung.

---

8 Stand: 15.11.2017, Anfrage (in Not /s0 &geraten) AND (&geraten /s0 in Not).

#	LLR	kumul.	Häufig	Kookkurrenzen	syntagmatische Muster
1	28753	1646	1646	unverschuldet	98% die unverschuldet [...] in Not geraten|geratene|geratenen
2	10975	3645	1999	Menschen	68% in Not geratenen|geratene Menschen
3	6378	4225	580	helfen	67% in Not geratenen ... zu helfen
4	5078	4896	671	Familien	80% für in Not geratene|geratenen Familien
5	2713	5070	174	unschuldig	100% für unschuldig [...] in Not geratene|geratenen
6	2642	5874	804	sind	85% die in Not geraten sind
7	2390	6025	151	Mitmenschen	92% für in Not geratene|geratenen Mitmenschen in ...
8	2297	6324	299	Hilfe	63% Hilfe [für ...] in Not geratene
9	1940	6442	118	Mitbürger	93% für in Not geratene Mitbürger
10	1903	6582	140	unterstützt	62% die in Not geratene ... unterstützt
11	1575	7864	1282	für	94% für [...] in Not geratene
12	1526	7950	86	zugute	87% kommt in Not geratenen ... zugute
13	1335	8181	231	Familie	82% eine|einer in Not geratenen|geratene Familie
14	1251	8211	30	Mitbürgern	100% in Not geratenen Mitbürgern
15	1201	8307	96	hilft	54% stützt und in Not Geratenen|geratene ... hilft
16	1083	8398	91	Unterstützung	92% die|zur Unterstützung [von ...] in Not geratenen|geratener
17	1070	8454	56	geholfen	85% in Not geratenen ... geholfen werden
18	1000	8529	75	unterstützen	74% um in Not geratene ... zu unterstützen
19	884	8541	12	Reinerlös	100% Der Reinerlös kommt in Not geratenen|geratene
20	837	8552	11	unbürokratisch	81% in Not geratenen|geratenen Frauen|Mitglieder schnell unbürokratisch und|schnell
21	810	8563	11	schuldlos	100% schuldlos in Not geratenen|geratenen
22	714	8694	131	Frauen	76% in Not geratenen|geratene Frauen
23	678	8713	19	Erlös	100% Der Erlös [der ...] in Not geratenen|geratene
24	677	8836	123	Kinder	67% oder in Not geratenen|geratener Kinder und
25	663	8890	54	finanziell	70% finanziell [...] in Not geratenen|geratene
26	638	8953	63	Kindern	88% und in Not geratenen Kindern
27	585	9021	68	Bürger	75% in Not geratenen|geratene Bürger
28	568	9134	113	Banken	59% in Not geratenen|geratene Banken
29	545	9457	323	wenn	86% wenn [sie ...] in Not geratenen|gerät
30	528	9671	214	durch	75% die durch [die ...] in Not geraten

Abb. 3: Kookkurrenzanalyse des Funktionsverbgefüges *in Not geraten* (Belica 1995)

Die in der Abb. 3 dargestellten, 30 häufigsten Kookkurrenten lassen sich nach syntaktischen Funktionen des Subjektes (*Menschen, Familien, Mitmenschen, Mitbürger, Kinder, Frauen*) und des Adverbiales (*unverschuldet, unschuldig, schuldlos, finanziell*) gruppieren. Der attributive Gebrauch des Funktionsverbgefüges *in Not geraten* ermöglicht weiter die Ermittlung der Prädikate (*helfen, unterstützen*) und der Adverbiale (*unbürokratisch, Erlös, Spende, Geld*) sowie der häufigsten satzförmigen Realisierung der Adverbiale mit einem *wenn*-Satz. Die gruppierten Kookkurrenzen geben Antworten auf die Fragen:
- *Wer* gerät in Not? (*Menschen, Familien, Mitmenschen, Mitbürger, Kinder, Frauen*)
- *Wie* gerät X in Not? (*unverschuldet, unschuldig, schuldlos, finanziell*)
- *Was* tut man für die in Not geratenen Xs? (*helfen, Hilfe leisten, unterstützen*)

- *Wie* hilft man den in Not geratenen? (*unbürokratisch*)
- *Was* bietet man für die in Not geratenen Xs? (*Erlös, Spenden, Geld*)
- *Wann* gerät X in Not? (*wenn*-Satz)

Die Präferenzen der häufigsten Kookkurrenten aus den Domänen sind deutlicher zu sehen, wenn als Kookkurrenzen statt Wortformen lexikalische Morpheme angesehen werden. Eine manuell durchgeführte Subsumierung ergibt ein mit Abstand bevorzugtes lexikalisches Morphem {mensch} als Präferenz, gefolgt von {schuld} und {helf}. Eine im Hinblick auf Sprachdomänen bzw. Wortfamilien detaillierte Analyse könnte Gruppierung der semantisch verwandten Lexeme umfassen, etwa {familie}, {kind} und {frau}.

Tab. 1: Lexikalische Morpheme als Kookkurrenten des FVGs *in Not geraten*

#	Lexikalisches Morphem	n	p
1	{mensch}	2 400	18,46
2	{un} + {schuld}	1 683	12,95
3	{helf}	1 624	12,49
4	{familie}	916	7,05
5	{unterstütz}	569	4,38

Die Gruppierung der Kookkurrenzen zusammen mit den erstellten Fragen ermöglicht das Erstellen der syntagmatischen Muster, die sich vom automatisch erstellten syntagmatischen Muster wie in Abb. 3 darin unterscheiden, dass einzelne Kookkurrenzen als paradigmatische Reihen dargestellt werden, wenn sie zu derselben syntaktischen Funktion oder morphosyntaktischen Kategorie oder zu derselben semantischen Gruppe gehören.

(1) Muster 1

Menschen	**geraten**	unverschuldet	**in Not**	
Familien	**sind**	unschuldig		**geraten**
Mitmenschen		schuldlos		
Mitbürger		finanziell		

(2) Muster 2
X   hilft   den **in Not geratenen**
           leistet   den **in Not geratenen**   Hilfe
           unterstützt   die **in Not geratenen**

(3) Muster 3
Hilfe   kommt   den **in Not geratenen** Xs   zugute
Erlös   geht an   die **in Not geratenen** Xs

Durch das Abstrahieren der Kookkurrenten, die zu mit Variablen X, Y etc. gekennzeichneten Slots werden, werden drei nachstehende Strukturmuster erstellt

(1)   X gerät ADV in Not
(2)   Y hilft den (ADV) in Not geratenen (X)
(3)   Y kommt den (ADV) in Not geratenen (X) zugute

Bei der Berücksichtigung der satzförmigen morphologischen Realisierung des Adverbiales mit einem *wenn*-Satz kommt das vierte Strukturmuster hinzu, dem ein komplexer Satz zugrunde liegt:

(4)   Wenn S, gerät X in Not

Die potenziellen Äquivalente in der Zielsprache Polnisch werden durch Wörterbücher ermittelt. Die deutsch-polnischen Wörterbücher, die nach 2000 erschienen sind (vgl. Taborek 2018a), bieten eine breite Palette von Äquivalenten.

Tab. 2: Lemmatisierung des FVGs *in Not geraten* in deutsch-polnischen Wörterbüchern

Wörterbuch \ Lemma	Not	geraten
PONS DSNP	**in ~ geraten** popadać [*perf* popaść] w tarapaty	**in Not ~** popaść w nędzę [*oder* niedolę]
WP PSNP	**in ~ geraten** popadać w biedę	popadać|ść (**in Not <Schulden>**) w biedę <długi>
PONS WSNP	**in ~ geraten** popadać [*perf* popaść] w tarapaty	**in Not ~** popaść w nędzę (*o.* niedolę)
PWN WSNP	–	–

Die deutsch-polnischen Wörterbücher – ausgenommen PWN WSNP (2008), in dem das FVG nicht lemmatisiert wird – führen als Äquivalente Verbindungen mit dem Verb *popadać* (perfektiv: *popaść*) ‚fallen, geraten' und einem Nomen in der Präpositionalgruppe mit *w* ‚in'. Die Nomina sind *tarpaty* ‚Bedrängnis, Klemme', *nędza* ‚Elend, Not', *niedola* ‚Unglück', *bieda* ‚Armut' und sie verweisen vorwiegend auf finanzielle Schwierigkeiten.

Um potenzielle Äquivalente einer Mehrworteinheit zu ermitteln, werden neben den lexikografischen Werken auch Parallelkorpora und multilinguale lexikalische Ressourcen eingesetzt, einschließlich der maschinellen Übersetzung. Zur Rate gezogen wird ebenfalls Google-Translate[9], das (weitere) potenzielle Äquivalente liefern kann. Die mithilfe von Google-Translate ermittelten Äquivalente werden u. U. hinsichtlich ihrer Kookkurrenz untersucht und verifiziert, so dass die Zweifel an der Qualität bzw. der Zuverlässigkeit der auf diese Art und Weise ermittelten Übersetzungen auch behoben werden. Interessanterweise führt die Anfrage bei Google-Translate, das hier nur als Hilfsmittel zur Ermittlung der potenziellen Äquivalente eingesetzt wird, zu Übersetzungen des FVGs *in Not geraten*, die in Wörterbüchern nicht vorkommen. Und keines der in Wörterbüchern notierten Äquivalente kommt in dem System der maschinellen Übersetzung vor. Für die häufigsten syntagmatischen Verwendungsmuster des FVGs *in Not geraten* werden nachstehend die polnischen Übersetzungen von Google-Translate und ihre wortwörtliche Wiedergabe auf Deutsch mit den morpho-syntaktischen Angaben dargestellt.

(a) in Not geraten   Infinitiv
    w potrzebie   Präpositionalgruppe
    'in Not'
(b) Menschen geraten in Not.   Finitum, Präsens
    Ludzie mają kłopoty.   Finitum, Präsens
    'Menschen haben Probleme'
(c) Menschen sind in Not geraten.   Finitum, Perfekt
    Ludzie są w potrzebie.   Finitum, Präsens
    'Menschen sind in Not'
(d) Menschen geraten unverschuldet in Not.   Finitum, Präsens
    Ludzie są w potrzebie bez własnej winy.   Finitum, Präsens
    'Menschen sind in Not ohne eigene Schuld'

---

9 https://translate.google.com/ (26.11.2018).

(e) Menschen, die in Not geraten sind.   Nomen + Relativsatz
Ludzie potrzebujący.   Nomen + attr. Partizip
'Die in Not seienden Menschen'
(f) die in Not geratenen   Partizip Perfekt
potrzebujący   Partizip Präsens
'bedürftige'
(g) die in Not geratenen Menschen   attr. Partizip Perfekt
ludzie w niebezpieczeństwie   attr. Präpositionalgruppe
'Menschen in Gefahr'

Die automatische Übersetzung – Beispiele (a), (c), (d) – verweist auf die Präpositionalgruppe *w potrzebie* als weiteres potenzielles Äquivalent und auf die Übersetzung des attributiv gebrauchten FVGs *in Not geraten* mit der polnischen Präpositionalgruppe *w potrzebie*. Ebenfalls zu untersuchen hinsichtlich der Kookkurrenz und der Bildung von FVG ist das Substantiv *kłopoty* ‚Schwierigkeiten'.

Um die potenziellen Äquivalente aus den Wörterbüchern und von Google Translate hinsichtlich ihrer Verwendung zu verifizieren, werden folgende Fragen gestellt und untersucht:

(a) Welche Verben kookkurrieren mit den in Wörterbüchern angegebenen Substantiven als Komponenten der Präpositionalgruppe des FVGs?
(b) Welches Nomen kookkurriert mit der Phrase *popadać w* ‚geraten in' + X?
(c) Welches Nomen kookkurriert mit der Phrase *w potrzebie* ‚in Not'?
(d) Welche Verben kookkurrieren mit der Phrase *w kłopoty* ‚in Not'?

Die Analyse erfolgt mit den sprachlichen Daten des Nationalkorpus des Polnischen (NKJP)[10] und dem Tool „Kollokator"[11], mit dem die Kookkurrenzen ermittelt werden.

(a) Welche Verben kookkurrieren mit den in Wörterbüchern angegebenen Substantiven?
Das polnische Pluraletantum *tarapaty* ‚Schwierigkeiten, Klemme' kookkurriert mit der vergleichbaren hohen Frequenz mit zwei Verben – *popadać/popaść* und *wpadać/wpaść* (Tab. 3)

---

10 http://nkjp.pl (26.11.2018).
11 http://www.nkjp.uni.lodz.pl/collocations.jsp (26.11.2018).

Tab. 3: Verbale Kookkurrenz der Präpositionalgruppe *w tarapaty* ‚in Schwierigkeiten'[12]

#	Kookkurrenz	Deutsch	n	x^2
1	popaść	'geraten' (perf.)	77	2 184 850,63
2	wpaść	'geraten' (perf.)	69	347 024,63
3	wpędzić	'treiben' (perf.)	8	344 260,31
4	popadać	'geraten' (imperf.)	14	182 289,20
5	wpadać	'geraten' (imperf.)	14	56 209,45
6	pakować się	'hineinrennen'	5	42 697,87
7	móc	'können'	6	52,26

Die Kookkurrenzanalyse der Präpositionalgruppe *w tarapaty* spricht für zwei inchoative Verben im Polnischen als Funktionsverb, wovon nur das Verb *popadać – popaść* in den analysierten deutsch-polnischen Wörterbüchern notiert ist. Die weiteren ermittelten Verben werden nicht nur wegen ihrer niedrigen Frequenz sondern auch aus folgenden Gründen nicht berücksichtigt: Das Verb *wpędzać* ‚treiben' ist Funktionsverb des kausativen FVGs *wpędzać/wpędzić w tarapaty* ‚in Not geraten lassen', das Verb *pakować się* ‚hineinrennen' eine stilistisch markierte Variante und *móc* ‚können' ein Modalverb, das mit dem Funktionsverbgefüge das komplexe Prädikat bildet.

Die Kookkurrenzanalysen für weitere den deutsch-polnischen Wörterbüchern entnommene potenzielle Äquivalente ergeben wegen ihrer geringen Frequenz weniger aussagekräftige Ergebnisse. Die Präpositionalgruppe *w nędzę* ‚in Elend, Not' kookkurriert mit dem kausativen Verb *wpędzić* ‚treiben' und dem inchoativen Verb *popaść* ‚geraten' (Tab. 4).

Tab. 4: Verbale Kookkurrenz der Präpositionalgruppe *w nędzę* ‚in Elend, Not'[13]

#	Kookkurrenz	Deutsch	n	x^2
1	wpędzić	'treiben' (perf.)	5	704,156.28
2	popaść	'geraten' (perf.)	12	349,583.47

---

[12] Die Anfrage *w tarapaty* erfolgte mit der der Einstellung der Parameter: Kontext links = 2, Kontext rechts = 0, Korpusgröße = 50 000, Wortklasse = Verb (Pęzik 2012).

[13] Die Anfrage *w nędzę* erfolgt mit der Einstellung der Parameter: Kontext links = 2, Kontext rechts = 0, Korpusgröße = 50 000, Wortklasse = Verb (Pęzik 2012).

Die Präpositionalgruppe *w biedę* ‚in Armut' kookkurriert mit dem Verb *popaść* ‚geraten' (n = 13, x^2 = 345 972,23) am häufigsten und für die Präpositionalgruppe *w niedolę* ‚in Unglück' können mit den zu Verfügung stehenden Daten keine aussagekräftigen Ergebnisse der Kookkurrenz ermittelt werden.

Es lässt sich feststellen und mit Korpusanalysen und Korpusbelegen bestätigen, dass die drei in deutsch-polnischen Wörterbüchern notierten Substantive *tarapaty, nędza, bieda* ein inchoatives FVG mit dem Verb *popadać – popaść* ‚geraten' bilden. Darüber hinaus verfügt das FVG *popadać w tarapaty* über eine in deutsch-polnischen Wörterbüchern nicht notierte, in untersuchten Korpora mit vergleichbarer Frequenz gebrauchte Alternative *wpadać w tarapaty*. Die Konstatierung ist lexikographisch und kontrastiv relevant, denn die mit einem Funktionsverb vorkommende Präpositionalgruppe *w tarapaty* ist laut den durchgeführten Kookkurrenzanalysen das bevorzugte Äquivalent des prädikativ verwendeten FVGs *in Not geraten* ist.

(b) Welches Nomen kookkurriert mit der Phrase *popadać w* + X?
Die Frage, mit welchem Substantiv in der Präpositionalgruppe *w* + X das Verb *popadać* ‚geraten' kookkurriert, ergibt folgende Top-Ten-Liste geordnet nach dem x^2-Wert (Tab. 5). Als ein potenzielles Äquivalent für *Not* gilt das polnische Substantiv *tarapaty* ‚Schwierigkeiten', das als Besetzung des Slots X unter den zehn häufigsten Kookkurrenten zu finden ist.

Tab. 5: Füllungen des Slots X in der Konstruktion *popaść w* + X[14]

#	Kookkurrenz	Deutsch	n	x^2
1	rutyna	'Rutine'	20	1,081,785.23
2	ruina	'Ruine'	32	728,420.95
3	samochzachwyt	'Eigenlob'	7	498,004.36
4	przesada	'Übertreibung'	18	457,895.42
5	skrajność	'Extremum'	27	340,878.93
6	tarapaty	'Schwierigkeiten'	18	303,192.68
7	paranoja	'Paranoia'	12	199,264.65
8	depresja	'Depression'	23	175,447.77
9	niełaska	'Ungnade'	9	150,448.95

---

14 Die Anfrage *popadać|popaść w* erfolgt mit der Einstellung der Parameter: Kontext link = 0, Kontext rechts = 2, Korpusgröße = 50 000.

#	Kookkurrenz	Deutsch	n	x^2
10	zaduma	'Grübeln, Nachdenklichkeit'	6	141,130.28

Die vorläufige Schlussfolgerung ist, dass die in Wörterbücher angegebenen Substantive mit dem Verb *popadać* kookkurrieren, wobei das Verb *popadać* nur das Substantiv *tarpaty* ‚Schwierigkeiten' unter seinen häufigsten Kookkurrenten in der Konstruktion *popadać w + X* aufweist.

(c) Welches Nomen kookkurriert mit der Präpositionalphrase *w potrzebie* ‚in Not'?

Die dritte Frage bezieht sich auf die Kookkurrenten der Phrase *w potrzebie* ‚in Not'. Diese Präpositionalgruppe des FVGs wurde aufgrund der Ergebnisse von Google-Translate und nicht aufgrund des Vorkommens im Wörterbuch der Analyse unterzogen. Ermittelt werden nominale und verbale Kookkurrenzen.

Tab. 6: Nominale Kookkurrenzen der Präpositionalgruppe *w potrzebie* ‚in Not'[15]

#	Kookkurrenz	Deutsch	n	x^2
1	bliźni	'Mitmensch'	16	17 406,66
2	ojczyzna	'Vaterland'	16	8 252,91
3	człowiek	'Mensch'	79	4 328,11
4	pomoc	'Hilfe'	33	3 255,26
5	ludzie	'Menschen, Leute'	30	2 412,21
7	przyjaciel	'Freund'	10	1 869,36
8	wsparcie	'Unterstützung'	5	639,25
9	kolega	'Freund, Kollege'	5	415,48
11	lud	'Volk'	11	371,21
13	osoba	'Person'	13	196,79
15	rodzina	'Familie'	6	164,47

---

15 Die Anfrage *w potrzebie* erfolgt mit der der Einstellung der Parameter: Kontext links = 2, Kontext rechts = 2, Korpusgröße = 50 000, Wortklasse = Substantiv. In der Tabelle wurden die Kookkurrenzen nicht mitberücksichtigt, die aufgrund der fehlerhaften Lemmatisierung – 6. *znajda* ‚Findling' fälschlicherweise vom Verb *znajdować* ‚sich befinden' abgeleitet und 12. *broń* ‚Gewehr' vom Verb *bronić* ‚verteidigen, wehren' – oder die Funktionswörter – 10. *ktoś* ‚jemand' und 14. *kto* ‚wer'.

#	Kookkurrenz	Deutsch	n	x²
16	pieniądz	'Geld'	5	137,39

Vergleicht man die substantivischen Kookkurrenzen der Präpositionalgruppe *w potrzebie* mit denen der deutschen PP *in Not* (Abb. 3, 219), so fallen die polnischen semantischen Äquivalente zu den deutschen Kookkurrenzen *Mitmensch, Mensch(en), Leute, Familie, Geld, Hilfe* und *Unterstützung* auf. Damit lässt sich feststellen, dass *in Not* und *w potrzebie* in den mit den oben genannten Kookkurrenzen gebildeten syntagmatischen Verwendungsmustern voll äquivalent sind. Eine Ausnahme bildet die hochfrequente Kookkurrenz des Polnischen *ojczyzna* ‚Vaterland', die als Verbindung *ojczyzna w potrzebie* ein deutsches Äquivalent *das Vaterland ruft!* besitzt und somit in der Kookkurrenzliste der Präpositionalgruppe *in Not* nicht vorkommt.

Das zweite syntagmatische Strukturmuster – *X hilft den* (ADV) *in Not geratenen* (Y) – wird hinsichtlich des Gebrauchs des Äquivalents *w potrzebie* mithilfe der Kookkurrenzanalyse der mitvorkommenden Verben überprüft.

Tab. 7: Verbale Kookkurrenzen der Präpositionalgruppe *w potrzebie* ‚in Not'[16]

#	Kookkurrenz	Deutsch	n	x²
1	wspomóc	'unterstützen' (perf.)	9	24 119,07
2	ratować	'retten' (imperf.)	6	22 147,37
3	opuścić	'verlassen'(perf.)	15	9 947,58
4	pomóc	'helfen' (perf.)	28	7 948,15
5	pomagać	'helfen' (imperf.)	20	7 306,45
6	zostawić	'verlassen' (perf.)	16	7 090,89
7	zostawiać	'verlassen' (imperf.)	8	5 837,10
8	znaleźć	'sich (be)finden' (perf.)	32	3 290,35
9	wspierać	'unterstützen' (imperf.)	7	3 145,29
10	być	'sein'	189	2 080,31

---

[16] Die Anfrage *w potrzebie* erfolgte mit der der Einstellung der Parameter: Kontext link = 2, Kontext rechts = 2, Korpusgröße = 50 000, Wortklasse = Verb.

Es lassen sich zwei Gruppen von semantisch verwandten Verben beobachten. Die erste Gruppe umfasst Verben des Polnischen in der Bedeutung von *helfen, unterstützen* u. a., die auf die volle Äquivalenz zwischen des attributiv partizipial bzw. substantiviert verwendeten FVGs *in Not (geraten)* und der Präpositionalgruppe *w potrzebie* hinweisen. Darüber hinaus kookkurriert die polnische Präpositionalgruppe *w potrzebie* mit den Verben *opuścić* ‚verlassen' und *zostawi(a)ć* ‚(ver)lassen'[17].

(d) Welche Verben kookkurrieren mit der Präpositionalgruppe *w kłopoty* ‚in Schwierigkeiten'?

Die Präpositionalgruppe *w kłopoty* ‚in Schwierigkeiten' wird in MT als potenzielles Äquivalent des FVGs *in Not geraten* in der Prädikatsfunktion angegeben[18].

Tab. 8: Die Kookkurrenzanalyse der Präpositionalphrase *w kłopoty* ‚in Schwierigkeiten'

#	Kookkurrenz	Deutsch	n	x^2
1	popaść	'geraten' (perf.)	78	1 741 475,12
2	wpędzić	'[hinein]treiben' (imp.)	19	1 112 644,32
3	wpakować (się)	'[hinein]rennen'(perf.)	14	307 159,70
4	popadać	'geraten' (imp.)	21	298 097,46
5	wpędzać	'[hinein]treiben' (imp.)	6	227 999,81
6	pakować (się)	'[hinein]rennen' (imp.)	18	218 730,52
7	wpaść	'geraten' (perf.)	46	127 742,22
8	wpadać	'geraten' (imp.)	16	54 079,77
9	móc	'können'	12	168,29

Die Kookkurrenzanalyse der Präpositionalgruppe *w kłopoty* ‚in Schwierigkeiten' ergibt fünf Verben als potenzielle Kandidaten für Funktionsverben – vier Aspektpaare (d. h. *popaść – popadać, wpędzić – wpędzać, wpakować się – pakować się* und *wpaść – wpadać*) und das Modalverb *móc* ‚können'. Das Modalverb *móc*

---

[17] Der polnische Ausdruck *opuścić/zostawi(a)ć w potrzebie* kann korpuslinguistisch und kookkurrenzbezogen im Hinblick auf seine Äquivalente im Deutschen untersucht werden.

[18] In Google-Translator wird *Menschen geraten in Not* als *Ludzie mają kłopty* übersetzt. Die polnische Übersetzung ist statisch zu verstehen, d. h. *Schwiergkeiten haben* und damit geht die inchoative Aktionsart verloren. Die Präpositionalgruppe *w kłopoty* weist – so die Intuition und die Annahme – vergleichbare Kookkurrenz wie die PP *w tarapaty* auf, weshalb die Kookkurrenz dieser PP einer Analyse unterzogen wird.

‚können' modifiziert das FVG als Prädikat und wird außer Acht gelassen, wobei es in einer detaillierten Analyse der FVG hinsichtlich der syntagmatischen Verwendungsmuster zu berücksichtigen wäre, z. B. *X kann in Not geraten*. Das Verb *wpędzać – wpędzić* ‚[hinein]treiben' drückt die kausative Aktionsart aus und kann u. U. als Äquivalent der Verwendung *in Not geraten lassen* gelten. Das Verb *pakować się – wpakować się* ‚[hinein]rennen' bildet zusammen mit der Präpositionalgruppe ein FVG, das stilistisch markiert ist. Als zwei Verben, die mit der PP *w kłopoty* ein inchoatives FVG konstituieren gelten *popadać – popaść* ‚geraten' und *wpadać – wpaść* ‚geraten', wodurch das FVG *popadać/wpadać w kłopoty* als ein synonymes FVG zu *popadać* bzw. *wpadać w tarapaty* anzusehen ist.

Aufgrund der Kookkurrenzanalyse der (potenziellen) Äquivalente im Polnischen lassen sich folgende Aussagen formulieren:
- Für den häufigeren Gebrauch des Funktionsverbgefüges *in Not geraten* in der attributiven Funktion gilt als korpusbasiertes Äquivalent des Polnischen die Präpositionalphrase *w potrzebie*. Die Information zur Aktionsart, die in dem deutschen FVG enthalten ist und vom Funktionsverb *geraten* getragen wird, geht in dem polnischen Äquivalent verloren.[19]
- Für den Gebrauch des Funktionsverbgefüges *in Not geraten* als Prädikat gelten als korpusbasierte Äquivalente *popadać* (perf.: *popaść*) bzw. *wpadać* (perf.: *wpaść*) *w tarapaty* bzw. *kłopoty* ‚in Not/Schwierigkeiten geraten' und darüber hinaus die selten vorkommenden *popadać* (perf.: *popaść*) w *nędzę/biedę* ‚in Armut/Elend geraten'.

Die aufgrund der Korpusanalysen ermittelten Äquivalente können mit Verwendungsbeispielen und -kontexten veranschaulicht werden, die mithilfe von Strukturformen und nach der Füllung der Slots mit den Kookkurrenten mithilfe von syntagmatischen Mustern erstellt werden. Für das Funktionsverbgefüge *in Not geraten* lassen sich folgende korpusbasierte Konstruktionen und Verwendungsbeispiele erstellen:

(1)   **X gerät ADV in Not**
      Die Familie ist unverschuldet in Not geraten.
      X wpada w tarapaty/kłopoty
      Rodzina z nie swojej winy wpadła w tarapaty/kłopoty.

---

19 Für diesen Hinweis und diesbezügliche Diskussionen während des 10. Lexikographischen Kolloquiums in Poznań im Oktober 2018 danke ich Herrn Prof. Christoph Schatte (Poznań).

(2) **X hilft den (ADV) in Not geratenen (Y)**
Wir helfen den in Not geratenen Menschen.
X pomaga Y w potrzebie
Pomagamy ludziom w potrzebie.

(3) **X hilft Y, die (ADV) in Not geraten sind**
Die Stiftung hilft Familien, die finanziell in Not geraten sind.
X pomaga Y w potrzebie
Fundacja pomaga rodzinom w finansowej potrzebie.

(4) **X kommt den (ADV) in Not geratenen (Y) zugute**
Der Erlös kommt den in Not geratenen Kindern zugute.
X jest przekazany dla Y w potrzebie
Zysk zostanie przekazany dla dzieci w potrzebie.

(5) **Wenn S, gerät X in Not**
Wenn die Arbeitslosigkeit anhält, geraten Finanzen in Not.
Jeśli/Gdy S, X popada w tarapaty
Jeśli bezrobocie się utrzyma, finanse popadną w tarapaty.

6 Zusammenfassung

Die Korpora ermöglichen es, auf systematische Art und Weise die Kookkurrenzen eines Funktionsverbgefüges – stellvertretend für eine Ein-Wort- und Mehr-Wort-Einheit – zu analysieren und demzufolge den Gebrauch des Funktionsverbgefüges (vgl. Dobrovol'skij 2015: 276) mithilfe von Kookkurrenzen, syntagmatischen Mustern und Strukturformen zu beschreiben. Eine parallel und mit denselben Methoden durchgeführte Analyse der potenziellen Äquivalente in der Zielsprache ermöglicht, die lexikografisch tradierten Äquivalente zu verifizieren und korpusbasierte, gebrauchsorientierte Äquivalente zu ermitteln. Die mithilfe von Korpora ermittelten Daten zum Gebrauch von FVG gestatten die Bildung typischer und hochfrequenter Verwendungsbeispiele und -kontexte, die in der Lexikografie und Fremdsprachendidaktik Einsatz finden können. Die potenziellen Möglichkeiten des Einsatzes der syntagmatischen Muster im Fremdsprachenunterricht – mit Deutsch als Zielsprache, denn Deutsch wird in der vorliegenden Studie als Ausgangssprache der Analyse betrachtet – enthält die neueste Studie von Piątkowski (2019). Die in dieser Studie dargestellte Methode der kontrastiven Beschreibung der Funktionsverbgefüge wurde in Taborek (2018a) an jeweils einem inchoativen, kausativen und durativen Funktionsverbgefüge exemplifiziert und das Modell in Taborek (2018b) mit einer exemplarischen Analyse präsentiert.

Literatur

Ágel, Vilmos (2017): *Grammatische Textanalyse. Textglieder, Satzglieder, Wortgruppenglieder.* Berlin, Boston: De Gruyter.
Anusiewicz, Janusz (1978): *Konstrukcje analityczne we współczesnym języku polskim.* Wrocław: Zakład Narodowy im. Ossolińskich.
Belica, Cyril (1995): *Statistische Kollokationsanalyse und Clustering. Korpuslinguistische Analysemethode.* Mannheim: Institut für Deutsche Sprache.
Dargiewicz, Anna (2000): Deutsche Funktionsverbgefüge und ihre polnischen Entsprechungen. In Zdzisław Wawrzyniak & Krzysztof Drużycki (Hrsg.), *Germanistik als interkultureller und interdisziplinärer Brückenschlag,* 189–199. Rzeszów: Wydawnictwo WSP.
Dobrovol'skij, Dimitrij (2015): Introduction. *International Journal of Lexicography* 28(3), 275–278.
Domińczak, Alicja (2014): Definicje analitycznych konstrukcji werbo-nominalnych. Ujęcie kontrastywne niemiecko-polskie. In Anna Stolarczyk-Gembiak & Marta Woźnicka (Hrsg.), *Zbliżenia: językoznawstwo, literaturoznawstwo, translatologia,* 25–32. Konin: PWSZ w Koninie.
Drechsler, Ulrich (1998): Konstrukcje typu *stawiać wymagania* a kultura języka. *Acta Universitatis Lodzensis. Folia Linguistica* 37, 5–13. http://hdl.handle.net/11089/16467
Drechsler, Ulrich (2009): Funktionsverbgefüge in der deutschen und polnischen Rechts- und Wirtschaftssprache. In Ryszard Lipczuk & Przemysław Jackowski (Hrsg.), *Sprachkontakte – Sprachstruktur: Entlehnungen – Phraseologismen,* 99–112. Hamburg: Dr Kovac Verlag.
Eisenberg, Peter (2006): Funktionsverbgefüge – Über das Verhältnis von Unsinn und Methode. In Eva Breindl, Lutz Gunkel & Bruno Strecker, *Grammatische Untersuchungen. Analysen und Reflexionen. Gisela Zifonun zum 60. Geburtstag,* 297–317. Tübingen: Gunter Narr.
Grunt, Dagmara (2011): Das passivische Funktionsverbgefüge und das Vorgangspassiv in ausgewählten Fachtexten des Deutschen aus kontrastiver Sicht. *Studia Germanica Gedanensia,* 160–170.
Heine, Antje (2008): *Funktionsverbgefüge richtig verstehen und verwenden. Ein korpusbasierter Leitfaden mit finnischen Äquivalenten.* Frankfurt am Main u. a.: Peter Lang.
Heine, Antje (2020): Zwischen Grammatik und Lexikon. Ein forschungsgeschichtlicher Blick auf Funktionsverbgefüge. In Sabine De Knop & Manon Hermann (Hrsg.), *Funktionsverbgefüge im Fokus: Theoretische, didaktische und kontrastive Perspektiven,* 15–37. Berlin, Boston: De Gruyter.
Helbig, Gerhard (2006): Funktionsverbgefüge – Kollokationen – Phraseologismen. Anmerkungen zu ihrer Abgrenzung – im Lichte der gegenwärtigen Forschung. In Ulrich Breuer & Irma Hyvärinen (Hrsg.), *Wörter – Verbindungen. Festschrift für Jarmo Korhonen zum 60. Geburtstag,* 165–174. Frankfurt am Main: Peter Lang.
Helbig, Gerhard & Joachim Buscha (2005): *Deutsche Grammatik. Ein Handbuch für den Ausländerunterricht.* Berlin u. a.: Langenscheidt.
Kabatnik, Susanne (2017): *Textuelle Funktionen von Streckverbgefügen im Polnischen und im Deutschen – Korpusgestützte Untersuchung.* Poster-Slam, GAL-Sektionentagung 2017, Tagung der Gesellschaft für Angewandte Linguistik, Universität Basel.
Kabatnik, Susanne (2019): *Leistungen von Funktionsverbgefügen im Text – eine korpusbasierte quantitativ-qualitative Untersuchung am Beispiel des Deutschen und des Polnischen.* Unver. Dissertation der Universität Mannheim.

Kamber, Alain (2006): Funktionsverbgefüge – empirisch (am Beispiel von *kommen*). *Linguistik online* 3, 109–132.
Kamber, Alain (2008): *Funktionsverbgefüge – empirisch. Eine korpusbasierte Untersuchung zu den nominalen Prädikaten.* Tübingen: Niemeyer.
Klinger, Margarete (1983): *Leistung und Struktur des Funktionsverbgefüges im Polnischen.* Inaugural-Dissertation zur Erlangung des Grades eines Doktors der Philosophie in der Abteilung für Philologie der Ruhr-Universität Bochum.
Konieczna, Hanka (1980): Phraseologie im Bereich der Funktionsverben in deutsch-polnischer Konfrontation. *Studia Germanica Posnaniensia* 9, 123–130.
Konieczna, Hanka (1981): Zur Nominalisierung im Bereich der Funktionsverbgefüge. In: *Studia Germanica Posnaniensia* 11, 63–73.
Konieczna, Hanka (1982): Funktionsverbgefüge im Deutschen und Polnischen. In *Deutsch-polnischer Sprachvergleich. Referate der Arbeitstagung der Sektion Grammatik vom 24. bis 25. Nov. 1981 in Poznań*, 14–21. Berlin: Akademie der Wissenschaften der DDR, Zentralinstitut für Sprachwissenschaft.
Konieczna, Hanka (1988): Die funktions- und textsortenabhängige Beschreibung von Funktionsverbgefügen. *Proben*, 129–140.
Mellado Blanco, Carmen & Kathrin Steyer (2018): Auf der Suche nach Äquivalenz. Lexikalisch geprägte Muster kontarstive: Deutsch-Spanisch. In: Kathrin Steyer (Hrsg.), *Sprachliche Verfestigung. Wortverbindungen, Muster, Phrasem-Konstruktionen*, 265–306. Tübingen: Gunter Narr.
Möhrs, Christine (2016): *Syntagmatische Verwendungsmuster in einsprachigen deutschen Wörterbüchern.* (= amades – Arbeiten und Materialien zur deutschen Sprache 50). Mannheim: Institut für Deutsche Sprache.
Pęzik, Piotr (2012): Wyszukiwarka PELCRA dla danych NKJP. In: Adam Przepiórkowski, Mirosław Bańko, Rafał Górski & Barbara Lewandowska-Tomaszczyk (Hrsg.), *Narodowy Korpus Języka Polskiego*, 253–279. Warszawa: Wydawnictwo PWN.
Piątkowski, Łukasz (2017): Funktionsverbgefüge mit treffen am Beispiel des Vertrags über die Arbeitsweise der Europäischen Union und ihre Wiedergabe im Polnischen. In Beata Mikołajczyk, Janusz Taborek, Miłosz Woźniak, Marta Woźnicka & Władysław Zabrocki (Hrsg.), *Język w poznaniu 8*, 89–98. Poznań: Wydawnictwo Rys.
Piątkowski, Łukasz (2019): Zur korpusbasierten Vermittlung der Funktionsverbgefüge im DaF-Unterricht. Syntagmatische Muster als „Gebrauchsanleitung" für Deutschlernende. *Glottodidactica* XLVI/1, 127–144
Siewert-Kowalkowska, Katarzyna (2016): Niemieckie zwroty werbo-nominalne w przekładzie tekstów prawnych na język polski. *Comparative Legilinguistics* 25, 61–78.
Steyer, Kathrin (2013): *Usuelle Wortverbindungen. Zentrale Muster des Sprachgebrauchs aus korpusanalytischer Sicht.* Tübingen: Gunter Narr.
Steyer, Kathrin (2018): Lexikalisch geprägte Muster – Modell, Methoden und Formen der Onlinepräsentation. In Kathrin Steyer (Hrsg.), *Sprachliche Verfestigung. Wortverbindungen, Muster, Phrasem-Konstruktionen*, 227–264. Tübingen: Gunter Narr.
Storrer, Angelika (2006): Funktionen von Nominalisierungsverbgefügen im Text. Eine korpusbasierte Fallstudie. In Kristel Prost & E. Winkler (Hrsg.): *Von der Intentionalität zur Bedeutung konventionalisierter Zeichen. Festschrift für Gisela Harras zum 65. Geburtstag*, 147–178. Tübingen: Gunter Narr.
Taborek, Janusz (2018a): Funktionsverbgefüge in bilingualen deutsch-polnischen Wörterbüchern. Korpusbasierte Analyse – syntagmatische Muster – Äquivalenz. In Vida Jesenšek &

Milka Enčeva (Hrsg.), *Wörterbuchstrukturen zwischen Theorie und Praxis. Herbert Ernst Wiegand zum 80. Geburtstag gewidmet*, 197–214. Berlin, Boston: De Gruyter.
Taborek, Janusz (2018b): Korpusbasiertes kontrastives Beschreibungsmodell für Funktionsverbgefüge. In Günter Schmale (Hrsg.): *Formen, Verfahren, Funktionen der Bildung lexematischer und polylexematischer Einheiten im Deutschen*, 135–154. Tübingen: Stauffenburg.
Yuan, Jie (1986): *Funktionsverbgefüge im heutigen Deutsch*. Heidelberg: Julius Groos Verlag.
Van Pottelberge, Jeroen (2001): *Verbonominale Konstruktionen, Funktionsverbgefüge. Vom Sinn und Unsinn eines Untersuchungsgegenstandes*. Heidelberg: Winter.
Vetulani, Grażyna (2012): *Kolokacje werbo-nominalne jako samodzielne jednostki języka. Syntaktyczny słownik kolokacji werbo-nominalnych języka polskiego na potrzeby zastosowań informatycznych. Część I*. Poznań: Wydawnictwo Naukowe UAM.
von Polenz, Peter (1963): *Funktionsverben im heutigen Deutsch*. Düsseldorf: Schwann.
von Polenz, Peter (1987): Funktionsverben, Funktionsverbgefüge und Verwandtes. Vorschläge zur satzsemantischen Lexikographie. *Zeitschrift für germanistische Linguistik* 15, 169–189.

Wörterbücher

PONS DSNP = *PONS. Duży słownik niemiecko-polski*. Marzena Świrska (Hrsg.). Poznań: LektorKlett, 2001.
PONS WSNP = *PONS. Wielki słownik niemiecko-polski*. Anna Dargacz (Hrsg.). Poznań: LektorKlett, 2008.
WP PSNP = *Podręczny słownik niemiecko-polski*. Stefan Kubica, Jan Chodera & Andrzej Bzdęga (Hrsg.). Warszawa: Wiedza Powszechna, 2007
PWN WSNP = *PWN. Wielko słownik niemiecko-polski*. Józef Wiktorowicz & Agnieszka Frączek (Hrsg.). Warszawa: Wydawnictwo PWN, 2008.

Sachregister

Abstraktion 31, 48, 58–61, 191
Abstraktum 47, 104–106, 138, 140
– deadjektivisch 104f., 140
– deverbal 104f., 140, 211
– Verbalabstraktum *siehe* verbal
Adjektiv, adjektivisch 5, 7, 9, 20, 23–25, 41, 43, 53, 77, 85, 90, 94, 101f., 104, 106–110, 115, 120f., 128–130, 138, 158, 165
– Adjektivattribut 5, 101f., 107–109, 110f., 114–116, 119–130
– Adjektivmodifikation 109f., 128
Adverb, adverbial 9, 42, 53, 77, 86f., 107–110, 128, 164, 189, 200–202, 204, 216f., 219, 221
Affinität 5, 75, 78f., 82–84, 86, 95, 98, 111, 117–119, 202 *siehe auch* LogDice
Akkusativergänzung/-objekt 3, 30, 42, 45, 111, 114f., 117–119, 122–124, 140, 150, 152, 164
Aktant 40, 77, 150, 180, 189, 193, 201
Aktionsart 3, 7, 9, 17, 24, 40, 48–50, 62, 75, 87, 91, 139, 142, 154, 180, 184, 190f., 195, 204, 212, 228f.
Äquivalenz, äquivalent 6–9, 142, 146, 148f., 153–155, 163, 168, 170, 172, 194f., 204, 213, 217f., 221–225, 227–230
Argument 7, 32, 75, 90
Argumentstruktur 7, 75, 77, 99, 180, 185
Artikel 1, 5, 7, 41, 43, 47, 53, 55–57, 77, 85, 107, 124, 139, 168
Assoziationsmaß 111
Attribut, attributiv 43, 47, 53–58, 77, 90, 94, 101, 107–109, 111, 128, 218f., 223, 228f. *siehe auch* Adjektiv
Basisverb *siehe* Verb
Bewegungsverb *siehe* Verb
Data-driven learning/DDL 7, 76, 92, 93, 99
Dativobjekt 78f., 88f., 111, 114f., 117–119, 122–124, 140
Deutsch als Fremdsprache/DaF 6, 16, 18f., 21, 24, 27–29, 31, 75, 80, 91,
101, 107, 120, 125, 128f., 130, 137, 139, 145–147, 149–153, 155, 168, 213
diachron 105, 196
Didaktik 6, 8, 98, 179, 218
– Fremdsprachendidaktik 6f., 9, 76, 83, 91f., 98, 137, 139, 169, 196, 230
empirisch 34, 46, 51, 77, 137f., 144f., 155, 171, 191, 198
Englisch *siehe* Sprache
Erweiterbarkeit 47, 77, 85
Etymologie, etymologisch 41, 181, 195, 200
Fachsprache 137, 181, 213
Festigkeit 43, 45, 53–55, 58f.
Figur 40, 59, 62–66
Französisch *siehe* Sprache
Fremdsprachenerwerb 6, 9, 21, 76, 169
Fremdsprachenunterricht *siehe* Fremdsprachendidaktik
Frequenz 5f., 39, 51, 75–77, 79, 82–85, 98, 111, 114, 117–127, 139, 154, 199, 223–225
Funktionsverb *siehe* Verb
Funktionsverbgefüge/FVG 1–9, 15–34, 39–51, 55–61, 66, 75–79, 81–85, 87f., 90–96, 98f., 102–104, 137–142, 145–160, 162–164, 166–169, 171f., 179–204, 211–219, 220–226, 228–230
– interlinguales Funktionsverbgefüge 4, 7, 8, 179, 181, 184, 194, 196f., 199, 201, 204
– light verb construction/LVC 3f., 9, 44, 103, 179–181, 183–189, 186f., 194, 204
– Nominalisierungsverbgefüge 2f., 20, 42, 103f., 140, 212
– Streckverbgefüge 3, 103, 212
– Stützverbgefüge/SVG 2, 5, 101–110, 116–130, 189, 212
Grammatik 1, 3–5, 15f., 22–27, 29–31, 33f., 41, 91, 99, 101, 165, 180, 213
– Lernergrammatik 24, 27, 29
Grammatikalisierung 19, 184

Idiom, idiomatisch 4, 18f., 26, 28f., 40, 43, 45, 48–50, 52–59, 61f., 104, 107, 109, 117, 141f., 153, 181, 185–187, 190, 193f., 198
– Idiomatizität 20, 22, 56, 58, 190
Idiosynkrasie, idiosynkratisch 1, 31f., 34, 139, 142, 150, 153, 165, 168, 171, 185, 188f., 195f.
Image-Schema 63f.
Infinitivsatz 9, 202–204
Inchoativität, inchoativ 3, 20, 32, 139, 191, 193, 202, 212, 218, 224f., 228–230
intransitiv 32, 191f.
Interferenzfehler 9, 168, 170
Italienisch *siehe* Sprache
Kausativität, kausativ 3, 7, 20, 32, 40, 42, 49, 62, 103, 116, 139, 155, 191, 195, 203, 212, 224, 229f.
kognitiv 50, 99, 146, 162, 180, 185, 187, 193
Kognitive Linguistik 50, 180, 187, 193, 202
Kollokation 4, 6, 9, 21f., 24, 26, 28f., 32, 40, 43, 45, 48, 52–58, 61, 66, 76, 85, 137–139, 141f., 145–150, 163–166, 170f., 181, 184, 186–189, 194, 200, 204, 213f.
– kollokative Präferenz 107, 127f., 130
– Kollokativgefüge 212
– Kollokator 54f., 88f., 146f., 149, 186–189, 196, 223
Komplementierung 77, 82, 85, 88f.
Kompositionalität, kompositionell 2, 31, 53, 55f., 58, 180, 185f., 188, 191, 193f.
Kompositum 43, 77, 86, 89
Konstruktikon 31
Konstruktion 3f., 22, 31–34, 39, 42, 44f., 48, 50, 57, 61, 75f., 102–105, 107–110, 117, 119, 121, 129, 147, 150, 164, 179, 184–186, 190–195, 199, 201, 211–216, 225f., 229
– freie Konstruktion 57, 104, 107, 117, 119, 121
– Makrokonstruktion/-struktur 191f., 199
– Mesokonstruktion/-struktur 191f.
– Mikrokonstruktion/-struktur 146, 191f.
– verbo-nominale Konstruktion 44, 179, 213f.
Konstruktionsgrammatik, konstruktionsgrammatisch 3–5, 15, 20, 22, 31–34, 179f., 185, 190, 193, 198, 211, 215
Kontinuum 4, 15, 32, 54, 57–61, 141, 182, 185, 187f., 190
kontrastiv 6, 39f., 94, 139, 142, 196, 211, 213f., 217, 225, 230
– sprachübergreifend 94, 179, 196f., 199, 201
– Sprachvergleich 19, 21, 76, 139, 179, 181, 194, 204
Konzeptualisierung 40, 50, 62–66
Kookkurrenz 4f., 9, 22, 66, 75, 78–80, 82, 86, 88f., 91, 94, 98, 111–115, 117, 120f., 200f., 204, 211, 214–230
– grammatische Kookkurrenz 112–114
– Kookkurrenzanalyse 4f., 22, 75, 78, 80, 86, 89, 91, 98, 200, 215f., 219, 224f., 227–229
– Kookkurrenzpartner 79, 88, 94, 111, 114f., 117
Korpus 5f., 22, 51f., 69, 76–78, 80–90, 92–94, 96, 98, 102, 104, 111–114, 117, 119–121, 124, 128, 152, 171f., 194, 203f., 215–218, 222–227, 229f.
– Korpuslinguistik 9, 15f., 76, 92, 180, 200, 204, 228
– Parallelkorpora 96, 98, 218, 222
– British National Corpus/BNC 203
– Corpus of Contemporary American English/COCA 203
– Deutsches Referenzkorpus/DeReKo 5, 22, 51f., 78, 80, 83–86, 89–91, 152, 203, 215f., 218
– Digitales Wörterbuch der deutschen Sprache/DWDS 5, 22, 78f., 83–86, 90f., 93, 101f., 104, 111–114, 116f., 119–121, 124, 128–130
– DWDS-Wortprofil 5, 78f., 85f., 90, 101f., 111–114, 116f., 119–121, 129–130
– Emolex 96f.
– Narodowy Korpus Języka Polskiego/NKJP 216, 223
– Scientext 94f.
– Sketch Engine 5, 114, 116, 199f.

– Wortschatz Leipzig 5, 78, 81–84, 87, 91, 93
Latein *siehe* Sprache
Lehrwerk 7, 21, 91, 98, 101, 196f., 199
Lemma 9, 28, 30, 51, 94, 111f., 114–116, 120, 148, 151f., 155, 163, 165, 170, 221
– Lemmatisierung, lemmatisiert 78–81, 221f., 226
Lexikon 1, 3–5, 15f., 18, 20, 22, 27, 31, 33f., 179–181, 187, 190
Lexikalisierung, lexikalisiert 4, 8, 19, 42, 45, 56, 59, 107, 124, 140, 154, 184–186, 190, 193f.
Lexikographie, lexikographisch 6, 8f., 21, 95, 114, 138f., 141–143, 145f., 150, 153–157, 164, 168–171, 180f., 186f., 189, 197f., 201, 204, 225
– zweisprachige Lexikographie 197
– Lernerlexikographie 21, 145
light verb construction *siehe* Funktionsverbgefüge
LogDice 5, 79, 83f., 111, 117–119
Lokalisierung 39, 48, 54, 56, 59–61, 66
– Lokalisierungsverb *siehe* Verb
Mehrwortverbindung *siehe* Verbindung
Metapher, metaphorisch 48, 54f., 59f., 62, 64f., 92, 187, 189
Metonymie, metonymisch 187, 189
Motiviertheit, motiviert 4, 52, 58f., 102, 110
Muster 2, 9, 80, 86, 88–91, 94, 99, 120, 142, 180, 193f., 211f., 217f., 220–222, 227, 229f.
– Strukturmuster 217f., 221, 227
– syntagmatisches Muster 9, 80, 86, 89, 91, 94, 211, 217f., 220, 222, 227, 229, 230
Niederländisch *siehe* Sprache
Nomen 16–18, 20, 23–27, 33f., 41, 43f., 49, 63, 91, 95, 101f., 104–106, 111–119, 121, 138, 140, 149, 162, 180, 211, 214, 222f., 225f.
– Nomen actionis 17, 20, 43, 49, 104–106, 138
– prädikatives Nomen/PN 102–107, 109f., 116, 118, 121, 125, 128

Nominalisierungsverbgefüge *siehe* Funktionsverbgefüge
nominal 1, 16, 18, 32, 40f., 44, 55, 77, 79, 90, 102–104, 107f., 116f., 140f., 147f., 169, 179f., 183, 196, 201, 213f., 226
– Nominalphrase/-gruppe 1f., 17, 23, 39, 41, 75, 85, 102
Paraphrase, Paraphrasierung 24–27, 29, 43, 104, 106, 108–110, 128, 148, 163f., 169
Passiv, passivisch 3, 20, 25, 40, 75, 89–91, 117, 139, 163, 192
– Passiversatzform 27
– Passivfähigkeit 9, 24, 204
– Passivierung 42, 48, 195, 202
Phrasem 49f., 58
Phrasem-Konstruktion 4, 190
Phraseologie, phraseologisch 1, 6, 16–23, 31, 49, 53, 109, 137f., 141f., 146, 149–151, 153f., 169–171, 179–181, 185f., 190, 198
Phraseoschablone 2, 4, 20, 22, 180f., 186, 190f., 193f.
Polnisch *siehe* Sprache
Polysemie 9, 184, 199
Portugiesisch *siehe* Sprache
Positionsverb *siehe* Verb
Prädikat, prädikativ 20, 53f., 56, 66, 102, 116, 139, 180, 186, 189, 213, 219, 224f., 228f.
Präposition 1, 7, 17, 26, 32, 39, 41–43, 52, 54, 57–59, 61, 63, 75, 85, 91, 105, 124, 139f., 153, 164, 168, 184f., 187, 211, 215
– Präpositionalattribut 77, 90, 94, 107
– Präpositionalphrase/-gruppe 2f., 8, 32, 39f., 42, 45–47, 50–52, 66, 78f., 85, 102, 104, 111, 116f., 122, 140f., 152, 164, 170, 182, 184, 187, 189, 204, 211, 218, 222–229
Prototyp, prototypisch 3f., 19, 41, 45–48, 53–61, 64, 75f., 104, 140f., 143, 148, 154f., 162, 181f., 184, 187–189, 211f.
– Prototypentheorie/-modell 4, 45f., 104, 140, 211
Rechtssprache *siehe* Sprache

Register 7, 142, 146, 154, 195, 203
Reihenbildung 17, 26, 28, 43, 55, 142
Restriktion 15, 27, 41, 56, 75, 88
- morphosyntaktische Restriktion 7, 18, 23, 27, 52f., 56, 107
- Selektionsrestriktion/-beschränkung 27, 49, 77, 152
- syntaktische Restriktion 7, 187
romanische Sprache *siehe* Sprache
Semantik, semantisch 1–5, 7f., 17f., 22f., 29–31, 40f., 43, 46, 49, 52, 55, 60, 62, 66, 75–77, 99, 108f., 125, 140–142, 147, 151f., 154, 162, 168, 171, 180–191, 193, 195, 197f., 200–204, 216–218, 220, 227f.
Slawisch *siehe* Sprache
Spanisch *siehe* Sprache
Sprache
- Englisch 3, 8f., 44, 116, 179, 184, 186, 188, 190, 194–196, 198–204
- Französisch 3, 8, 21, 23, 45, 76, 94–96, 103, 179, 183, 194–196, 198–202
- Italienisch 3, 8, 137–139, 142, 145f., 148f., 151, 153–156, 158–160, 163, 165f., 168, 171, 179f., 194, 196, 198–202
- Kanzleisprache 195
- Latein 194–196, 201
- Niederländisch 9, 19, 39f., 44, 67, 195, 198, 204
- Polnisch 6, 172, 195, 211, 213f., 216–218, 221–225, 227–229
- Portugiesisch 195f.
- Rechtssprache 213
- Romanisch 8f., 181, 194–196, 201f., 204
- Slawisch 195
- Spanisch 3, 8, 194, 196, 198, 200–202
- Wirtschaftssprache 213
- Wissenschaftssprache 19, 21
Sprachkritik 16, 40, 129
Streckverbgefüge *siehe* Funktionsverbgefüge
Stützverb *siehe* Verb
Stützverbgefüge *siehe* Funktionsverbgefüge
Test 6, 18, 85, 92, 144–147, 155–157, 159–161, 166, 168f.

Text 24f., 28f., 40, 50f., 64, 78, 81, 85, 93–96, 102, 106, 108, 111–113, 117, 124, 128, 137, 147, 150, 153f., 156f., 172, 180, 195f., 199, 203
- Textbasis 112f., 119f., 129
- Textkorpora 102, 111–113, 124, 128
- Textsorten/-arten 5, 78, 85, 113, 137, 203
- Texttreffer 111f., 117, 119, 124, 128f.
Übersetzung 9, 94–97, 138, 146, 153–157, 159f., 162f., 164, 166–168, 170, 183, 202, 213, 222f., 228
Usualität, usualisiert 24, 27, 29
Valenz 8, 17–19, 52, 146, 151–153, 164, 171, 180, 203, 214
- externe Valenz 76, 98, 151
- interne Valenz 76, 98, 151
- Valenzgrammatik 21
Verb
- Basisverb 20, 55, 103–105
- Bewegungsverb 46, 141, 182f., 185, 211f.
- Funktionsverb 1, 16–18, 20, 28f., 39, 41, 48f., 75, 77, 79, 140, 146, 180–184, 186f., 192, 194, 211f., 214, 218, 224f., 228f.
- Lokalisierungsverb 4, 7, 39, 42, 47–50, 56, 58–60, 62, 66f., 76
- Positionsverb 4, 7, 39, 42, 47–49, 56, 59f., 66f.
- Stützverb 2, 102, 184, 187f.
- verbe support 3, 103, 183
- verbo soporte 3, 184
- verbo supporto 3, 138, 162, 183
- Vollverb 2f., 17f., 20, 23–26, 40, 42, 48f., 56, 58, 183
- Zustandsverb 46, 141, 182f., 211
- Verb *bringen* 9, 17, 20, 23, 26, 28–30, 32f., 43, 49, 75f., 91, 95–98, 101–105, 108f., 111f., 116–118, 122, 124–127, 139–142, 147, 149–152, 154, 159f., 162–164, 166, 168, 170f., 182, 184f., 190f., 211f., 214
- Verb *finden* 17, 25, 101, 104–106, 116–127, 139, 147–154, 164f., 168, 170, 182, 212
- Verb *geraten* 4, 17, 44, 56, 76, 140, 149,

182, 184, 193, 211f., 214–216, 218–225, 227–230
– Verb *stellen* 3, 7, 17, 20, 39–43, 48–57, 59–66, 69–71, 75, 95, 140–142, 147–149, 151, 154, 167, 184f., 191, 196, 199, 211f., 218
– Verb *setzen* 1, 7, 9, 17, 25, 32, 39–43, 48–50, 62, 64, 76, 78–91, 93–95, 139–141, 147, 150–152, 154, 159, 162, 164, 170f., 185, 190
– Verb *treffen* 20, 42, 101–106, 108, 116–118, 123–127, 139
– Verb *üben* 101f., 104, 106f., 110f., 114–118, 120, 124f., 127–129, 171, 182, 186–189
verbal 1f., 4, 16, 39f., 43, 50, 56f., 65f., 102, 104, 139, 147, 151, 158f., 170, 180, 183, 189, 224, 226f.
– Verbalabstraktum/-substantiv 43, 46f., 141, 181–183, 188–192, 204, 211f.
Verfestigung, verfestigt 184, 193
Verbindung/Wortverbindung 1f., 5f., 8, 16, 18–20, 24–27, 29f., 34, 39–44, 48–57, 59, 61f., 64–66, 69, 75f., 91, 101–104, 107, 111f., 114–121, 138, 140–142, 145, 147–150, 153, 158f., 162–165, 171, 182–189, 193f., 211, 213f., 222, 227
– freie (Wort-)Verbindung 18f., 26f., 40, 50, 52f., 62, 66, 142
– Mehrwortverbindung 2, 5f., 8, 39f., 48, 51, 53, 55–57, 61f., 64–66, 69, 138, 147–150, 153, 159, 162f., 165, 194
– verbale Mehrwortverbindung 39f., 50f., 56, 65f.
Verwendungskontext 7, 26f., 77, 87, 91, 94, 218
Vorgang 17, 27, 56, 60, 87
Wirtschaftssprache *siehe* Sprache
Wissenschaftssprache *siehe* Sprache
Wörterbuch 5, 8f., 21f., 27–30, 34, 128, 137f., 142–147, 149–152, 154–159, 161–171, 187, 197–199, 218, 221–226
– elektronisches/digitales Wörterbuch 5, 9, 22, 78, 111, 143f., 148, 169f., 197f., 204
– Lernerwörterbuch 21, 23, 27–30, 197–199
– mehrsprachiges Wörterbuch 9, 171, 197f., 200, 204
– Printwörterbuch 30, 143, 147f., 157
– zweisprachiges Wörterbuch 8–9, 137f., 143, 145f., 148–150, 153–159, 163–166, 168–171, 198
– Wörterbuchbenutzungsforschung 8, 138, 143f., 156, 169f.
Zustand 43, 48, 56, 60, 191
Zustandsverb *siehe* Verb

Namenregister

Ágel, Vilmos 4, 40, 44f., 54, 152, 211f.
Aguado, Karin 137
Aktins, Beryl T. 143
Alonso Ramos, Margarita 180
Anusiewicz, Janusz 213
Bahns, Jens 21, 85
Bahr, Brigitte Inge 17f.
Barbaresi, Adrien 113
Belica, Cyril 215f., 219
Bergenholtz, Hennig 139, 143
Bielińska, Monika 143
Blanche-Benveniste, Claire 181
Boers, Frank 137
Böhmer, Heiner 21
Boonmoh, Atipat 155
Boulton, Alex 76, 92
Bresson, Daniel 21
Brugman, Claudia 184
Buhofer, Annelies 19, 186f.
Burger, Harald 2, 4, 19, 21, 50, 52f., 58, 109, 139, 141, 151, 180
Buscha, Anne 26, 91
Buscha, Joachim 2, 23, 39, 41–43, 45, 55, 59f., 62, 103, 107f., 180, 184, 186, 211
Bustos Plaza, Alberto 139, 145, 169
Butt, Miriam 180
Cantarini, Sibilla 138, 181
Caroli, Folker 180
Chambers, Angela 92
Chomsky, Noam 31
Church, Kenneth W. 85
Cortès, Colette 180
D'Agostino, Emilio 138
Daniels, Karlheinz 16, 102, 108
Dargiewicz, Anna 213
De Knop, Sabine 2, 39, 59, 62, 64, 76, 180, 187f., 191, 202
Detges, Ulrich 180
Didakowski, Jörg 2, 4–6, 104, 111, 113, 117
Dirven, René 61
Dobrovol'skij, Dmitrij 4, 8, 153f., 187, 190, 230
Domińczak, Alicja 213

Domínguez Vázquez, María José 143–145, 155, 171
Drechsler, Ulrich 213
Dreyer, Hilke 91
Ehlich, Konrad 21
Ehrganova, Elena 19
Eisenberg, Peter 1, 23, 39, 40–45, 52, 55f., 58f., 62, 140, 211f.
Elia, Annibale 138
Engel, Ulrich 23
Engelberg, Stefan 144, 148
Engelen, Bernhard 16f., 102, 138
Ernst, Thomas 109
Evans, Vyvyan 54, 61
Fabricius-Hansen, Catherine 42, 48, 140, 180
Fagan, Sarah 39
Family, Neiloufar 180
Fandrych, Christian 24, 91
Farkas, Richárd 181
Feilke, Helmuth 21
Fillmore, Charles J. 199
Fix, Ulla 17f., 20
Fleischer, Wolfgang 2, 4, 19f., 22, 41f., 180, 184, 190
Flinz, Carolina 145
Geyken, Alexander 111, 113f.
Giacoma, Luisa 6, 145, 148–155, 157, 163–166, 168, 171
Gibbs, Raymond W. 63
Giroud, Anick 98
Glatz, Daniel 180, 191
Glinz, Hans 23
Götz, Dieter 27
Green, Melanie 54
Grefenstette, Gregory 113
Gries, Stefan Th. 32
Gross, Gaston 180
Gross, Maurice 180
Grunt, Dagmara 213
Günther, Heide 18
Häcki Buhofer, Annelies *siehe* Buhofer
Hall, Karin 91
Hallsteinsdóttir, Erla 137

Namenregister

Hanneforth, Thomas 113
Hans-Bianchi, Barbara 142
Harm, Volker 5, 23, 32f.
Hausmann, Franz Josef 21, 137, 139, 146f., 180, 186f., 188
Heine, Antje 1f., 4f., 8, 28f., 41, 48, 50, 52f., 55–57, 76, 99, 101, 138f., 141f., 145–147, 150, 180f., 198, 213
Helbig, Gerhard 1f., 4, 18f., 23, 39, 41–43, 45, 50, 53–55, 59f., 62, 77, 103, 107f., 138–141, 151, 180, 184, 186, 189, 191, 211f.
Hentschel, Elke 23
Herbst, Thomas 139, 146–148, 150
Heringer, Hans Jürgen 3f., 16f., 39f., 42–45, 49, 56–59, 61, 75, 103
Herrlitz, Wolfgang 1, 18, 41f.
Hermann, Manon 2–4, 7, 76
Hinderdael, Michael 19
Hoffmann, Ludger 23, 103, 191
Iliescu, Maria 181, 204
Imperiale, Riccardo 198
Irsula Peña, Jesús 180
Jespersen, Otto 180, 206
Johns, Tim 92
Johnson, Mark 48, 54, 64
Jurish, Bryan 114
Kabatnik, Susanne 211, 213
Kamber, Alain 1f., 4–7, 39, 41f., 44–51, 76, 81, 84, 93, 101, 103, 138, 140–142, 145, 155, 180, 182–184, 186–189, 192f., 198, 211f., 214f., 218
Kay, Paul 199
Kempcke, Günter 27
Kerr, Betsy 93
Kilgarriff, Adam 114
Kispál, Tamás 155
Kleiber, Georges 76
Klein, Wolfgang 16f., 102
Klinger, Margarete 213
Klotz, Michael 139, 146–148, 150
Knowels, Frank E 143
Köhler, Claus 19
Koithan, Ute 101
Konecny, Christine 139
Konieczna, Hanka 213
Koplenig, Alexander 144

Korhonen, Jarmo 153
Köster, Lutz 29
Kotschi, Thomas 180
Kuchenreuther, Michaela 143f.
Lakoff, George 48, 54, 64
Langer, Stefan 102f., 180, 186
Lasch, Alexander 31
Laufer, Batia 144
Le Fur, Dominique 198
Lehr, Andrea 21f.
Leisi, Ernst 201
Lemmens, Maarten 39
Lemnitzer, Lothar 53, 144, 148
Levin, Magnus 181
Lindstromberg, Seth 137
Martinelli, Maurizio 138
Mel'čuk, Igor 180, 187
Melamed, Linor 144
Mellado Blanco, Carmen 153f., 218
Mercer, Robert L. 85
Mervis, Carolyn B. 140
Mirazo Balsa, Mónica 143f., 155
Möhrs, Christine 217
Mollica, Fabio 4, 6–9, 95, 137, 143–145, 147, 168, 170f.
Müller-Spitzer, Carolin 143f.
Näf, Anton 88
Nagy T., István 181
Neubauer, Fritz 29
Nied Curcio, Martina 143–145, 148, 155, 168, 171
Nielsen, Sandro 143
O'Connor, Mary Catherine 199
Pape, Sabine 18
Perrez, Julien 39, 59, 202
Persson, Ingemar 145
Pęzik, Piotr 216, 224
Piątkowski, Łukasz 213, 230
Piirainen, Elisabeth 187
Pittàno, Giuseppe 198
Polguère, Alain 180, 183, 186f.
Püschel, Ulrich 143f.
Quirk, Randolph 180
Radtke, Nadja 2, 4–6, 104, 117
Raven, Suzanne 26, 91
Reder, Anna 54
Reuther, Tilman 145

Richter, Günther 19
Romero Méndez, Rodrigo 180
Rosch, Eleanor 140
Rostila, Jouni 1, 4, 32, 180, 191, 202
Rug, Wolfgang 25f., 91
Rychlý, Pavel 5, 79, 111
Sanders, Willy 101
Schafroth, Elmar 2, 4, 7, 9, 94, 139, 147f., 190, 198
Scheiner, Barbara 91
Schemann, Hans 19, 198
Schenkel, Wolfgang 77
Schmitt, Richard 91
Seifert, Jan 51, 59, 103f., 116f.
Serra-Borneto, Carlo 39, 63
Sialm, Ambros 19
Siewert-Kowalkowska, Katarzyna 213
Sommerfeldt, Karl-Ernst 19
Starke, Günter 18
Stathi, Katerina 190
Staudinger, Eva 180f.
Stefanowitsch, Anatol 32
Stein, Achim 180
Steyer, Kathrin 6, 137, 139, 146f., 150, 180, 214, 217f.
Storrer, Angelika 1–4, 40, 42, 44f., 50, 53–57, 102f., 107–109, 140, 170, 212
Strecker, Bruno 23, 191
Ström Herold, Jenny 181
Surcouf, Christian 98
Szita, Szilvia 26, 91
Taborek, Janusz 4, 6, 9, 94, 145, 172, 213, 216, 218, 221, 230
Talmy, Leonard 39f., 62

Targońska, Joanna 142
Tarp, Sven 143
Tiberius, Carole 143
Tomaszewski, Andreas 25f., 91
Traugott, Elizabeth Closs 191f.
Tyne, Henry 76, 92, 99
Valcárcel Riveiro, Carlos 143f.
Van Oosten, Jeanne 66
Van Pottelberge, Jeroen 1–3, 23, 33, 39f., 42–45, 49, 55–57, 59, 102, 142, 179–181, 191, 212f.
Varantola, Krista 143
Vetulani, Grażyna 213f.
Vidal Pérez, Vanessa 143f., 155
Vincze, Veronika 181
von Polenz, Peter 1f., 16, 19f., 39–42, 48, 56, 62, 102f., 139f., 145, 179, 211f.
Weisgerber, Johann Leo 16
Weydt, Harald 23
Wiegand, Herbert Ernst 143f., 157
Wierzbicka, Anna 185
Willems, Dominique 181
Winhart, Heike 102
Wittenberg, Eva 180, 183, 191
Wolfer, Sascha 143, 145, 168
Wotjak, Barbara 4, 50, 139
Wotjak, Gerd 21, 139, 180
Würzner, Kay-Michael 113f.
Yuan, Jie 19, 180, 213
Zangenfeind, Robert 180
Zeschel, Arne 1, 3, 32, 191, 202
Ziem, Alexander 31
Zifonun, Gisela 2, 23, 103, 191
Zinsmeister, Heike 53

www.ingramcontent.com/pod-product-compliance
Lightning Source LLC
Chambersburg PA
CBHW030539230426
43665CB00010B/955